Therese Garstenauer

Geschlechterforschung in Moskau

Wiener Studien zur Zeitgeschichte

Herausgegeben von

Gerhard Botz
(Institut für Zeitgeschichte der Universität Wien
und Ludwig Boltzmann-Institut
für Historische Sozialwissenschaft, Wien)

und

Thomas Lindenberger
(Ludwig Boltzmann-Institut
für Europäische Geschichte und Öffentlichkeit, Wien)

in Verbindung mit

Edith Saurer
(Institut für Geschichte der Universität Wien)

und

Berthold Unfried
(Institut für Wirtschafts- und Sozialgeschichte
der Universität Wien und ITH Wien)

Zeitgeschichte als etwas von der Gegenwart nicht Abgeschottetes hat mit ihren Themen vielfach direkte Bezüge zu gegenwärtigen gesellschaftlichen Problemen. Im Zentrum dieser Reihe stehen daher Untersuchungen, die sich mit noch „heißer" Politik-, Sozial-, Kultur- und Geschlechtergeschichte befassen. Räumlich sind die publizierten Studien nicht auf Wien oder Österreich beschränkt, sondern erfassen neben allgemeinen und geografisch übergreifenden Fragen auch die europäische und internationale Geschichte seit dem Ersten Weltkrieg.

Band 2

LIT

Therese Garstenauer

Geschlechterforschung in Moskau

Expertise, Aktivismus und Akademie

LIT

Umschlagbild: Gerhard Botz

Editorische Betreuung dieses Bandes: Gerhard Botz

Gedruckt mit Unterstützung des Bundesministeriums
für Wissenschaft und Forschung in Wien,
der Kulturabteilung der Stadt Wien
und des Ludwig Boltzmann-Instituts
für Historische Sozialwissenschaft, Wien

Bibliografische Information der Deutschen Nationalbibliothek
Die Deutsche Nationalbibliothek verzeichnet diese Publikation in der
Deutschen Nationalbibliografie; detaillierte bibliografische Daten sind
im Internet über http://dnb.d-nb.de abrufbar.

ISBN 978-3-643-50060-1

©LIT VERLAG GmbH & Co. KG Wien 2010
Krotenthallergasse 10/8
A-1080 Wien
Tel. +43 (0) 1-409 56 61
Fax +43 (0) 1-409 56 97
e-Mail: wien@lit-verlag.at
http://www.lit-verlag.at

LIT VERLAG Dr. W. Hopf
Berlin 2010
Verlagskontakt:
Fresnostr. 2
D-48159 Münster
Tel. +49 (0) 2 51-620 320
Fax +49 (0) 2 51-922 60 99
e-Mail: lit@lit-verlag.de
http://www.lit-verlag.de

Auslieferung:
Deutschland: LIT Verlag Fresnostr. 2, D-48159 Münster
Tel. +49 (0) 2 51-620 32 22, Fax +49 (0) 2 51-922 60 99, e-Mail: vertrieb@lit-verlag.de
Österreich: Medienlogistik Pichler-ÖBZ, e-Mail: mlo@medien-logistik.at
Schweiz: B + M Buch- und Medienvertrieb, e-Mail: order@buch-medien.ch

Inhalt

I. Einleitung

Die vorliegende Arbeit befasst sich mit Frauen- und Geschlechterforschung im Moskau der 1990er Jahre. [1] Seit den späten 1980er Jahren kann von der Entstehung eines neuen Bereichs gesprochen werden, der – vorwiegend – als *gendernye issledovanija* [2] bezeichnet wird. Neu ist daran nicht, dass sich sowjetische beziehungsweise russische Sozial- und Geisteswissenschaften mit Geschlecht und Geschlechterverhältnissen auseinandersetzen. Auch ein prononciert neuartiger wissenschaftlicher Ansatz erscheint nicht aus dem Nichts. [3] Immer wird auf Vorhergehendes und Bestehendes Bezug genommen, sei es in Form von vehementer Ablehnung und Abgrenzung, sei es als zustimmendes Sich-in-eine-Tradition-Einschreiben oder aber als beabsichtigtes oder unbeabsichtigtes Ignorieren. So wird in dieser Studie auch darauf eingegangen, in welcher Weise sich die sowjetische (Sozial-)Wissenschaft mit Fragen von Geschlecht und Gesellschaft befasst hat und wie die russische Frauen- und

---

[1] Es handelt sich um eine stark überarbeitete Version meiner im Jahr 2000 an der Universität Wien approbierten Diplomarbeit, Garstenauer, *Gendernye Issledovanija*, 2000. Empirische Erhebungen und Literaturrecherchen konnte ich bei zwei Forschungsaufenthalten in Moskau in den Jahren 1998 und 1999 durchführen. 27 Frauen und ein Mann wurden für diese Studie mittels Fragebögen interviewt. Näheres dazu siehe Kapitel III. 3. und III. 4.

[2] Wörtlich könnte *gendernye issledovanija* mit Gender Studies übersetzt werden. In diesem Buch werde ich allerdings als sinngemäß adäquatere Übersetzung den Begriff Frauen- und Geschlechterforschung verwenden, um zu verdeutlichen, dass *gendernye issledovanija* in den meisten Fällen Forschung über Frauen bezeichnet.

[3] Für wissenschaftliche Neuerungen gilt analog, was Pierre Bourdieu über den Raum des Möglichen in der Kunst schreibt: „Künstlerische Kühnheiten, Neues oder Revolutionäres sind überhaupt nur denkbar, wenn sie innerhalb des bestehenden Systems des Möglichen in Form struktureller Lücken virtuell bereits existieren, die darauf zu warten scheinen, als potentielle Entwicklungslinien, als Wege möglicher Erneuerung entdeckt zu werden. Mehr noch: sie müssen Aussicht haben, akzeptiert, das heißt als ‚vernünftig' anerkannt zu werden, und zwar zumindest bei einer kleinen Zahl von Menschen – denselben die sie wohl auch selbst hätten entwickeln können.", Bourdieu, *Regeln*, 1999, S. 372f.

Geschlechterforschung der 1990er Jahre darauf Bezug nimmt – oder gerade nicht.

Neu ist allerdings das Bestreben, eine eigenständige (Inter-)Disziplin zu proklamieren, die sich in Forschungsinstituten, Lehrveranstaltungen oder Studiengängen, Konferenzen und Zeitschriften niederschlägt. Neu an *gendernye issledovanija* ist auch die Bezeichnung. Die Übernahme des englischen Begriffs (mit g ausgesprochen) verweist auf eine weitere Innovation, nämlich die Möglichkeit und Realisierung des Austauschs mit KollegInnen aus dem westlichen Ausland, auf persönlicher Ebene wie auf jener der Literaturrezeption. Im Rahmen der möglichen Praxisformen von Frauen- und Geschlechterforschung im Moskau der 1990er Jahre bestand aber auch die Option, westliche Ansätze kommentarlos zu ignorieren oder für irrelevant zu erklären.

I.1.   Forschungsstand

Diese Studie kann der Wissenschaftsforschung oder der neueren Wissenschaftsgeschichte zugeordnet werden. Sozial- und Geisteswissenschaften werden innerhalb der Wissenschaftsforschung, verglichen mit den Naturwissenschaften, Technologien und der Medizin, deutlich seltener zu Objekten der Untersuchung.[4] Die Gründe dafür sind vielfältig – sei es das vergleichsweise höhere Prestige der Naturwissenschaften, das sie auch zu begehrteren Forschungsobjekten macht, sei es die augenscheinlich stärkere politische und mediale Relevanz oder Brisanz von neuen Technologien. Ein Grund könnte auf der Ebene der Sprache zu finden sein: Die Wissenschaftsforschung ist wie viele andere Fächer englischsprachig dominiert. Der englische Terminus *science* bezieht sich in den meisten Fällen auf die Naturwissenschaften (in Abgrenzung zu *social sciences* und *humanities*), sodass *social studies of science* einen engeren Fokus hat als *Wissenschaftsforschung.*[5] WissenschaftsforscherInnen arbeiten eher selten über ihr eigenes (oder ein nahe liegendes) Fachgebiet, neigen wenig

---

[4]   Einige Ausnahmen sind etwa Bourdieu, *Homo Academicus*, 1992; Fleck, *Analysen*, 2000 oder Hasenjürgen, *Soziale Macht*, 1996.

[5]   Eine Recherche in internationalen Fachzeitschriften aus dem Gebiet der Wissenschaftsforschung hat gezeigt, dass überwiegend, wenn nicht ausschließlich, deutschsprachige AutorInnen oder jene mit skandinavischen Muttersprachen den Begriff *science* in einem Sinne verwenden, der auch Sozial- und Geisteswissenschaften einschließt. Siehe dazu Garstenauer/Mayer, „Soft Sciences", 2006.

dazu, die Werkzeuge und Bedingungen ihrer eigenen Forschungstätigkeit zu hinterfragen. Versuche, das eigene wissenschaftliche Terrain zu untersuchen, stoßen auf eine Reihe von Schwierigkeiten. Zunächst gibt es das Problem des *going native*[6], ein in der qualitativen Sozialforschung wohl bekanntes Phänomen, das auftritt, wenn zu viel Nähe der oder des Forschenden zum Gegenstand der Forschung die Erkenntnis beeinflusst. Es kann auch geschehen, dass ForscherInnen rundweg ihre Zustimmung verweigern, selbst zum Objekt der Forschung zu werden.[7] Zu groß ist die Sorge, dass eine zu kritische Beschreibung möglicherweise zu Evaluierungszwecken herangezogen werden könnte.

Nicht zuletzt ist es, so Pierre Bourdieu, die *illusio*, der Sinn für das Wissenschaftspiel und auch die Liebe zu diesem Spiel, für die es kontraproduktiv wäre, sich dessen bewusst zu sein, wie die Regeln des Spiels aussehen.[8] Voraussetzung für das Funktionieren und die Reproduktion des Wissenschaftsspiels ist letzten Endes der Glaube der daran Beteiligten, dass es dabei in erster Linie um Erkenntniszuwachs und Wissensproduktion (und erst in zweiter Linie um persönliche Anerkennung, Erwerbsarbeit, etc.) geht.

Eine Soziologie oder Sozialgeschichte der Sozial- und Geisteswissenschaften scheint mir unerlässlich, um die Möglichkeiten und Grenzen, Machtpositionen, Einsätze und blinden Flecken dieses Bereichs greifbar zu machen. SozialwissenschafterInnen dürfen sich nicht auf die Rolle eines die soziale Welt „objektivierenden Subjekts"[9], das selbst nicht objektiviert werden kann, beschränken. Vielmehr müssen ihre eigenen Perspektiven und Interessen erforscht und hinterfragt werden. Eine solche Form der Reflexivität dient nicht einer narzisstischen Selbstbespiegelung, sondern einer zunehmenden Berichtigung sozialwissenschaftlicher Praxis[10], basierend auf einer nötigenfalls „klinischen" Analyse[11].

---

[6] Siegfried Lamnek beschreibt *going native* als Überidentifikation mit dem Forschungsobjekt, als „Gefahr, sich bei der teilnehmenden Beobachtung zu sehr mit der betreffenden Gruppe zu identifizieren, so dass es unmöglich ist, die notwendige Distanz zur Erfüllung der Beobachtungsaufgabe zu wahren.", Lamnek, *Sozialforschung*, 1993, S. 403.

[7] Sarah Williamson beschreibt die Schwierigkeiten bei ihrem Versuch, Anthropologie der Anthropologie zu betreiben, siehe Williamson/Klemmer, „Ethnographic fetishism", 1997.

[8] Bourdieu, *Homo academicus*, 1992, S. 10f.

[9] Bourdieu, „Objektivierendes Subjekt", 1992.

[10] Bourdieu, „Narzißtische Reflexivität", 1993.

[11] Bourdieu, *Gebrauch*, 1998.

Wenn feministische Forschung beziehungsweise Frauen- und Geschlechterforschung zum Forschungsgegenstand wird, so geschieht dies zumeist in einer der folgenden Weisen (oder Kombinationen daraus), die nicht spezifisch für diesen Bereich, sondern eher typisch für Wissenschaftsgeschichte oder allgemeiner Wissenschaftsforschung sind:

– Ideengeschichtlich
Diese Variante entspricht einer klassischen internalistischen Beschreibung von Wissenschaft, die auf die Entwicklung von Theorien, Forschungsthemen und Forschungswerkzeugen fokussiert.[12] Hier sind auch die in den letzten Jahren zahlreich erschienenen Handbücher und Einführungsbände einzuordnen. Anders als in angelsächsischen Ländern[13] neigen deutschsprachige Bände eher zu einer Aufgliederung nach Gender Studies in einzelnen Disziplinen.[14]

– Biografisch/Autobiografisch
Eine Unterscheidung zwischen ideengeschichtlichen und biografischen Arbeiten kann nicht genau getroffen werden, etwa wenn bestimmte Denkweisen oder Forschungsthemen von prominenten Einzelpersonen vertreten wurden. Biografische Zugänge können auch – im Sinne einer kontributorischen Frauengeschichte – in Vergessenheit geratene VorläuferInnen der heutigen Frauen- und Geschlechterforschung als Objekt der Forschung wählen.[15]

– Geschichte der Institutionalisierung
Diese Art der Geschichtsschreibung findet sich oftmals in Publikationen, die auch oder hauptsächlich als Berichte für nationale und supranationale Einrichtungen fungieren. Beispiele für solche Publikationen sind etwa einige der Bände „Materialien zur Förderung von Frauen in der Wissenschaft" des österreichischen Bundesministeriums für Bildung Wissenschaft

---

[12]   Siehe etwa Frey, *Gender Studies*, 2006 oder Behnke/Meuser, *Geschlechterforschung*, 1999.

[13]   Beispielhaft etwa Richardson/Robinson, *Introducing*, 2007, eine Einführung in die Frauen- und Geschlechterforschung, die nicht nach Disziplinen, sondern nach Themen wie etwa *Bodies/Identities, Institutions* oder *Feminist Methodology* gegliedert ist.

[14]   Nur ein paar von zunehmend mehr Beispielen dafür sind Becker/Kortendiek, *Handbuch*, 2004; von Bußmann/Hof, *Genus*, 2005 und Bidwell-Steiner/Wozonig, *Kategorie*, 2005. Zur Praxis der Interdisziplinarität in den europäischen Gender Studies siehe Vasterling u. a., *Interdisciplinarity*, 2006.

[15]   Lichtenberger-Fenz/Ingrisch, *Lust*, 2000; Vogel, *Wege*, 2006; Kroll, *Lexikon*, 2002.

und Kultur [16] oder auf europäischer Ebene die Reihe „*The Making of European Women's Studies*", in der bisher sieben Bände erschienen sind. [17]

– Evaluative Forschungen

Motivationen für die Studienwahl von AbsolventInnen der Frauen- und Geschlechterforschung ebenso wie die Chancen dieser AbsolventInnen am Arbeitsmarkt stehen im Zentrum des Interesses von Studien, die häufig mehrere Länder vergleichen. Im Rahmen eines von der Europäischen Kommission geförderten Projekts, das von der Universität Hull aus koordiniert worden war, wurden Daten für die Länder Deutschland, Finnland, Frankreich, Großbritannien, Italien, die Niederlande, Slowenien, Spanien und Ungarn erhoben. [18]

Sehr viel seltener finden sich konkrete empirische Studien, die versuchen, Frauen- und Geschlechterforschung als sozialwissenschaftliches Forschungsobjekt zu konstruieren. Während es eine Menge Forschung zum Thema Geschlecht (und Macht) in der Wissenschaft im Allgemeinen und in spezifischen Fächern im Besonderen gibt, sind Arbeiten, die Frauen- und Geschlechterforschung in dieser Weise untersuchen, eher die Ausnahme. Sabine Hark meinte dazu in einem Vortrag im November 2006:

„Macht man sich auf die Suche nach solchen ‚klinischen' Analysen sowohl der Binnenverhältnisse als auch solchen, die die Platzierung von Frauen- und Geschlechterforschung im (gegenwärtigen) wissenschaftlichen Feld insgesamt thematisieren, so fällt vor allem auf, wie wenig neugierig die Frauen- und Geschlechterforschung bisher war. Zwar liegen unzählige Studien vor, die die männliche Geschäftsordnung der Wissenschaft seziert oder deren institutionengeschichtlichen Habitus, den Zusammenhang von Fachkultur und Geschlecht oder die formellen und informellen Barrieren und Blockaden, denen Wissenschaftlerinnen begegnen, analysiert haben. Der institutionelle Werdegang der Frauen- und Geschlechterforschung, ihre soziale Binnenstrukturierung, die Anerkennungs- und Verteilungskämpfe, die auf ihrem ‚eigenen' Territorium stattfinden, die ‚Machtbeziehungen, Herrschaftseffekte, Tyranneien und Seilschaften', die auch in diesem Feld auftreten und anzutreffen sind, fanden dagegen bisher vergleichsweise wenig Beachtung." [19]

---

[16] Baldauf/Griesebner, *Entwicklung* 1992; Seiser/Knollmayer, *Bemühungen*, 1993; Kock/Moser, *Perspektiven*, 2005.

[17] Die aktuellste Ausgabe dieser Reihe erschien 2006, Braidotti/Waaldijk, *Making of*, 2006.

[18] Griffin, *Employment*, 2004 und Dies., *Doing Women's Studies*, 2005.

[19] Hark, „Wissenspraxis", 2006, S. 6

Eine der wenigen Ausnahmen stellt Brigitte Hasenjürgens 1996 veröffentlichte Dissertation über SozialwissenschafterInnen und Frauenforscherinnen an
deutschen Hochschulen dar. Auf Basis von narrativen Interviews und Fragebögen zeichnet sie Praktiken wissenschaftlicher Laufbahnen von Frauen und
Männern nach. Dabei behandelt Hasenjürgen Themen, die auch in der vorliegenden Studie zentral sind, wie etwa Machtverhältnisse, Generationenwechsel
oder die Relationen zwischen Frauenforschung und Frauenbewegung. [20] Einen
diskursgeschichtlichen Beitrag leistet Sabine Hark mit ihrer 2005 publizierten Habilitationsschrift „Dissidente Partizipation". Sie untersucht vorwiegend,
aber nicht ausschließlich im Hinblick auf den deutschsprachigen Raum, inwiefern Feminismus und Feministinnen die (Sozial-)Wissenschaften verändert
haben und inwiefern die zunehmende akademische Etablierung feministische
Intentionen beeinflusst hat. [21]

   Ziel und Anspruch meiner Arbeit ist es, zumindest ansatzweise inhaltlich-
wissenschaftliche, akademisch-organisatorische und politische Aspekte zusammen zu erforschen. Der Fokus dieser Studie liegt allerdings bei den sozialen und institutionellen Aspekten von Frauen- und Geschlechterforschung in
Moskau. Ein detaillierteres Eingehen auf konkrete Forschungsthemen, Theorien und Methoden von *gendernye issledovanija* ist im Rahmen dieses Buchs
nicht vorgesehen. Dafür wäre die Konzentration auf ein bestimmtes Thema
oder eine bestimmte Disziplin empfehlenswert.

I.2.   Ost-West-Verhältnisse

Unvermeidlich ist in diesem Zusammenhang die Frage nach Machtverhältnis-
sen im Forschungsprozess. Was bedeutet es, über Wissenschaft in einem anderen Land, und zwar einem osteuropäischen, zu forschen? Welche politischen
und historischen Konjunkturen können genutzt werden und inwiefern struk-
turieren sie die Praxis der Forschung? In den 1990er Jahren bestand seitens
westlicher ForscherInnen und AktivistInnen zweifelsohne großes Interesse an
der neuen Frauenbewegung in Russland, das sich in zahlreichen Publikationen
manifestierte. [22] Im Zusammenhang mit der Frauenbewegung wurde die neu

---

[20]   Hasenjürgen, *Soziale Macht*, 1996.
[21]   Hark, *Partizipation*, 2005.
[22]   Näheres dazu im Kapitel IV. 1.

entstehende Frauen- und Geschlechterforschung – gewissermaßen als akademischer Flügel der Frauenbewegung – zumeist mit erwähnt, es wurden aber keine auf die Forschung konzentrierten Analysen durchgeführt.

So bot sich für mich als Absolventin der Wissenschaftssoziologie und Slawistik die Möglichkeit, thematisches Neuland zu bearbeiten, verbunden mit der Hoffnung, sich mit einem eigenen Spezialgebiet einen Namen machen zu können. Damit entsprach das Forschungsvorhaben einer, jedenfalls für die Zeit der Erhebung, recht typischen Konstellation: Eine „westliche" Forscherin forscht mit in „westlichen" Kontexten entwickelten Werkzeugen über „östliche" (postsozialistische) Gegebenheiten.[23] Diese Konstellation kommt insofern noch klarer zum Ausdruck, als ForscherInnen – die ja selbst üblicherweise objektivierende Subjekte sind – zum Objekt der Forschung gemacht werden. Das Ungleichgewicht zwischen ProtagonistInnen westlicher und russischer Genderforschung beziehungsweise deren Werken war wahrnehmbar. Selbst erst seit kurzer Zeit mit Ansätzen der Frauen- und Geschlechterforschung vertraut geworden, repräsentierte ich kraft meiner (vergleichsweise „westlichen") Herkunft doch etwa 25 Jahre „Vorsprung": In deutschsprachigen Ländern wird zumindest seit den 1970er Jahren Frauen- und Geschlechterforschung praktiziert. Andererseits wurde diese Hierarchie durch andere Aspekte, wie etwa das Alter oder die akademische Position, konterkariert. Das äußerte sich seitens der RespondentInnen mitunter in Zurechtweisungen, dringenden Lektüretipps, Kritik an der Gestaltung des Fragebogens, Wartenlassen und anderem mehr. Eine meiner Intentionen war es auch, eine Übersetzerinnenfunktion einzunehmen oder, anders gesagt, russischen GenderforscherInnen durch meine Arbeit zu mehr Sichtbarkeit im deutschsprachigen Raum zu verhelfen. Im Laufe meiner Forschung lernte ich allerdings, dass russische GenderforscherInnen weit probatere Möglichkeiten haben, Kontakte zu und Sichtbarkeit in einer wie immer abgegrenzten westlichen *scientific community* zu erlangen, als über die Bemühungen einer österreichischen Nachwuchswissenschafterin.

In der Zwischenzeit sind zahlreiche Aufsätze russischer AutorInnen über Gender Studies erschienen, teils zelebratorischen, teils (selbst-)kritischen Cha-

---

[23] Zur ungleichen Arbeitsteilung zwischen westlichen und osteuropäischen SozialwissenschafterInnen siehe etwa Csepeli u. a., „Colonisation", 1997; Blagojević, „Creators", 2004 und Wöhrer, „GrenzgängerInnen", 2004.

rakters, die wichtige Informationen und Denkanstöße für diese Studie liefern und auf die dementsprechend in den folgenden Kapiteln immer wieder Bezug genommen wird.[24]

I.3. Forschungswerkzeuge

Zwei wissenschaftssoziologische Konzepte halfen mir bei der Konstruktion des Forschungsgegenstands und sollen hier kurz skizziert werden: Feld (Pierre Bourdieu) und *boundary-work* (Thomas Gieryn). Bourdieu beschreibt Felder als Strukturen oder Räume objektiver Relationen zwischen Positionen. Für jedes Feld, sei es nun das literarische Feld, jenes der Haute Couture oder jenes der Moskauer Frauen- und Geschlechterforschung, muss es charakteristische Interessen oder Interessensobjekte[25] geben: das, worum es in einem Feld geht. Dafür verwendet Bourdieu den Begriff des spezifischen symbolischen Kapitals.[26] Dieser Terminus verweist – ebenso wie die in diesem Zusammenhang angewendeten Begriffe Monopol, Konkurrenz, Profit, Angebot und Nachfrage – darauf, dass ökonomische Vorstellungen für die Konstruktion von Feldern verwendet werden. Dabei nimmt Bourdieu ökonomische Theorien keinesfalls als Grundmodell für Felder. Vielmehr möchte er ökonomische Theorien als „besondere[n] Fall der Feld-Theorie" verstanden wissen.[27] Die Positionen in einem Feld bestimmen sich durch die Verteilung des feldspezifischen Kapitals.

Eine weitere erkenntnisleitende Analogie wird zu Spiel oder Kampf hergestellt und so muss es auch Spielende oder Kämpfende geben: Personen, die einen Sinn für das Spiel haben und die zum Mitspielen bereit sind. Ein Feld ist also „Stätte der Auseinandersetzung und des Kampfes [...], in dem es um die Bestimmung der Voraussetzungen und Kriterien der legitimen Zugehörigkeit und Hierarchie geht, das heißt der relevanten wirksamen Eigenschaften, die sich als Kapital einsetzen lassen und spezifische Profite erzielen, die vom

---

[24] Vgl. Ušakin, „Politika gendera", 1998, Temkina/Zdravomyslova, „Issledovanija ženščin", 1999; Dies., „Gender Studies", 2003; Chotkina, „Desjat' let", 2000; Zvereva, „Das Fremde", 2002; Barchunova, „Selfish Gender", 2003; Khmelevskaja/Nikonova, „Russische Provinz", 2003.

[25] Bourdieu, „Felder", S. 107.

[26] Zum symbolischen Kapital und anderen Kapitalsorten siehe Bourdieu, „Kapital", 1997.

[27] Bourdieu, „Genese", S. 72.

jeweiligen Feld abgesichert werden."[28] Dabei ist das Feld als dynamisch, als in Veränderung begriffen zu verstehen:

„Die Struktur des Feldes gibt den *Stand* der Machtverhältnisse zwischen den am Kampf beteiligten Akteuren oder Institutionen wieder bzw., wenn man so will, den *Stand* der Verteilung des spezifischen Kapitals, das im Verlauf früherer Kämpfe akkumuliert wurde und den Verlauf späterer Kämpfe bestimmt. Diese Struktur, die der Ursprung der auf ihre Veränderung abzielenden Struktur ist, steht selber ständig auf dem Spiel: Das Objekt der Kämpfe, die im Feld stattfinden, ist das Monopol auf die für das betreffende Feld charakteristische legitime Gewalt (oder spezifische Autorität), das heißt letzten Endes der Erhalt bzw. die Umwälzung der Verteilungsstruktur des spezifischen Kapitals."[29]

Wiewohl Felder ihre eigenen Spielregeln haben, existieren sie nicht unabhängig vom gesamtgesellschaftlichen Kontext. Eine Unterscheidung nach dem „Innen" und „Außen" eines Feldes – analog zu der in der Systemtheorie verwendeten Relation zwischen System und Umwelt – ist hier allerdings nicht angebracht:

„Tatsächlich kommen äußere Zwänge, welcher Art auch immer, nur durch die Vermittlung des Feldes zum Tragen, sind vermittelt durch die Logik des Feldes. Eines der sichtbarsten Zeichen der Autonomie des Feldes ist seine Fähigkeit, äußere Zwänge oder Anforderungen zu brechen, in eine spezifische Form zu bringen."[30]

Ein wenig autonomes (heteronomes) Feld dagegen ist anfälliger für direkte Einflüsse aus Bereichen, die nicht unmittelbar zu ihm gehören. Bourdieu verweist auf ein Beispiel, das auch für die vorliegende Studie relevant ist: Politik und ihre Wirkung(en) auf die Sozialwissenschaften:

„Umgekehrt zeigt sich die Heteronomie eines Feldes wesentlich durch die Tatsache, daß dort äußere Fragestellungen, namentlich politische, halbwegs ungebrochen zum Ausdruck kommen. Das bedeutet, daß die Politisierung eines wissenschaftlichen Feldes eben nicht auf eine große Autonomie des Feldes schließen läßt, und eine der größten Schwierigkeiten denen die Sozialwissenschaften in ihrem Kampf um Autonomie begegnen, ist die Tatsache, daß sich weniger fachkundige Leute dort immer wieder

---

[28] Bourdieu, *Homo academicus*, 1992, S. 45.
[29] Bourdieu, „Felder", S. 108.
[30] Bourdieu, *Gebrauch*, 1998, S. 19.

im Namen heteronomer Belange einmischen können, ohne schlagartig disqualifiziert zu werden."[31]

Hier könnte die Frage aufgeworfen werden, ob akademische Fächer wie die feministische Forschung und Frauen- und Geschlechterforschung, in denen politisches Engagement von vielen als notwendig mit der akademischen Tätigkeit verbunden gesehen wird, Felder mit spezifischen Spielregeln darstellen oder aber die Not der Heteronomie (fehlende Anerkennung und schwache Institutionalisierung in akademischen Kontexten) zur Tugend machen. In meiner Studie wird gezeigt, in welchen Weisen und in welchen Ordnungen der Relevanz frauenpolitisches Engagement, akademische Wissenschaft und berufliche Laufbahn in die Praxis umgesetzt werden.

Das Feldkonzept kann zur Konstruktion von Wissenschaft als Forschungsobjekt genutzt werden, wobei dieses Feld allgemeine ebenso wie spezifische Charakteristika aufweist:

"Indeed, it is necessary to remember that the scientific field is both a social universe like the others, in which, as elsewhere, questions of power, of capital, of balance of forces, of struggles to maintain or transform the balance of forces, of strategies of preservation or subversion, of interests, etc., are at issue, and a world apart, endowed with its own laws of functioning which mean that every single one of the characteristics designated by the concepts used to describe it takes on a specific form which is irreducible to any other."[32]

Im wissenschaftlichen Feld geht es letzten Endes um wissenschaftliche Autorität und Legitimität, die sozial anerkannte Fähigkeit und Berechtigung, in wissenschaftlichen Belangen legitime Aussagen zu machen und Handlungen zu setzen. Fachliche Kompetenz wird zu symbolischem Kapital, wenn sie als solche von den zuständigen Personen und Institutionen anerkannt wird. Solchermaßen legitimierte Autoritäten sind ermächtigt, zu bewerten, was richtige Wissenschaft sei und was demzufolge richtige WissenschafterInnen seien. Bemerkenswert ist, dass im wissenschaftlichen Feld – je autonomer entwickelt es ist, desto mehr – diejenigen, die diese Anerkennung aus- und zusprechen können, zugleich auch die schärfsten KonkurrentInnen sind. FachkollegInnen, die am besten in der Lage sind, die Leistungen einer Wissenschafterin oder ei-

---

[31] Ebd.
[32] Bourdieu, „Animadversiones", 1990, S. 300.

nes Wissenschafters zu beurteilen, sind interessiert, in derselben Disziplin mit ähnlichen Themen zu reüssieren. [33] Das Feld wird in dieser Studie als Raum der Möglichkeiten [34] (hier: von Frauen- und Geschlechterforschung) verstanden. Dabei handelt es sich nicht etwa um eine gegenständliche dreidimensionale Umgebung, in der sich die konkreten ProtagonistInnen der Moskauer Genderforschung bewegen. [35] Vielmehr ist dieser Raum, wie im Folgenden gezeigt wird, ein vieldimensionales Konstrukt, das durch die Relationen zwischen den Praktiken, die es ausmachen, strukturiert ist. Praktiken werden hier verstanden als das, was die beteiligten Personen tun und sind, als Ergebnis des Aufeinandertreffens der individuellen Habitus und der historisch gewachsenen gesellschaftlichen Strukturen. Damit wird versucht, der Alternative von voluntaristischen und deterministischen Vorstellungen von sozialem Handeln zu entgehen. [36]

Die Frage nach legitimer Wissenschaft führt zu dem zweiten verwendeten Konzept, das sich mit Grenzziehungen zwischen Wissenschaft und Nichtwissenschaft befasst. Thomas Gieryn zeigt, dass essenzialistische Ansätze der Wissenschaftsforschung, also solche, die invariante Charakteristika von Wissenschaft postulieren – seien diese nun deskriptiv oder präskriptiv –, bei näherer Betrachtung nicht als brauchbare Instrumente zur Abgrenzung von Wissenschaft und Nichtwissenschaft funktionieren. Eine Alternative für die Erforschung dieser Abgrenzung und der Frage, wie Wissenschaft zu ihrer Identität und Autorität kommt, bietet der konstruktivistische Ansatz des *boundary-work*. Diese Zugangsweise unterscheidet essenzialistische und konstruktivistische Wissenschaftsforschung insofern, als dass die eine diese Abgrenzungsarbeit selbst zu betreiben sucht, die andere die entsprechenden AkteurInnen dabei beobachtet.

"Boundary-work occurs as people contend for, legitimate or challenge the cognitive authority of science – and the credibility, prestige, power and material resources that attend such a privileged position. Pragmatic demarcations of science from non-

---

[33] Zum wissenschaftlichen Feld siehe etwa Bourdieu, „Specificity", 1975 oder Ders., *Gebrauch*, 1998.

[34] Bourdieu, „Regeln", 1999, S. 371ff.

[35] Zu Gebrauchsweisen und epistemologischen Profilen von Raum siehe Mejstrik, „Raum", 2006.

[36] Zum Verhältnis zwischen sozialen Strukturen, Habitusformen siehe Bourdieu, *Sinn*, 1993, S. 98ff.

science are driven by a social interest in claiming, expanding, protecting, monopo-
lizing, usurping, denying or restricting the cognitive authority of science. But what
is science? Nothing but a space, one that acquires its authority precisely from and
through episodic negotiations of its flexible and contextually contingent borders and
territories." [37]

Wissenschaft wird also als impliziter und expliziter Aushandlungsprozess beschrieben. In der Behauptung der Prozesshaftigkeit und Veränderlichkeit dessen, worum es in der Wissenschaft geht oder gehen soll, ähneln sich die Konzepte von Bourdieu und Gieryn. Allerdings ist Bourdieus Feld konzeptuell
umfassender: Es wird nicht nur ausgehandelt (*negotiate*), vielmehr wird ver-
körpert, gekämpft, getan, unterlassen, gesprochen, geschrieben oder geschwie-
gen – immer entsprechend den eigenen Möglichkeiten und Grenzen. In dieser
Studie wird nach den Verhandlungen darüber und Kämpfen darum gefragt,
was *gendernye issledovanija* bedeuten soll, welche Kriterien Forschung und Lehre erfüllen müssen, damit sie diesen Namen verdienen. Dass diese Kriterien je
nach den Positionen und Perspektiven, von denen aus sie formuliert werden,
sehr unterschiedlich ausfallen können, wird in den folgenden Kapiteln dargelegt.

Die skizzierten Werkzeuge sollen nicht als fixierte theoretische Konzepte [38]
dienen, sondern als flexible Instrumente der Forschung. So wird das konstru-
ierte Feld der Frauen- und Geschlechterforschung im Moskau der 1990er Jahre nicht in ein vorgefertigtes Feld der Macht, bestehend aus Kapitalvolumen
und -struktur, eingepasst werden. [39] Vielmehr sollen Merkmale der untersuchten ProtagonistInnen zueinander in Beziehung gesetzt und nach ihrer Wichtigkeit unterschieden werden. Eine geeignete statistische Technik für eine solche
Konstruktion der Dominanz-Dominiertheits-Verhältnisse innerhalb des Felds
ist die Korrespondenzanalyse. So sollen Feld und Kapital, ganz im Sinne des
Erfinders, ein „Wahrnehmungs- und Aktionsprogramm" sein, „das sich nur
aus der empirischen Arbeit, in der es realisiert wird, erschließt. Als vorläufi-
ge Konstruktion, die für und durch die empirische Arbeit Gestalt annimmt,

---

[37] Gieryn, „Boundaries", 1995, S. 405.
[38] „Theoretische Theorie" nennt Pierre Bourdieu derart verwendete Konzepte, Bourdieu,
      „Genese", 1997, S. 59.
[39] Brigitte Hasenjürgen tut das in ihrer Studie zu Frauenforscherinnen und Sozialwissenschaf-
      terInnen. Vgl. Hasenjürgen, *Soziale Macht*, 1996, S. 161f.

gewinnt sie weniger durch die theoretische Auseinandersetzung als durch die Konfrontation mit neuen Gegenständen."[40]

I.4. Aufbau des Buchs

Das Buch beginnt mit einem kurzen Abriss der Institutionalisierung und Entwicklung von *gendernye issledovanija* in Moskau von den Anfängen in der zweiten Hälfte der 1980er Jahre bis 2000. Die Vorstellung relevanter Institutionen, Personen und Ereignisse soll dazu dienen, sich in den folgenden Kapiteln zurechtzufinden, in denen die für die Moskauer Geschlechterforschung spezifischen Praktiken zueinander in Relation gesetzt werden. Als Nächstes wird die Konstruktion und Durchführung der Befragung Moskauer ForscherInnen, die die Basis dieser Arbeit bildet, dargelegt. Die nächsten Kapitel entwickeln den Forschungsgegenstand entlang seiner wesentlichsten, mithilfe der Korrespondenzanalyse ermittelten Dimensionen: zunächst die ersten drei (feministische Politik, akademische Wissenschaft, Berufsausübung) jeweils für sich, dann, zu einer Fläche integriert, die ersten beiden Dimensionen gemeinsam.

Russische Namen und Begriffe wurden entsprechend der im deutschsprachigen Raum gebräuchlichen wissenschaftlichen Transliteration wiedergegeben. Bei Literaturangaben weicht in manchen Fällen aufgrund unterschiedlicher nationaler Transliterationsweisen die Schreibweise eines Namens von der im Text üblichen ab (zum Beispiel Posadskaja/Posadskaya).

Danksagungen

Zwischen der Einreichung meiner Diplomarbeit im Februar 2000 und dieser Publikation ist einige Zeit vergangen. Zu oft hatten sich wissenschaftliches Arbeiten an eigenen Projekten und Geldverdienen gegenseitig ausgeschlossen. Allerdings brachten die deshalb eingeschlagenen (Um-)Wege auch wertvolle Erfahrungen mit sich. So hätte ich etwa ohne die knapp eineinhalb Jahre Arbeit im Referat für Genderforschung der Universität Wien (Mai 2004 – September 2005) gewiss weniger praktisches Verständnis davon, wie Frauen- und Geschlechterforschung funktionieren kann – oder auch nicht.

Das Zustandekommen dieses Buchs verdanke ich zuerst jenen Moskauer GenderforscherInnen, die bereit waren, an der Befragung teilzunehmen. Larisa

---

[40] Bourdieu, „Genese", 1997, S. 59.

Grigor'evna Lunjakova vom Moskauer Zentrum für Gender Studies war eine besonders zentrale und hilfsbereite Ansprechperson. Ulrike Felt, die meine Diplomarbeit betreut hat, war an meinem Thema von Anfang an sehr interessiert und stellte insbesondere in der Endphase der Qualifikationsarbeit eine große Unterstützung dar. Alexander Mejstrik verdanke ich die Bekanntschaft mit dem Verfahren der Korrespondenzanalyse und vielfältige Anregungen in forschungspraktischen Belangen. Das anhaltende Interesse von Gerhard Botz und Josef Ehmer an dem Publikationsvorhaben hat mich ermutigt, daran festzuhalten. Für die kritische Lektüre des Manuskripts und hilfreiche Anmerkungen dazu danke ich weiters Andrea Ellmeier, Rita Garstenauer, Nikola Langreiter, Werner Lausecker, Peter Melichar, Annemarie Steidl, Karin S. Wozonig und Susan Zimmermann.

II.   Gendernye issledovanija 1988-2000

„Es ist allgemein üblich anzunehmen, dass Gender Studies in Russland sich Ende der 80er – Anfang der 90er Jahre zu entwickeln begannen, als die ersten feministischen Gruppen und unabhängigen Frauenorganisationen zu entstehen anfingen und in Zeitschriften die ersten Publikationen und Übersetzungen zur Gender-Thematik auftauchten."[1]

Wenn man in der Literatur nach den Anfängen der Geschichte von feministisch orientierter Frauen- und Geschlechterforschung in Moskau sucht, so findet man zumeist Informationen über die informelle Organisation LOTOS und das Moskauer Zentrum für Genderforschung (*Moskovskij Centr Gendernych Issledovanij*, im Folgenden MCGI). Zweifellos waren dies wichtige erste Schritte. Ebenso zweifellos war das Zentrum in den 1990er Jahren die prominenteste und am besten dokumentierte Einrichtung in Russland, die sich mit Gender Studies beschäftigte. Damit soll nicht behauptet werden, es hätte vor 1988 keinerlei Forschungen von sowjetischen WissenschafterInnen über Männer, Frauen und Geschlechterverhältnisse gegeben.[2] Aber nie zuvor war in solchen Zusammenhängen ein neuer Forschungsansatz angekündigt worden, der mehr darstellen sollte als die Bearbeitung neuer Themen im Rahmen der üblichen disziplinären Paradigmen. Und so scheint eine ausführliche Beschäftigung mit dem MCGI durchaus gerechtfertigt, auch wenn manch allzu schmeichelhafte Selbstdarstellung mit Vorsicht genossen werden muss. Für eine adäquate Beschreibung müssen dann freilich auch andere Personen, Institutionen und Zugänge hinzugenommen werden, die nicht so viel von sich reden gemacht haben und machen. Die Konstruktion des Raums der Möglichkeiten von Frauen- und Geschlechterforschung in den folgenden Kapiteln

---

[1]   Chotkina, „Desjat' let", 2000, S. 21, aus dem Russischen von TG.

[2]   Die umfangreiche Bibliografie von Natalija Puškareva dokumentiert die Auseinandersetzung russischer und sowjetischer ForscherInnen mit frauenspezifischen Themen. Vgl. Puškareva, Russkaja Ženščina, 2002.

dieses Buchs wird es erlauben, die unterschiedlichen Praktiken zueinander in Relation zu setzen.

Trotz des (teilweise vertretenen) interdisziplinären Anspruchs von *gendernye issledovanija* ist es sinnvoll, die inhaltlichen und institutionellen Entwicklungen innerhalb der Moskauer Frauen- und Geschlechterforschung auch nach Disziplinen aufgegliedert nachzuzeichnen. Obwohl dieser Zugang den Vorwurf der Reproduktion traditioneller Disziplinengrenzen einbringen kann, scheint mir diese Vorgehensweise berechtigt, da sie der Strukturierung des Forschungsbereichs zur Zeit der Untersuchung durchaus entspricht. Eine Diskrepanz zwischen angestrebter und proklamierter (seltener: erfolgreich umgesetzter) Interdisziplinarität einerseits und die Verankerung und Behauptung innerhalb einer traditionellen Disziplin andererseits sind zu beobachten. Eine solche Situation kann nicht als russlandspezifisch betrachtet werden, erinnert sie doch deutlich an die Diskussionen in der deutsch- (und anders-)sprachigen Frauen- und Geschlechterforschung. [3]

Im Folgenden werden die Entwicklung und Institutionalisierung von Frauen- und Geschlechterforschung in Moskau von 1988 bis 2000 skizziert. Diese Beschreibung dient dazu, die Institutionen, Veranstaltungen, Disziplinen und Gruppierungen vorzustellen, die in der Korrespondenzanalyse im zweiten Teil behandelt werden, sowie die wesentlichen Personen einzuführen (die in der Korrespondenzanalyse nicht namentlich aufscheinen). Es wird dafür auf gedruckte und im Internet veröffentlichte Selbst- und Fremddarstellungen wie auch auf Forschungsarbeiten zurückgegriffen. Am Ende dieses Abschnitts gibt eine Zeittafel einen Überblick über die wichtigsten der beschriebenen Entwicklungen.

In einem Artikel, der anlässlich von zehn Jahren *gendernye issledovanija* veröffentlicht wurde, schlägt Zoja Chotkina, eine langjährige Mitarbeiterin des MCGI, eine aus vier Etappen bestehende Periodisierung vor. [4] Diese Einteilung ist, wie die Autorin unumwunden zugibt, einer partikulären Perspektive geschuldet und kann infrage gestellt werden. Dennoch wird sie hier übernommen, um Orientierung zu bieten. In groben Zügen deckt sich Chotkinas Periodisierung mit einer allerdings nur dreiteiligen Gliederung der Entwicklung

---

3 Zum Thema Interdisziplinarität in der Frauen- und Geschlechterforschung siehe Hark, *Partizipation*, 2005, Vasterling u. a., *Interdisciplinarity*, 2006 und Garstenauer, „Inevitability“, 2006.

4 Chotkina, „Desjat' let“, 2000.

der neuen russischen Frauenbewegung, wie sie Nadežda Ažgichina entwirft.[5] Ažgichinas Perspektive wird hinzugenommen werden, um den gesellschaftspolitischen Kontext deutlicher zu machen.

II.1. Erste Etappe: Neueinführung und Enthusiasmus (ca. 1988 bis 1992)

Chotkina charakterisiert diese Phase als eine „der Einführung eines neuen wissenschaftlichen Paradigmas", in dem der Enthusiasmus der „Erstentdecker"[6] der russischen Genderforschung ausgeprägter gewesen war als deren theoretisches Wissen und praktische Erfahrung. Obwohl der Artikel aus dem Jahr 2000 von zehn Jahren *gendernye issledovanija* – unter dieser Bezeichnung – spricht, wird der Anfang etwas früher angesetzt.

Nadežda Ažgichina bezeichnet die erste Phase ihrer Periodisierung der neuen russischen Frauenbewegung, die sie von 1990 bis 1993 ansetzt, als durch den Zusammenbruch der Sowjetunion, die marktwirtschaftlichen Reformen, Arbeitslosigkeit und die Knappheit von Waren und Dienstleistungen geprägt. Frauen waren in höheren politischen Funktionen nach dem Wegfall von Quotenregelungen[7] in geringem Ausmaß vertreten. In diese Zeit fiel auch der Anfang intensiver Rezeption „westlicher" kultureller Produkte, Pornografie ebenso wie feministischer Literatur. Kontakte zwischen russischen und westlichen FeministInnen wurden verstärkt möglich. Nicht zuletzt begannen sich in dieser Zeit, westliche Förderinstitutionen (Ford Foundation, MacArthur Foundation, Open Society Institute) für die Entwicklungen in Russland zu interessieren und finanzielle Unterstützungen zu gewähren.[8]

Einige Wissenschafterinnen, die alle an Instituten der Akademie der Wissenschaften der Sowjetunion in Moskau arbeiteten, trafen sich in der zweiten Hälfte der 1980er Jahre[9] wiederholt bei Seminaren, die sich mit negativen

---

[5] Nadežda Ažgichina, „Na puti", 2000.

[6] Chotkina, „Desjat' let", 2000, S. 22

[7] Britta Schmitt gibt an, dass bis 1989 der Frauenanteil im Obersten Sowjet bei 33 Prozent lag. Nach den Wahlen von 1989 lag der Anteil bei 15,7 und 1992 nur mehr bei 5,6 Prozent. Siehe Schmitt, Europa, 1994, S. 115 sowie Meschtscherkina/Novikova, „Frauen im politischen Leben", 1996, S. 70f.

[8] Ažgichina, „Na puti", 2000.

[9] In der Broschüre zum fünfjährigen Bestehen des Moskauer Zentrums für Gender Studies

Aspekten der Situation von Frauen in der sowjetischen Gesellschaft auseinandersetzten. Diese Frauen hatten bereits ihre Dissertationen oder andere wissenschaftliche Arbeiten zu feministischen und/oder frauenbezogenen Themen geschrieben: Ol'ga Voronina, eine Philosophin, hatte sich mit dem Einfluss des Feminismus auf die Entwicklung von soziologischer Frauenforschung in den USA beschäftigt. [10] Die Ökonomin Natalija Zacharova hatte über die Situation von Frauen in der Arbeitswelt geschrieben. [11] Die Dissertation der Historikerin Valentina Konstantinova behandelte Feminismus in Großbritannien. [12] Ol'ga Voronina schreibt zu ihrem Unbehagen bei den genannten Seminaren:

„Die Reden, welche wir bei diesem Seminar hörten, passten uns überhaupt nicht. Es wurden darin zwar (im Geiste der Perestrojka) einige vereinzelte negative Aspekte der Situation der Frau in der sowjetischen Gesellschaft hervorgehoben, im Großen und Ganzen aber wurde einmütig ‚die ständige und unentwegte Sorge der kommunistischen Partei um die Frau-als-Mutter und Frau-als-Werktätige‘ hoch gelobt. Das anzuhören war langweilig und widerlich." [13]

Die zum fünfjährigen Bestehen des Moskauer Zentrums für Genderforschung verfasste Festschrift berichtet von wiederholten gegenseitigen Einladungen der genannten Frauen zu Seminaren über Feminismus an den verschiedenen Akademieinstituten und dann, nach einigen Monaten, über regelmäßige Treffen in den Privatwohnungen der Wissenschafterinnen. Außer Konstantinova, Voronina und Zacharova beteiligten sich fallweise auch andere Interessentinnen wie die Philosophin Tat'jana Klimenkova. Ab dem Frühjahr 1988 kam die Ökonomin Anastasija Posadskaja [14] regelmäßig zu den privaten Treffen. Sie war es, die 1989 ein Memorandum für die Gruppe verfasste, die sich ab diesem Zeitpunkt als Liga zur Befreiung von Stereotypen (*Liga osvoboždenija ot stereotipov*), kurz LOTOS, bezeichnete.

---

ist von Seminaren ab dem Jahr 1987 die Rede, während Anastasija Posadskaja (1997) von Aktivitäten ab dem Jahr 1986 spricht. Vgl. MCGI, *Moskovskij Centr*, 1995, S. 28 und Posadskaya-Vanderbek, „Threshold", 1997, S. 374.

[10] Voronina, *Položenie*, 1981.
[11] MCGI, *Moskovskij Centr*, 1995, S. 28.
[12] Konstantinova, *Vzaimodejstvie*, 1989.
[13] MCGI, *Moskovskij Centr*, 1995, S. 28, Übersetzung aus dem Russischen TG.
[14] Anastasija Posadskaja wird in diesem Buch wiederholt zitiert. Aufgrund von unterschiedlichen Transkriptionsweisen und aufgrund ihrer Verehelichung existieren unterschiedliche Schreibweisen ihres Namens: Posadskaja, Posadskaya und Posadskaya-Vanderbek.

Ihre Ideen machten die Protagonistinnen der Liga auch publik, für ein akademisches Publikum und darüber hinaus. 1988 erschien in der Zeitschrift *Sociologičeskie issledovanija* [15] der Artikel „Die Frau in einer Männergesellschaft" von Ol'ga Voronina. [16] Darin skizzierte sie, unter Berufung auf sowjetische empirische Daten ebenso wie auf amerikanische feministische Autorinnen (wie zum Beispiel Betty Friedan), das Bild einer Gesellschaft, die für Frauen Nachteile bietet, wie etwa geringeren Lohn für gleiche Arbeit und Doppelbelastung durch Beruf und Familie. Voronina thematisierte auch die demografische Krise in der Sowjetunion und forderte geeignete sozialpolitische Maßnahmen, die es Frauen ermöglichen, Erwerbsarbeit oder Mutterschaft oder eine Kombination aus beiden, parallel oder konsekutiv, zu wählen. Der Artikel schließt mit den Worten:

„Als Frau bin ich zutiefst überzeugt, dass nach der Schaffung solcher idealer Bedingungen nur ein unbedeutender Teil meiner Landsmänninnen bewusst die Mutterschaft zu Gunsten der Arbeit (‚Karriere') ablehnen wird. Als Forscher [sic!] [17] bin ich zutiefst überzeugt, dass ohne die Lösung der sozialen Probleme von Frauen unsere weitere Vorwärtsbewegung undenkbar ist." [18]

Ein Jahr später veröffentlichte Natalija Rimaševskaja, die Direktorin des 1988 gegründeten Instituts für sozioökonomische Bevölkerungsprobleme der Akademie der Wissenschaften der Sowjetunion, gemeinsam mit den schon erwähnten Ökonominnen Posadskaja und Zacharova in der Zeitschrift der KPdSU *Kommunist* den Artikel „Wie wir die Frauenfrage lösen". [19] Aufgrund der zentralen Bedeutung dieses Texts für die neue Frauenforschung und -bewegung – für einen großen Teil der Letzteren stellt er laut Anna Köbberling eine

---

[15]   Diese Zeitschrift erscheint seit 1974 und kann als eine der wichtigsten russischsprachigen soziologischen Fachzeitschriften betrachtet werden.

[16]   Voronina, „Ženščina", 1988.

[17]   Bei der Übersetzung halte ich mich an die im Original gewählte geschlechtsspezifische Form, wie dies auch Lynne Attwood in ihrer Studie über Geschlechtersozialisation in der Sowjetunion tut: „The Russian language is distinctly male-biased. [...] Hence while I do not use male nouns and pronouns in my own writing to denote human beings in general, I do so when quoting directly from Russian sources. In other words, I do not attempt to rectify the male bias in the Russian language, which I feel would be totally misleading.", Attwood, *Soviet Man and Woman*, 1990, S. 14.

[18]   Voronina, „Ženščina", 1988, S. 110, aus dem Russischen von TG.

[19]   Zacharova u. a., „Ženskij Vopros", 1989.

„theoretische Grundlage"[20] dar – soll sein Inhalt hier kurz zusammengefasst werden.

Die Autorinnen führten vier Ansätze der sowjetischen Wissenschaft an, die in der Erforschung der Situation von Frauen Anwendung fanden. Die ersten drei Ansätze (patriarchal, ökonomisch, demografisch) waren seit der Konstatierung einer demografischen Krise der Sowjetunion in den 1970er Jahren, die generell eine verstärkte Diskussion der Rolle der Frau in der Gesellschaft hervorrief, zu beobachten. Ihnen wurde in dem Artikel der egalitäre Ansatz als neuer, besserer gegenübergestellt.

Der *patriarchale* Ansatz, der bei den meisten Arbeiten zum Thema konstatiert wurde, berief sich auf die „natürlichen" Aufgaben von Männern und Frauen und beschwor die Rückkehr der Frau in den Bereich von Heim und Familie. Soziale Probleme in der Gesellschaft gründeten hauptsächlich in der Störung des „natürlichen Gleichgewichts" der Geschlechter. Diese Sicht vertraten in den 1980er Jahren so prominente Persönlichkeiten wie Michail Gorbačev[21] oder die Soziologin Tat'jana Zaslavskaja.[22]

Der *ökonomische* Ansatz sah Frauen in erster Linie als spezifischen Produktionsfaktor, als Arbeitskräfte. Aufgrund der de facto bestehenden Verantwortung der Frauen für die Kindererziehung, den dadurch verursachten Unterbrechungen in der Berufstätigkeit und der infolgedessen schlechteren Qualifikationen wurde diese Arbeitskraft als minderwertig betrachtet. Eine effektive Wirtschaft war dieser Ansicht nach erfolgreicher aufzubauen, wenn die weniger produktiven Arbeitskräfte, also die Frauen, in den familiären Bereich transferiert werden. Somit trafen sich der patriarchale und der ökonomische Ansatz in ihren Konsequenzen.

Der dritte *demografisch* genannte Ansatz betrachtete Frauen unter dem Gesichtspunkt ihrer reproduktiven Funktion. Angesichts der kritischen demografischen Situation der Sowjetunion – die Ein-Kind-Familie war (und ist) die

---

[20] Köbberling, *Klischee*, 1993, S. 91. Zoja Chotkina nennt den Artikel ein „programmatisches Dokument", Chotkina, „Desjat' let", 2000, S. 21.

[21] Berühmt wurde Gorbatschows Bemerkung zur „eigentlichen weiblichen Lebensaufgabe". Das implizierte „Haushalt, [die] Erziehung der Kinder und [die] Schaffung einer familiären Atmosphäre", Gorbatschow, *Perestroika*, 1987, S. 147.

[22] Saslawskaja, *Gorbatschow-Strategie*, 1989, S. 135f. Näheres zu Tat'jana Zaslavskaja im Kapitel IV. 2.

häufigste Familienform in (sowjet-)russischen Städten [23] – wurde als Lösung, wie in den vorhergehenden Ansätzen, die Senkung der weiblichen Beschäftigungsrate empfohlen.

Diesen Ansätzen stellten Rimaševskaja und ihre Kolleginnen einen vierten, den *egalitären* Ansatz, gegenüber, der die Bedürfnisse von Frauen ins Zentrum des Interesses stellt und nicht durch instrumentalistisch-funktionalistische Absichten verzerrte Ergebnisse hervorbringt. Empfohlen wurde *nicht* die Zurückdrängung von Frauen aus der Erwerbstätigkeit, sondern eine gleichmäßige Aufteilung von beruflichen und häuslichen/familiären Pflichten zwischen Männern und Frauen. Emanzipation muss, so betonten die Autorinnen, wenn sie Erfolg haben soll, beide Geschlechter betreffen.

Unabhängig von LOTOS entstand im Jahr 1988 (offizielle Registrierung beim Ministerium für Inneres: 1989) der Frauenklub *Preobraženie* [24], gegründet von der Chemikerin und späteren Unternehmerin Diana Medman. Zunächst vorwiegend im medizinischen, sozial-karitativen Bereich aktiv widmete sich der Klub ab 1990 literarischen, literatur- und kulturwissenschaftlichen Themen. [25] Ab 1993 veröffentlichte der Klub ein feministisches Journal *Preobraženie*. Auch außerhalb Moskaus gab es vor 1990 Aktivitäten, die mit den neu entstehenden Gender Studies in Verbindung gebracht werden können. Hier ist die Sankt Petersburger Feministin Ol'ga Lipovskaja zu erwähnen, die im Eigenverlag (*samizdat*) unter der Bezeichnung Frauenlektüre (*Ženskoe čtenie*) Übersetzungen westlicher feministischer Texte publizierte, in einer Auflage von 18 Exemplaren pro Ausgabe. [26]

Im April des Jahres 1990 erfuhren die Bestrebungen der feministischen Wissenschafterinnen eine institutionelle Stärkung: Im Institut für sozioökonomische Bevölkerungsprobleme der Akademie der Wissenschaften der Sowjetunion (*Institut Social'no-Ekonomičeskich problem narodonaselenija Akademii Nauk Sovetskogo Sojuza*, ab 1991 *Institut Social'no-Ekonomičeskich problem narodonaselenija Rossijskoj Akademii Nauk*, ISEPN RAN) wurde eine Abtei-

---

[23] Siehe dazu Avdeev, „One-Child-Family", 2003 sowie das Kapitel IV. 2. in diesem Buch.

[24] Der Titel bedeutet Verwandlung bzw. Verklärung (bezugnehmend auf die Verklärung Jesu, siehe Evangelium nach Matthäus 17, 1-9) und wurde von der Schriftstellerin Anna Natalija Malachowskaja vorgeschlagen (persönliche Mitteilung von Anna Natalija Malachowskaja vom 14. 8. 2006).

[25] Cheauré, „Feminismus", 1997, S. 154.

[26] Siehe Engel, „Interview", 1989.

lung für Genderforschung eingerichtet, die unter dem Namen Moskauer Zentrum für Gender Studies (*Moskovskij Centr Gendernych Issledovanij*, MCGI) bekannt wurde. Der unmittelbare Anlass für die Bereitstellung von fünf neuen Planstellen für das Institut war die Erstellung eines von der Regierung angeforderten „Konzepts eines staatlichen Programms zur Verbesserung der Lage von Frauen, der Familie, des Mutterschutzes und der Kindheit" im Jahr 1990 [27], also anwendungsorientierte sozialpolitische Auftragsforschung. Anna Köbberling charakterisiert dieses Auftragswerk folgendermaßen:

„In dem Konzept fanden die Prinzipien von Glasnost' vollständige Anwendung: Nach einigen theoretischen Vorfragen wurde die Lage der Frau in Arbeitswelt und Familie ungeschminkt und detailliert dargestellt, die ungenügenden Arbeits- und Wohnbedingungen erwähnt und viele ernüchternde Zahlen (zur Säuglingssterblichkeit, zum Frauenanteil in gesundheitsschädlichen Tätigkeiten, zum Lohnniveau etc.) genannt." [28]

Die differenzierten Lösungsvorschläge, die kurzfristige Fördermaßnahmen ebenso beinhalteten wie längerfristige Programme zur Herstellung von Chancengleichheit und die Einsetzung eines „Gleichstellungskomitees" beim Obersten Sowjet, wurden während des Bestehens der Sowjetunion von der Regierung allerdings nicht mehr besprochen, geschweige denn implementiert.

Verschiedene Aspekte begünstigten die Institutionalisierung von Frauen- und Geschlechterforschung. Eine wesentliche Rolle spielte sicherlich die in der Ära Gorbačev verstärkt an SozialwissenschafterInnen herangetragene Erwartung, Lösungen für soziale und wirtschaftliche Probleme der sowjetischen Gesellschaft zu finden. Die Gründung des ISEPN RAN im Jahr 1988 fällt in eben diesen Trend des damit verbundenen verstärkten Ausbaus von (Sozial- und Wirtschafts-)Wissenschaft. [29]

Einige Moskauer GenderforscherInnen berichten, dass frauenbezogene Forschungsthemen in den 1980er Jahren unpopulär waren. Die unterstützende Rolle von MentorInnen wird in diesem Zusammenhang herausgehoben. [30] Valentina Bodrova vom VCIOM (*Vsesojuznyj/Vserossijskij Cen-*

[27] ISEPN, *Koncepcija*, 1991.
[28] Köbberling, *Liquidation*, 1993, S. 95.
[29] Vgl. Schimank/Lange, „Wissenschaft", 1998.
[30] Zum Thema Mentoring als Instrument der Frauenförderung im universitären Feld in Österreich siehe Schliesselberger/Strasser, *Fußstapfen*, 1998. International vergleichende west-

tr Izučenija Obščestvennogo Mnenija: Allunionszentrum – ab 1992 Allruss-
ländisches Zentrum – zur Erforschung der öffentlichen Meinung) wird
erwähnt als Betreuerin von Diplomarbeiten/Dissertationen der späteren
MCGI-Mitarbeiterinnen.[31] Anastasija Posadskaja verweist auf den Ökono-
men Michail Sonin, der ihre Dissertation betreute.[32] Auch ohne die Unterstützung und Offenheit von Natalija Rimaševskaja, der Direktorin des ISEPN
RAN, wäre es wohl kaum zur Gründung des MCGI gekommen.[33]

Gender bezeichnet im Englischen das grammatische oder das sozial kon-
struierte Geschlecht im Gegensatz zum biologischen *sex* (russisch: *pol*).[34] Dem
entspricht am ehesten das russische Wort „rod" für das grammatische Geschlecht, das auch noch „Art", „Gattung" oder „Geschlecht" im Sinne von
Generation bedeutet. Offensichtlich war es aber ungeeignet für die Bezeichnung eines neuen Forschungsansatzes. Die Moskauer Forscherinnen, die „gender" unübersetzt aus dem Englischen übernahmen, wollten damit in mehrerlei
Hinsicht ein Zeichen setzen. Posadskaja nennt vier Intentionen: Erstens sollte das neue, unbekannte Wort Aufmerksamkeit erregen, eine Markierung für
einen neuen Ansatz darstellen. Zweitens ermöglichte dieser Begriff eine Unterscheidung zwischen biologischen und sozialen Aspekten der Konstruktion
von Weiblichkeit und Männlichkeit ohne die Notwendigkeit, auf andere Traditionen (vor allem den Marxismus) zurückzugreifen. Drittens sollte so der
Vorwurf abgewehrt werden, bei der Beschäftigung mit Frauenforschung „die
Männer zu vergessen". Als letzter Grund wird die Möglichkeit genannt, die-
serart der historisch begründeten wissenschaftlichen Isolation zu entkommen
und an der globalen feministischen Debatte teilnehmen zu können.[35]

Als Forschungsgebiete des MCGI wurden im Jahr 1995 rückblickend auf-
gezählt:

---

europäische Perspektiven bieten die Beiträge in Nöbauer u. a., *Mentoring*, 2005 sowie in
Nienhaus u. a., *Seilschaften*, 2005.

[31] MCGI, *Moskovskij Centr*, 1995, S 36.
[32] Posadskaya, „Self-Portrait", 1992.
[33] MCGI, *Moskovskij Centr*, 1995, S 37.
[34] Posadskaja schreibt zu den Problemen mit dem neu übernommenen Begriff: „I know, some
friends told me it was barbarous. But our problem was, that the Russian word for ‚sex, –
pol – is in our culture too associated with the physical acts, and we lack a term that is
distinct from it, which you have in English. So we had to import ‚gender'.", Posadskaja
„Self-Portrait", 1992, S. 11.
[35] Posadskaya, *Women's Studies*, 1994, S. 164f.

– Strategien zur Herbeiführung gleicher Chancen für Frauen und Männer
– Soziale Diskriminierung nach Geschlecht in der russischen Gesellschaft
– Das Problem der Macht aus der Genderperspektive
– Frauen als Führungskräfte im heutigen Russland
– Die Frau in den neuen sozialpolitischen Strukturen und Bewegungen
– Die Frau in der zeitgenössischen Marktwirtschaft
– Feminisierung der Armut und Arbeitslosigkeit
– Das unternehmerische Potenzial russischer Frauen
– Das Bild der Frau in den Massenmedien
– Geschlechterbeziehungen in der Familie
– Die Frau in interkulturellen Kontakt- und Konfliktsituationen
– Reproduktive Rechte von Frauen und Männern
– Gender und Kultur

Im methodischen Bereich wurde insbesondere *oral history* (Lebensge-
schichten sowjetischer/russischer Frauen) hervorgehoben, die eine Neuerung
im Repertoire der bis dahin überwiegend statistisch-quantifizierend arbeiten-
den empirischen SozialwissenschafterInnen darstellte.[36] In der zweiten Hälfte
der 1990er Jahre kamen Themen wie Gewalt gegen Frauen und andere Auseinandersetzungen mit den Rechten von Frauen dazu.[37]

Ab 1991 wurden von der Akademie der Wissenschaften vier Sammelbände
mit Arbeiten von Mitarbeiterinnen des MCGI veröffentlicht[38], wobei erst im
zweiten mit dem Titel „Frauen und Sozialpolitik: Genderaspekt" (*Ženščiny i
social'naja politika: gendernyj aspekt*) der Begriff „gender" erläutert und durch-
gängig verwendet wurde. 1992 gab Ol'ga Voronina einen Sammelband mit
dem Titel „Feminismus: Perspektiven sozialen Wissens" mit russischen Beiträgen sowie Übersetzungen von Texten westlicher Feministinnen heraus.[39]
Dem Zugang zu solchen Texten, die es vor der Perestrojka in der Sowjetunion
allenfalls in Spezialabteilungen von Bibliotheken der Akademie der Wissenschaften gab, wird große Bedeutung im Hinblick auf die Entwicklung und

---

[36] Alle Angaben aus MCGI, *Moskovskij Centr*, 1995, S. 4. Zur Auseinandersetzung mit qualitativen Methoden in der russischen Geschlechterforschung siehe Malyševa, *Vozmožnosti*,
1997.

[37] Chotkina, *Domogatel'stva*, 1996.

[38] Vgl. Rimaševskaja, *Ženščiny*, 1991; Dies., *Mir*, 1992; Chotkina, *Social'naja politika*, 1992;
Malyševa, *Gendernye aspekty*, 1996.

[39] Voronina, *Feminizm*, 1992.

Verbreitung von Frauen- und Geschlechterforschung zugemessen.[40] Während die ersten Arbeiten des Zentrums im Rahmen der Akademie finanziert wurden, entstanden spätere Publikationen hauptsächlich mit der Unterstützung von US-amerikanischen Fonds.

Das MCGI, wiewohl Teil eines Instituts der Akademie der Wissenschaften, hatte stets den Anspruch, mehr als nur akademische Forschung zu betreiben, was in der Festschrift zum fünfjährigen Bestehen des Zentrums von den meisten Mitarbeiterinnen zum Ausdruck gebracht wird. Auf die an die Mitarbeiterinnen gerichtete Frage nach einer Mission des Zentrums kamen neben dem Ziel der Einführung und Ausweitung der neuen Forschungsperspektive auch Antworten, die eine Veränderung der Geschlechterverhältnisse in der russischen Gesellschaft und eine Verbesserung der Situation von Frauen im öffentlichen wie im privaten Bereich implizierten. Bezeichnend für diesen Doppelcharakter war die Registrierung des MCGI als nicht staatliche Organisation im Jahr 1994. Das Zentrum wurde somit zugleich Forschungseinrichtung und feministische Organisation. Ein pragmatischer Grund für diesen Schritt war, dass das MCGI als NGO Drittmittel von internationalen Fonds in Anspruch nehmen konnte. So konnten sein Bestehen und seine Arbeit auch in einer Zeit gesichert werden, in der wirtschaftliche Krisen die russische Wissenschaft als Ganzes beeinträchtigten.[41]

Im Rahmen des vom MCGI im Laufe des Jahres 1990 veranstalteten Seminars „Frauen in der Politik, Politik für Frauen" wurde von den Teilnehmerinnen die „Unabhängige Demokratische Fraueninitiative"[42] gegründet. Im

---

[40] Siehe dazu die Erfahrung von Elena Gapova im Jahr 1994 bei der Lektüre von feministischen Texten, die Voronina übersetzt hatte: „The opening phrase impressed me [...] It said: ‚When I first read The Feminine Mystique by Betty Friedan 13 or 14 years ago...' and then the text dealt on the ways in which the book was important for a socialist womanscholar. The fact that someone had an opportunity to read the book in the early 1980-ies [sic!] impressed me deeply. Though I knew English and had read lots of what many others had not [...] To read Betty Friedan one had to be what I was not, or, rather, to have access to resources that were unavailable for me, then an English instructor at the Belarusian State University.", Gapova, *Writing*, 2003, S. 4.

[41] Siehe MCGI, *Moskovskij Centr*, 1995, S. 3.

[42] „Nezavisimaja ženskaja demokratičeskaja iniciativa", abgekürzt: NeŽDI. Dieses programmatische Akrostychon bedeutet „Warte nicht". Einen Überblick über Frauenorganisationen in Russland und anderen postsowjetischen Staaten bietet das von Abubikirova u. a. (1998) herausgegebene Handbuch, Abubikirova, *Spravočnik*, 1998.

Gründungsmanifest wurde festgehalten, dass eine soziale Erneuerung der Gesellschaft ohne eine aktive Frauenbewegung nicht wirklich demokratisch sein könne. Diese Organisation sollte eine Assoziation unabhängiger demokratischer Frauengruppen sein, die einander Unterstützung gewähren und Frauen dabei helfen, aktive, selbstständige Gestalterinnen ihres Lebens zu werden, anstatt passive Empfängerinnen staatlicher Almosen zu sein. Letzteres war in manchen familien- und sozialpolitischen Überlegungen dieser Zeit impliziert.

Von Anfang an war diese Initiative der Kritik von augenscheinlich Gleichgesinnten ausgesetzt. Valentina Konstantinova, eine der Gründerinnen, beschreibt:

„Nach dieser Sitzung kamen einige Frauen zu den Leiterinnen (das waren Anastasija Posadskaja und ich) mit den Bemerkungen: So kann man eine Versammlung nicht durchführen, ihr seid zu demokratisch; man muss die Leute zum Treffen bestimmter Entscheidungen ‚führen' […] Aber wir fanden das nicht. All das gab es im Überfluss in unserer ‚sozialistischen' Vergangenheit, in der ‚sowjetischen' Variante der Frauenbewegung. Wir aber wollten unsere Entscheidungen DEMOKRATISCH treffen, gemeinschaftlich, eine prinzipiell andere Organisation schaffen." [43]

Andererseits kritisierten und kritisieren antiinstitutionell ausgerichtete Feministinnen die Zugehörigkeit des MCGI zu staatlichen Strukturen – in diesem Fall zu einem Institut der Russischen Akademie der Wissenschaften. [44] Derartige Diskrepanzen zwischen autonomer Frauenbewegung und institutionalisierter Frauenforschung sind aus der Geschichte der Entwicklung von Frauenbewegung und -forschung etwa in Westeuropa bekannt. Ein zunehmendes Maß an Eingebundensein in institutionelle Strukturen bedeutet Anpassung an sie und Abhängigkeit von ihnen. [45] Allerdings gab es keine Debatten über die Problematik der Vereinnahmung der feministischen Wissenschaft in der mir zugänglichen russischen Literatur. Das ist bemerkenswert angesichts dessen, dass solche Auseinandersetzungen anderswo sehr intensiv geführt wurden. [46] Eine mögliche Erklärung für die Vermeidung öffentlicher Kontroversen könnte die Notwendigkeit sein, nach außen Einigkeit zu demonstrieren. Die ohnehin eher unsicher situierte Frauenforschung und -bewegung hätten – wären

---

[43] MCGI, *Moskovskij Centr*, 1995, S. 10, aus dem Russischen von TG.

[44] Siehe auch Posadskaya-Vanderbek, „Treshold", 1997, S. 374.

[45] Vgl. Orland/Rössler, „Ansätze", 1995; Stacey, „Oxymoron", 2000.

[46] Siehe etwa Von Werlhof, „Erfassen", 1990; Appelt, „Transformation", 1991.

sie als in sich zerstritten wahrgenommen worden – noch weniger Chancen auf Anerkennung und Unterstützung gehabt. Zudem waren in der neuen russischen Frauenbewegung radikal-feministische autonome Strömungen, wie es sie in den 1970er- und 1980er Jahren in verschiedenen westlichen Staaten gab, nicht vertreten. [47] Die hauptsächliche Unterscheidung war jene zwischen unterschiedlichen nicht staatlichen Gruppierungen einerseits und den Nachfolgeorganisationen der von staatlicher Seite eingesetzten Frauenräte (*žensovety*) andererseits. [48]

Dass es zwischen Vertreterinnen beider Typen von Organisationen durchaus Kooperationen geben konnte, zeigen das Erste und Zweite Unabhängige Frauenforum in Dubna. Die zwei Foren, die in Dubna, einer kleinen Stadt unweit von Moskau, stattfanden, waren wichtige Ereignisse in der Geschichte der neueren russischen Frauenbewegung. Die deutsche Politologin Britta Schmitt beschreibt sie als „Mischung aus Frauensommeruniversität und politischer Konferenz" [49], also eine Verbindung zwischen Akademie und frauenspezifischer Politik. Das erste Forum mit dem Titel „Demokratie ohne Frauen ist keine Demokratie" (*Demokratija minus ženščina – ne demokratija*) fand im März 1991 statt und wurde von Mitarbeiterinnen des MCGI und der 1990 gegründeten „Freien Assoziation feministischer Organisationen" (*Svobodnaja Associacija Feministskich Organizacij*, SAFO, ab 1993:*Feministskaja Al'ternativa*, FAL'TA) organisiert, unterstützt vom Frauenrat (*Žensovet*) des Vereinigten Instituts für Kernforschung in Dubna. Etwa 200 Frauen aus verschiedensten Regionen Russlands sowie einige ausländische Besucherinnen nahmen daran teil.

Die Organisatorinnen der Veranstaltung waren mit einigen Hindernissen konfrontiert. So veröffentlichte die Zeitung „Moskovskij Komsomolec" zwei Tage vor der Eröffnung eine kleine Notiz über einen geplanten Kongress von Feministinnen, Schwulen und Lesben, was dazu führte, dass die Leitung des Gastgeberinstituts das Forum verbieten wollte und einige BewohnerInnen der Stadt Dubna aus Angst vor AIDS die TeilnehmerInnen am Verlassen der Vorortezüge hindern wollten. Nur durch Telefonate mit einflussreichen Per-

---

[47] Zu dieser Einschätzung kommt Anna Köbberling, *Liquidation*, 1993, S. 119.

[48] Zu den in der Ära Chruščev gegründeten und unter Gorbačev reaktivierten Frauenräten siehe Browning, *Consciousness raising*, 1987; Muzyrja/Kopejko, *Žensovet*, 1989; Raccioppi/O'Sullivan See, *Activism*, 1997, Kapitel V. Siehe auch Kapitel IV. 1. in diesem Buch.

[49] Schmitt, *Zivilgesellschaft*, 1997, S. 248.

sönlichkeiten aus Medien, Wissenschaft und Politik gelang es, das drohende Misslingen der Veranstaltung abzuwenden. Die Organisatorinnen erwähnen, dass zeitweise auch KGB-Agenten anwesend waren. [50]

Das zweite Forum ein Jahr später hatte den Titel „Von Problemen zu einer Strategie" (*Ot problem – k strategii*). Das Interesse und infolgedessen die Teilnehmerinnenzahl überstiegen alle Erwartungen des Organisationskomitees: Mehr als 500 Frauen besuchten das zweite Forum. Ljudmila Gavrjušina konstatiert auch innerhalb dieses einen Jahrs einen starken Anstieg der Zahl von neu gegründeten Frauenorganisationen. [51] Das Forum umfasste verschiedene Sektionen wie etwa „Die Frau im Business", „Frau und künstlerisches Schaffen", „Die Frau in der Religion und Religion für Frauen", „Feminismus und Probleme der Frauenbewegung", „Frau und Gewalt", „Nationale und ethnische Probleme", „Das Funktionieren von Non-Profit-Strukturen". Einige Sektionen verfassten konkrete Vorschläge an die Regierung betreffend die Erforschung der Bedingungen von Frauenarbeit oder die Einrichtung von Jobbörsen für Frauen in den Regionen. Weiters fanden Podiumsdiskussionen sowie psychologische Trainings statt. [52]

Ein drittes Forum war zwar ursprünglich vorgesehen, sollte aber realiter nicht stattfinden. Die Journalistin Masha Gessen schrieb dazu: „[...] sich zu versammeln, um die Schwierigkeiten in Frauenleben zu beklagen, erschien bereits unpassend: Die Zeit war gekommen, irgendwelche Lösungen vorzuschlagen." [53] Anastasija Posadskaja gab in einem Interview aus dem Jahr 2005 an, dass sie und die anderen Organisatorinnen der ersten beiden Foren schlichtweg erschöpft waren und neben ihren wissenschaftlichen und administrativen Tätigkeiten keine Zeit mehr für die Realisierung eines dritten Forums hatten. Sie bedauerte diese Entwicklung. [54]

Im November 1991 fand unter der Ägide der UNESCO in Zusammenarbeit mit dem MCGI die erste internationale Konferenz zum Thema Frauen-

---

[50] „Es ist auch wahr, dass im Moment der Eröffnung [des Forums, TG] ungefähr 30 nicht von uns eingeladene männliche Gäste saßen – Mitarbeiter des lokalen KGB unterschiedlicher Ränge. [...] Die Leute des KGB verließen bereits am ersten Tag in der Mittagspause schweigend den Saal.", MCGI, *Moskovskij Centr*, 1995, S. 14, aus dem Russischen von TG.

[51] Gavrjušina, „Forum", 1992, S. 185.

[52] Ebd., S. 186.

[53] Gessen, „Lica", 1998, S. 50, aus dem Russischen von TG.

[54] Petriašvili, „Interv'ju" 2005, S. 40.

und Geschlechterforschung in Moskau statt: „Erforschung der Situation von Frauen: Probleme und Perspektiven in verschiedenen Ländern" (*Issledovanie položenija ženščin: problemy i perspektivy v raznych stranach*). Außer den russischen WissenschafterInnen und VertreterInnen der UNESCO nahmen feministische Wissenschafterinnen wie Hilary Rose und Maxine Molyneux aus Großbritannien, Susan Magarey aus Australien und Mariam Chamberlain aus den USA teil. Dieses Seminar umfasste drei Arbeitskreise: Familie und demografische Veränderungen, die Frau im wirtschaftlichen Leben sowie Lehre und Ausbildung im Bereich der Erforschung der Situation von Frauen. Zoja Chotkina wertet diese Veranstaltung als den Anfang der unmittelbaren internationalen Zusammenarbeit mit GenderforscherInnen, zumal es in der Folge zu einigen gemeinsamen Projekten und Studienaufenthalten von MCGI-Mitarbeiterinnen im Ausland kam.[55] Die Konferenz wurde in der Zeitschrift *Sociologičeskie issledovanija* besprochen. Dabei verlor man kein Wort über das zu diesem Zeitpunkt immerhin schon seit zwei Jahren bestehende MCGI, während die Vorträge von Rose, Chamberlain und Magarey ins Russische übersetzt veröffentlicht wurden. Die an der Finanzakademie bei der Regierung der Russischen Föderation lehrende Soziologin Galina Sillaste schrieb: „Im Ausland glaubte man – und das zu Recht –, dass in der Sowjetunion keine seriösen Untersuchungen zu diesem Thema [Situation der Frauen, TG] durchgeführt wurden: Bei uns gab, ja gibt es praktisch bis heute keine spezialisierten Forschungszentren."[56] Ihr einziger Hinweis auf einschlägige sowjetische/russische Forschung ist eine Bemerkung zum Artikel von Posadskaja, Rimaševskaja und Zacharova („Wie wir die Frauenfrage lösen"). Sie meint, dass die dort vorgeschlagene interdisziplinäre Forschung, von Sillaste als soziale Frauenforschung (*social'naja feminologija*) bezeichnet, kein adäquater Weg sei.[57]

Im Jahr 1991 wurde in Kooperation mit dem Russischen Institut für Kulturologie[58] von jungen Wissenschafterinnen, das so genannte Feministische

---

[55]   Den Besprechungen der Konferenz lässt sich nicht entnehmen, welche russischen GenderforscherInnen beteiligt waren. Es wird angegeben, dass 25 ausländische und 55 russische TeilnehmerInnen sowie 20 aus ehemaligen Sowjetrepubliken anwesend waren, siehe MCGI, *Moskovskij Centr*, 1995, S. 20.

[56]   Sillaste, „Razmyšlenija", 1992, S. 29.

[57]   Ebd.

[58]   Das Russländische Institut für Kulturologie ist die Nachfolgeinstitution eines seit den

Orientierungszentrum (*Feministskij orientacionnyj centr*) geschaffen, das Ende der 1990er Jahre 15 Mitarbeiterinnen hatte. Es war einerseits als Forschungszentrum, das sich mit Themen wie dem Alltag von Frauen, Sexismus und Imagebildung und Körper auseinandersetzt, gedacht. Andererseits war es auch eine feministische nicht staatliche Organisation mit den Schwerpunkten Bewusstseinsbildung und Weitergabe von Know-how an andere Organisationen. Die Ökonomin Marina Liborakina leitete das Zentrum.[59]

Einer Initiative zweier US-Amerikanerinnen verdankt sich die Gründung der Zeitschrift *Vy i My* (d. i. Ihr und Wir; ab 1997: We/My). Die Moskauer Journalistin und Dozentin für Journalistik, Nadežda Ažgichina, war die Verantwortliche für die russische Seite dieses so genannten „Dialogue of Women". Die Zeitschrift erschien in den 1990er Jahren alle zwei Monate und danach in unregelmäßigen Abständen.[60]

Im Rahmen der Russischen Akademie der Wissenschaften wurden in dieser ersten Etappe folgende Initiativen für Frauen- und Geschlechterforschung gesetzt: Im Institut für Ethnografie und Anthropologie der Russischen Akademie der Wissenschaften wurde 1992 ein Zentrum für Genderforschung mit acht Mitarbeiterinnen gegründet. Das Zentrum leistet insofern einen wichtigen Beitrag zur Vielfalt innerhalb der russischen Geschlechterforschung, als es die Perspektive von Unterschieden zwischen Frauen in verschiedenen Kulturen innerhalb Russlands mit einbezieht.[61] Die Mitarbeiterinnen unterrichten auch an der Russischen Staatlichen Geisteswissenschaftlichen Universität (*Rossijskij gosudarstvennyj gumanitarnyj universitet*, RGGU) und kooperierten in den folgenden Jahren unter anderem mit dem (allerdings erst 1997 gegründeten) Zentrum für Genderforschung an der Moskauer Staatlichen Universität (MGU).

1930er Jahren bestehenden Forschungsinstituts für Volkskunde, Volkskunst und Museologie. Informationen zur Geschichte und zu den Aufgaben des Instituts findet man unter http://www.riku.ru/Eng/index.html (Zugriff am 11. 6. 2008). Zum Fach Kulturologie siehe Scherer, *Kulturologie*, 2003.

[59] Marina Liborakina arbeitet gegenwärtig als Geschäftsführerin des privaten Non-Profit-Forschungsinstituts für Stadtökonomie in Moskau.

[60] Näheres zu dieser Zeitschrift siehe Kapitel IV. 1.

[61] Dies ist eine Qualität, die – wie Irina Aristarchova kritisiert – russischen Arbeiten aus dem Bereich Frauen- und Geschlechterforschung häufig fehlt. Vgl. Aristarchova, „Men'šinstva", 1998.

Im Rahmen des Instituts für USA und Kanada wurden Untersuchungen über Frauen und Politik sowie vergleichende Studien über Frauenbewegung und -forschung in den USA und Kanada durchgeführt. Eine Mitarbeiterin, Evgenija Israel'jan, war und ist bis heute Kodirektorin des Zentrums für Frauen- und Familienprobleme und Gender Studies im Rahmen der privaten Universität „Institut der Jugend".

Am Institut für vergleichende Politikwissenschaft war Svetlana Ajvazova tätig, die über die russische Frauenbewegung forschte. [62] Sie leitete die Sektion für Gender Studies der Russischen Politologischen Assoziation. An den Instituten für Philosophie und Soziologie der Russischen Akademie der Wissenschaften wurden seit den frühen 1990er -Jahren vereinzelt Forschungsprojekte mit Bezug zu Frauen- und Geschlechterforschung durchgeführt; eigene Zentren oder Laboratorien gab und gibt es allerdings nicht.

An einigen Moskauer Universitäten wurden Versuche der Institutionalisierung gestartet, wie etwa die „Höheren Frauenkurse" (*Vysšie ženskie kursy*) der RGGU, die 1992 an deren historisch-philologischer Fakultät eingerichtet wurden. Der Name stellt eine Reminiszenz an die Hochschulkurse für Frauen in den 1870er Jahren dar. [63] Die Initiatorinnen kamen nicht nur aus dem universitären Bereich, es waren darunter auch Schriftstellerinnen wie etwa die ehemalige Dissidentin Zoja Boguslavskaja. Diese Kurse umfassten so unterschiedliche Fächer wie Psychologie, Mode und Design, Wirtschaft und Recht. Primär als konkrete Berufsausbildung für Studentinnen vorgesehen beinhalteten die Kurse auch Lehrveranstaltungen über feministische Theorien, die aber bei den Hörerinnen auf wenig Interesse stießen. Die Organisatorinnen waren dennoch überzeugt von der Wichtigkeit solcher Inhalte und versuchten eine Neukonzeption des Programms mit drei diesbezüglichen thematischen Blöcken: die Idee des Weiblichen in der Weltkultur, die Frau in der russischen Gesellschaft, Theorie und Praxis des westlichen Feminismus. Die Kurse wurden sehr bald wieder eingestellt, da die Universität keinerlei finanzielle Unterstützung gewährte. In der Folge versuchten die Initiatorinnen der „Höheren Frauenkurse", Frauen- und Geschlechterforschung innerhalb von Lehrveranstaltungen mit allgemeineren Themen (zum Beispiel „Feministische Theorien

---

[62]   Ajvazova, *Labirint*, 1999.

[63]   Die bekanntesten und am längsten bestehenden hießen *Bestuževskie kursy*, nach ihrem ersten Direktor, dem Historiker Konstantin Nikolaevič Bestužev-Rjumin, und fanden in Sankt Petersburg statt. Vgl. dazu Stites, *Women's Liberation*, 1990, S. 82f.

als einige der kritischen Theorien der letzten Jahrzehnte") unterzubringen. An der RGGU fand im März 1993 eine internationale Konferenz mit dem Titel „Frau und Business" statt. [64]

Im Jahr 1992 wurde nach Angaben von Ljudmila Šineleva, die an der Moskauer Staatlichen Sozialen Universität (bis 1991: Höhere Parteischule – *Vysšaja partijnaja škola*) lehrt, ebendort an der Fakultät für Sozialarbeit, Pädagogik und Psychologie ein Lehrstuhl für Frauenforschung und Familienkunde (*feminologija i sem'jevedenie*) eingerichtet. [65] Šineleva, die dort für dieses Fach verantwortlich war, publizierte schon in den 1980er Jahren Artikel über Frauen und deren Rolle in der sowjetischen Gesellschaft. Allerdings konnte ich keinerlei Bezugnahmen auf ihre Arbeiten bei anderen Moskauer ProtagonistInnen der Frauen- und Geschlechterforschung, weder in schriftlicher Form noch mündlich, finden. Diese Isolation mag mit der institutionellen Vergangenheit dieser Spielart von Frauen- und Geschlechterforschung zu tun haben. [66]

Im privaten Institut der Jugend (*Institut molodeži*) wurde 1993 ein Zentrum für Frauen- und Familienprobleme und Geschlechterforschung gegründet, das Ende der 1990er Jahre 19 Mitarbeiterinnen zählte. Als seine Ziele gibt es einerseits die Einführung von genderspezifischen Inhalten in Forschung und Lehre (inklusive Schulen) an sowie die Verbreitung und Übersetzung von entsprechender wissenschaftlicher Literatur. Andererseits arbeitet es mit Krisenzentren zusammen, veranstaltet Seminare zum Thema „Gewalt gegen Frauen" und „Frauenrechte als Menschenrechte". Von den Zentrumsleiterinnen Evgenija Israel'jan und Tat'jana Zabelina wurde ein Buch über die Gründung und den Betrieb von Krisenzentren herausgegeben. [67] Das Zentrum unterhält auch Kontakte zur Central European University in Budapest und zu amerikanischen Frauenorganisationen.

---

[64]   Vajnštajn/Kigaj, „Kursy", 1994.

[65]   Šineleva, „Feminologija", 1998. Inzwischen heißt der Lehrstuhl „Familien- und Genderpolitik" (*kafedra semejnoj i gendernoj politiki*), wie der Website der Moskauer (auch: Russländischen) Staatlichen Sozialen Universität http://www.mgsu.info (Zugriff 11. 6. 2008) entnommen werden konnte.

[66]   Es ist mir leider nicht gelungen, Ljudmila Šineleva für ein Interview zu gewinnen.

[67]   Israel'jan/Zabelian, *Krizisnyj centr,* 1998.

II.2.   Zweite Etappe: Institutionalisierung (1993-1995)

Zoja Chotkina bezeichnet die zweite Phase ihrer Periodisierung der ersten zehn Jahre von Frauen- und Geschlechterforschung in Russland als die der Institutionalisierung. [68] Wiewohl schon in den ersten Jahren einige wesentliche Institutionen eingerichtet wurden, die sich in den folgenden Jahren etablierten oder auch wieder aufhörten zu bestehen, folgten noch einige bedeutende neue Initiativen, insbesondere im Hinblick auf die universitäre Lehre.

Nadežda Ažgichina sieht als charakteristisch für die zweite Phase der neuen russischen Frauenbewegung (1993-1995) eine Vertiefung der marktwirtschaftlichen Reformen und eine Verwestlichung des Lebensstils vieler RussInnen (ohne anzugeben, was genau darunter zu verstehen ist). Als wichtige frauenpolitische Errungenschaft erwähnt sie die Partei der Frauen Russlands, die bei den Parlamentswahlen 1993 die Fünf-Prozent-Hürde für den Einzug in die Staatsduma schaffte. Innerhalb des Spektrums russischer Frauenorganisationen zeigen sich sehr deutliche Unterschiede zwischen elitären, erfolgreichen Organisationen in den Hauptstädten Moskau und Sankt Petersburg gegenüber Organisationen in der Provinz, die oft mit sehr bescheidenen Mitteln Frauen in Notsituationen Hilfe zur Selbsthilfe bieten. [69]

In dieser Etappe wurden auch erste wichtige Schritte für die Einführung von Frauen- und Geschlechterforschung in die universitäre Lehre gesetzt. Vergleicht man dabei die Situation der Lehre von *gendernye issledovanija* in Moskau mit anderen russischen Städten, so ist die Hauptstadt eher als schlecht ausgestattet einzustufen. „Die enorme Arbeit, die in der Provinz geleistet wird, ist ein Vorwurf an die Moskauerinnen" [70], äußerte sich eine Teilnehmerin an einer allrussischen Konferenz zu Gender Studies im Jänner 1996 zu diesem Thema.

Das mag damit zu tun haben, dass Frauen- und Geschlechterforschung in Moskau innerhalb der Akademie der Wissenschaften ihren Ausgang genommen hatte und im russischen höheren Bildungssystem eine relativ strikte institutionelle Trennung von Forschung (Akademie) und Lehre (Universitäten, Hochschulen) bestand. Anastasia Posadskaja formulierte dazu in einem Kon-

---

[68]   Chotkina, „Desjat' let", S. 23.
[69]   Ažgichina, „Na puti", 2000.
[70]   Chotkina u. a., *Gendernye issledovanija*, 1996, S. 25.

ferenzbeitrag von 1997, der sich mit der verspäteten Entwicklung der Lehre befasst: „Politics, not education was the entry point of feminism."[71]

Die Genderthematik wurde praktisch an allen namhaften Moskauer Universitäten aufgegriffen. Auch an technischen Hochschulen hielten Lektorinnen Vorlesungen zu diesem Thema. Es handelt sich dabei um allgemein sozialwissenschaftliche, nicht etwa speziell auf technische Fächer bezogene Lehrveranstaltungen (wie zum Beispiel feministische Kritik an Technik- und Naturwissenschaften). Allerdings gibt es an Moskauer Hochschulen bislang nicht die Möglichkeit, Frauen- und Geschlechterforschung als volles Studienfach zu absolvieren. Das Äußerste sind Kurse auf Wahlpflichtfachebene (*speckursy*).[72]

Für die meisten Universitäten galt und gilt bis heute, dass das Vorhandensein von Frauen- und Geschlechterforschung in der Lehre abhängig ist vom Engagement von Einzelpersonen oder Gruppen von Lehrenden einerseits und vom Wohlwollen der Fakultät beziehungsweise des zuständigen Wissenschaftsrats (*učennyj sovet*) auf Universitätsebene andererseits. Eine Ausnahme bildet das seit 1994 bestehende vom Ministerium für allgemeine und professionelle Bildung und der Bewegung „Frauen Russlands" unterstützte Programm „Die Frau in der russischen Gesellschaft" (*Ženščina v rossijskom obščestve*).[73] Dieses Programm hat sein Zentrum in der Staatlichen Universität der Stadt Ivanovo. Etwa zwanzig weitere Universitäten in verschiedenen Städten Russlands sind daran beteiligt. Sein Schwerpunkt liegt vorwiegend auf historischer und soziologischer Forschung über Frauen in Russland und der Sowjetunion. Schließlich wird in diesem Rahmen regelmäßig eine Zeitschrift, die den Namen des Programms trägt, herausgegeben und ein eigener Verlag *Junona*[74] betrieben.

Zwischen den VertreterInnen des in Ivanovo angesiedelten Programms und einigen Moskauer GenderforscherInnen, vor allem den im Rahmen des

[71] Posadskaya-Vanderbek, „Threshold", 1997, S. 374.

[72] Vollständige Curricula für Frauen- und Geschlechterforschung gibt es in Russland gegenwärtig an der Universität Ivanovo, der European University Sankt Petersburg und neuerdings an der Staatlichen Universität Sankt Petersburg. Letzteres wurde im Rahmen eines TEMPUS-Programms in Kooperation mit den Universitäten Bielefeld und Wien entwickelt.

[73] Das Programm wurde 1997 in „Feminologija und Gender Studies: Perspektivenreiche Strategien und Technologien" (*Feminologija i gendernye issledovanija: Perspektivnye strategii i technologii*) umbenannt, siehe Chasbulatova, „Feminologija", 1999, S. 7. Im Folgenden wird das Programm kurz als *Feminologija*-Programm bezeichnet.

[74] Russische Schreibweise der römischen Göttin Juno.

MCGI tätigen, herrschte mitunter eine gewisse Distanziertheit. Während die MoskauerInnen darauf bestanden, dass die Institutionalisierung von Frauen- und Geschlechterforschung Ergebnis ihrer Bestrebungen „von unten" war und sich damit positiv vom durch das Ministerium eingesetzten Programm unterscheidet, wirft die andere Seite ihnen vor, ihre wissenschaftliche Autonomie aufgrund der hauptsächlichen Finanzierung von Gender Studies durch ausländische Fonds einzubüßen. Ein Hintergrund dieses Konflikts war sicherlich die ungleiche Verteilung von Ressourcen zwischen den Hauptstädten Moskau und Sankt Petersburg einerseits und der Provinz andererseits, speziell was Fördermittel von internationalen Fonds betrifft. Allerdings wurden diese Unstimmigkeiten nicht öffentlich ausgetragen.[75] Generell fand sich in russischen Publikationen der 1990er Jahre kaum explizite Kritik an den Arbeiten anderer GeschlechterforscherInnen. Das bevorzugte Mittel war offenbar Ignorieren und Nichtzitieren. Trotzdem nahmen die VertreterInnen der verschiedenen Gruppen an Konferenzen, Sommerschulen und anderen Veranstaltungen der jeweils anderen teil.[76]

Ein großes Problem der Lehre war die Uneinheitlichkeit der Inhalte und Standards, wie etwa bei der Konferenz „Gender Studies in Russland: Probleme der Zusammenarbeit und Entwicklungsperspektiven" (*Gendernye issledovanija v Rossii: Problemy vzaimodejstvija I perspektivy razvitija*) im Jänner 1996 diskutiert wurde. Es existierte bis zu diesem Zeitpunkt zwar eine Menge von Entwürfen von Lehrveranstaltungszyklen oder gar Studienplänen, die aber von Universität zu Universität verschieden waren. Der so entstandene Eindruck von Beliebigkeit trug nicht zum ohnehin schon geringen Prestige des Fachs bei, sei es aus der Sicht anderer Disziplinen oder jener Personen und Gremien, die über Zulassung oder Ablehnung von Programmen bezüglich *gendernye issledovanija* oder *feminologija* entscheiden. Es wurde auch der Wunsch nach einem Lehrbuch mit dem Status eines Standardwerks geäußert.[77]

---

[75] Entsprechende Bemerkungen wurden mir gegenüber z. B. nach der Durchführung der Interviews oder in informellen Gesprächen bei Tagungen gemacht.

[76] Eine klare, wenn auch vereinfachende Unterscheidung zwischen *gendernye issledovanija* einerseits und *feminologija* andererseits bringen Anna Temkina und Elena Zdravomyslova in einem auf Russisch und Englisch erschienen Aufsatz, vgl. Temkina/Zdravomyslova „Issledovanija ženščin", 1999 und Dies., „Gender Studies", 2003. Siehe dazu auch Kapitel V. 2 und V. 4. in diesem Buch.

[77] Siehe Klimenkova, „Perechod", 1996.

Schließlich soll noch erwähnt werden, dass, anders als in den meisten europäischen Staaten[78], Studierende bei der Einführung dieser Lehrinhalte so gut wie keine Rolle spielten. Es gab in den 1990er Jahren zwar eine Studierendenvertretung in Russland, diese war aber zentralistisch organisiert. Eine relativ starke politische Mitbestimmung, wie sie etwa die Körperschaften der Österreichischen HochschülerInnenschaft – zumindest bis zur Implementierung des Universitätsgesetzes 2002 – praktizierten, gab es im russischen Universitätssystem nicht. Die Studierenden traten bereits mit 17 Jahren in die Universitäten/Hochschulen ein. Das relativ niedrige Einstiegsalter und die extreme Verschultheit des Studiums waren einer kritischen Hinterfragung von Lehrinhalten und einem studierendenpolitischen Engagement wohl zu abträglich.

1994 wurde von der nicht staatlichen Organisation „Ost – West. Frauen-Innovationsfonds" (*Vostok – Zapad. Ženskij innovacionnyj fond*) die Zeitschrift *Ženščina pljus* (Frau plus) gegründet. Ähnlich wie *We/My* ist *Ženščina pljus* nicht in erster Linie ein wissenschaftliches Journal, enthält aber „neben informativen und statistischen Artikeln auch analytische"[79].

In die zweite Etappe fällt ein für die politisch engagierten GenderforscherInnen bemerkenswertes politisches Ereignis: Die Vierte Weltfrauenkonferenz der Vereinten Nationen in Beijing vom 4. bis 15. September 1995. Einige Mitarbeiterinnen des MCGI[80] sowie die Soziologin Galina Sillaste beteiligten sich als Vertreterinnen einer Nichtregierungsorganisation. Ein Länderbericht der Organisation Human Rights Watch konstatiert als Folge dieser Teilnahme die stärkere Anerkennung für Frauenorganisationen seitens der russischen Regierung:

"Much to the shock of the government of the Russian Federation, over 200 women leaders of nongovernmental organizations (NGOs) from Russia attended the NGO Forum of the Beijing conference. The Russian government, which had not anticipated any Russian NGO participation, had not arranged for Russian to be one of the official languages of the forum. Instead, the women leaders raised their own funds and hired eleven interpreters to work at the conference. Since the NGO Forum, the Russian government has begun to take the women's movement more seriously, inviting NGO

---

[78] Vgl. Baldauf/Griesebner, *Entwicklung*, 1992.
[79] Website der Zeitschrift *Ženščina pljus*, http://www.owl.ru/win/womplus/index.htm, Zugriff 11. 6. 2008, aus dem Russischen von TG.
[80] MCGI, *Moskovskij Centr*, 1995, S. 25ff.

leaders to parliamentary hearings, appointing them to the Presidential Commission on the Status of Women, and accepting a Charter of Women's Solidarity signed by many of the country's most powerful national women's NGOs." [81]

II.3. Dritte Etappe: Entwicklung eigenständiger russischer Forschungen (1996-1998)

Zu dieser Phase schreibt Chotkina, dass sie wohl die wichtigste und verantwortungsvollste war, da in ihr ein Übergang von einer starken Orientierung an Vorgaben von außen zur Entwicklung eigenständiger russischer Forschungen stattfand. Die Institutionalisierung von Frauen- und Geschlechterforschung in den Jahren davor zeigte also Wirkung. [82] Für Ažgichina, deren dritte (und letzte) Phase der neuen russischen Frauenbewegung von 1995 bis 2000 reicht, ist schon ab 1995 vieles anders. Die Partei der Frauen Russlands schaffte den Einzug ins Parlament kein zweites Mal und spaltete sich in zwei rivalisierende Gruppen. [83] Ažgichina konstatiert eine dezentralisierte Form der Frauenbewegung ohne koordinierende Dachorganisation oder charismatische Führungspersönlichkeit. Eine von der Journalistinnenassoziation durchgeführte Analyse ergab, dass dezidierten Frauenthemen im Jahr 1998 1,5 Prozent der Zeitungsflächen gewidmet waren; 1995 war es lediglich ein Prozent gewesen. Auch das in den Medien kolportierte Frauenbild ändere sich: Es gäbe mehr realitätsnahe Darstellungen von Frauen, „die arbeiten, schöpferisch tätig sind, die die Gesellschaft verändern wollen und können." [84]

Aus der Perspektive des MCGI sind für die Jahre 1996 bis 1998 die wichtigsten Meilensteine eine erste Konferenz russischer GenderforscherInnen, die Durchführung von drei Sommerschulen über Frauen- und Geschlechterforschung sowie das Projekt der Genderexpertise von Gesetzen der Russischen Föderation. In Moskauer Universitäten wurden erstmals Zentren für Gender Studies eingerichtet. Schließlich erschien 1998 die erste Ausgabe einer aka-

---

[81] Levi/Peratis, „Too little", 1997.

[82] Chotkina, „Desjat' let", 2000, S. 24.

[83] Die Allrussländische Sozialpolitische Bewegung der Frauen Russlands (*Obščerossijskoe obščestvenno-politiceskoe dvizenie ženščin Rossii*) unter der Leitung von Ekaterina Lachova und die Politische Bewegung Frauen Russlands (*Politiceskoe dvizenie Ženščiny Rossii*) unter der Leitung von Alevtina Fedulova. Vgl. Nechemias, „Women of Russia", 2001, Richter, „All-Russian", 2001, Lachova, *Ženskoe dviženie*, 1998 sowie Kapitel IV. 1. in diesem Buch.

[84] Ažgichina, „Na puti", 2000.

demischen Fachzeitschrift für Gender Studies in russischer Sprache. In der Dokumentation der ersten Sommerschule heißt es:

> „Die Mission der wissenschaftlichen Sommerschule ist, die Entwicklung von Frauen- und Genderforschung wie auch ihre Einführung in das System der höheren Bildung und auf dieser Grundlage die Aufklärung und demokratische Umgestaltung der russischen Gesellschaft zu fördern." [85]

Dreimal veranstaltete das MCGI Sommerschulen zum Thema Frauen- und Geschlechterforschung: 1996 in Tver', 1997 in Togliatti und 1998 in Taganrog. Diese jeweils 14-tägigen Veranstaltungen sollten der Vernetzung und dem Austausch zwischen etablierten ForscherInnen, NachwuchswissenschafterInnen und StudentInnen in ganz Russland und der GUS dienen. Es kamen aber auch WissenschafterInnen und Vertreterinnen von Frauenorganisationen aus dem ferneren Ausland zu Wort. Die TeilnehmerInnen wurden auf Basis ihrer Bewerbungen ausgewählt. Die Themen der Sommerschulen deckten ein breites Spektrum ab. Zum einen ging es um theoretisches und methodisches Basiswissen, zum anderen wurde demonstriert, was in unterschiedlichsten Fachrichtungen (Geschichtswissenschaft, Literaturwissenschaft, Philosophie, Pädagogik, Psychologie, Sozial- und Wirtschaftswissenschaften) an Forschungsarbeit zur Geschlechterthematik geleistet wurde.

Während die erste Sommerschule noch hauptsächlich von Moskauerinnen und überwiegend von Mitarbeiterinnen des MCGI bestritten wurde, erweiterte sich das regionale Einzugsgebiet bei den folgenden beiden Veranstaltungen sowohl im Hinblick auf das Vorbereitungsteam, als auch auf die TeilnehmerInnen. Während für die erste Sommerschule Bewerbungen aus 19 Städten eintrafen, waren es zwei Jahre später bereits 64. [86] Diese Ausweitung von Kontakten war sehr fruchtbar für die Entwicklung und Ausdifferenzierung der russischen Genderforschung. So ist das Zentrum für Genderforschung von Charkov (Ukraine), das sich in den letzten Jahren vor allem mit theoretischen Ansätzen beschäftigte, für die russische bzw. russischsprachige Genderforschung ein wichtiger Ansprechpartner. Zoja Chotkina, die Leiterin des Sommerschulenprojekts betont die Bedeutung dieser Treffen für die Entwicklung der uni-

---

[85]   MCGI, *Materialy*, 1997, S. 7, aus dem Russischen von TG.

[86]   Chotkina, „Al'ternativnye programmy", 1999, S. 202, aus dem Russischen von TG.

versitären Lehre und einer *scientific community* innerhalb der russischen GenderforscherInnen.

„Diese Gemeinschaft hat sich aufgebaut, ausgehend von den Prinzipien der Nichthierarchisiertheit und des gegenseitigen Verstehens, die feministische Frauen- und Genderforschung von jeder anderen akademischen wissenschaftlichen Ausrichtung unterscheiden." [87]

Die TeilnehmerInnen vernetzten sich auch untereinander via E-Mail und es wurde eine Sommerschulwebsite sowie ein Informationsblatt mit dem Namen „GenderLand" eingerichtet. Die Beiträge zu den Sommerschulen wurden in zwei Sammelbänden publiziert. [88] Von der Universität Ivanovo wurde im Jahr 2001 eine ähnliche Veranstaltung mit einem Schwerpunkt auf Geschlechterfragen in Pädagogik und Ausbildung organisiert. [89]

Gendernaja ekspertiza (Genderexpertise) wurde ein Forschungsprojekt genannt, das sich um die rechtliche Lage russischer Frauen dreht. 1997 und 1998 führten Mitarbeiterinnen des MCGI eine Begutachtung von Gesetzesentwürfen (*gendernaja ekspertiza*) im Hinblick auf die mögliche Diskriminierung von Frauen durch, deren Ergebnisse in vier Bänden publiziert wurden. [90] Zudem wurde im Sommer 1997 in Rybinsk, einer mittelgroßen [91] Provinzhauptstadt im Kreis Jaroslavl, eine umfangreiche Untersuchung durchgeführt. Im Rahmen dieser Studie mit dem Titel „Rechte der Frauen in Russland: Untersuchung der realen Praxis ihrer Einhaltung sowie des Massenbewusstseins" (*Prava ženščin v Rossii: issledovanie real'noj praktiki ich sobljudenija i massovogo soznanija*) wurde mithilfe qualitativer und quantitativer Methoden der Zustand im Bereich von Grund-, Arbeits- sowie reproduktiven Rechten erhoben. [92] Die

---

[87] Ebd., S. 203, aus dem Russischen von TG.

[88] MCGI, *Materialy*, 1997, Chotkina u. a., *Ženščina*, 1999.

[89] Šnyrova, *Gendernaja pedagogika*, 2001.

[90] Ballaeva, *Ekspertiza*, 1998; Baskakova, *Vozmožnosti*, 1998; Kosmarskaja, *Izmerenie*, 1998; Voronina, *Ekspertiza*, 1998.

[91] Die Bezeichnung mittelgroß (*srednij*, alternative Bedeutung: durchschnittlich) bezieht sich auf Kategorisierungen des Allrussländischen Zentrums der Meinungsforschung (*Vserossijskij Centr Izučenija Obščestvennogo Mnenija*, VCIOM), denen zufolge mittelgroße Städte 250.000 bis 300.000 EinwohnerInnen haben und keine Hauptstädte eines Gebiets (*oblast'*) sind. Rybinsk ist die Hauptstadt des gleichnamigen Bezirks (*rajon Rybinsk*) und hatte 1996 eine Bevölkerung von etwa 251.700 Personen, MCGI, *Prava ženščin*, 1998, S. 17ff.

[92] MCGI, *Prava ženščin*, 1998.

Ergebnisse zeigen eine sich nur langsam entwickelnde Rechtskultur in der postsowjetischen Gesellschaft und eine Beständigkeit von Geschlechterstereotypen, die de facto eine Benachteiligung von Frauen bedeuteten.

In der hier behandelten dritten Etappe wurden einige neue Zentren für Frauen- und Geschlechterforschung an Universitäten und Hochschulen gegründet: An der Finanzakademie bei der Regierung der Russischen Föderation leitet Galina Sillaste bis heute das 1996 eingerichtete Institut für Soziologie. Neben politischer Soziologie, Bildungssoziologie und Soziologie der Sicherheit hält sie Lehrveranstaltungen über Gendersoziologie und „Soziale Geschlechterverhältnisse" (*sociogendernye otnošenija*). Sie leitet zudem das Forschungskomitee „Soziale Probleme von Frauen und Frauenbewegungen" (*Social'nye problemy ženščin i ženskich dviženij*) der Russischen Soziologischen Gesellschaft.

An der Moskauer Staatlichen Pädagogischen Universität (*Moskovskij Gosudarstvennyj Pedagogičeskij Universitet*, MGPU) werden vereinzelt genderspezifische Lehrveranstaltungen (Wahlpflichtfächer) abgehalten. Die Psychologin Ljudmila Popova führte seit Mitte der 1990er Jahre Forschungen über hochbegabte Frauen durch.[93]

Im Jahr 1997 wurde an der Moskauer Staatlichen Lomonosow-Universität (*Moskovskij Gosudarstvennyj Universitet imeni M. V. Lomonosova*, MGU) ein Genderzentrum (*gendernaja laboratorija*) als Abteilung der Pädagogischen Fakultät gegründet. Die Einrichtung war auf drei volle Dienstverpflichtungen zugeschnitten, die sich aber sechs Wissenschafterinnen teilten. Die Mitarbeiterinnen (Pädagoginnen, Soziologinnen, Historikerinnen, Ethnologinnen) arbeiteten einen interdisziplinären Lehrplan für Frauen- und Geschlechterforschung (auf Wahlfachbasis) aus und unterrichteten an verschiedenen Fakultäten der MGU. Bei den alljährlich stattfindenden mehrtägigen Lomonosov-Vorträgen (zu Ehren des Namensgebers der MGU Michail Lomonosov, des Gründers der Russischen Akademie der Wissenschaften) ist das Zentrum seit seiner Gründung mit einer Reihe von Vorträgen vertreten.

Irina Kostikova, die Leiterin des Zentrums, bezeichnete in einem Artikel von 1998 den Genderansatz als eine Möglichkeit, biologisch-deterministische Sichtweisen von Geschlecht zu überwinden. Dieser Ansatz stelle eine Weiterentwicklung der feministischen Forschung dar, die nicht nur auf Frauen Bezug nimmt. Sie verteidigte den Feminismus gegen die Gleichsetzung mit Män-

---

93 Popova, „Problemy", 1996.

nerhass einerseits (vielmehr strebe Feminismus eine Harmonisierung der Geschlechterverhältnisse an) und andererseits gegen das Vorurteil, die Konzepte und Theorien seien ausschließlich westlicher Provenienz – etwa mit Hinweisen auf die erste russische Frauenbewegung. Der Artikel, der die Tätigkeit und Ziele des Genderzentrums kurz schildert, endete mit einem Wunsch:

„Wir möchten daran glauben, dass das Zentrum für die Entwicklung von Gender Studies in der Lehre durch seine Tätigkeit das Entstehen der neuen Frau und des neuen Manns in Russland fördern wird, Vertreter seiner wissenschaftlichen und geschäftlichen Elite." [94]

Vereinzelte Lehrveranstaltungen zum Thema Frauen- und Geschlechterforschung werden auch an den Instituten für Ökonomie, Philosophie, Soziologie, Kulturologie und Journalistik der MGU abgehalten.

Die Moskauer Staatliche Linguistische Universität (*Moskovskij Gosudarstvennyj Lingvističeskij Universitet*, MGLU) stellt in mehrerei Hinsicht eine Ausnahme unter den Einrichtungen dar, die sich mit Frauen- und Geschlechterforschung befassen. Dies ist einer der seltenen Fälle, in denen Gender Studies in Moskau innerhalb einer philologischen Disziplin aufgegriffen wurden (abgesehen von einigen Einzelfällen in der Kulturologie und Literaturwissenschaft). Neben dem Staatlichen Elektrotechnischen Institut ist die MGLU die einzige Moskauer Universität, die am in Ivanovo angesiedelten *Feminologija*-Programm teilnimmt. Ende der 1990er Jahre bestand eine intensive Zusammenarbeit mit deutschsprachigen SlawistInnen (u. a. an der Wirtschaftsuniversität Wien), zumal einige der mit Geschlechterforschung beschäftigten Linguistinnen der MGLU sich speziell mit der deutschen Sprache auseinandersetzten. De facto seit 1998 und offiziell eingerichtet 1999 besteht an der MGLU ein Zentrum für Genderlinguistik (*laboratorija gendernoj lingvistiki*), das von Alla Kirilina geleitet wird. Zu den Forschungsschwerpunkten im Bereich der germanistischen Linguistik gehören laut Marina Kolesnikova:

„[...] die Interkulturalität, die interkulturelle Kommunikation, die Massenmedien, aber auch psycholinguistische, kulturologische und anthropologische Aspekte verschiedener Texte, wobei der Textbegriff sehr weit gefasst wird. [...] Ein besonderes kulturwissenschaftliches Interesse gilt beispielsweise den Alltagsdingen, der Popkultur und den Massenmedien (wie etwa der Textsorte ‚Heiratsannonce‘), der Sprache im

---

[94]   Kostikova, „Garmonija", S. 3, aus dem Russischen von TG.

Internet, der feministischen Literatur und Frauenliteratur, der Briefform, aber auch der Lexikographie [sic!]." [95]

Im Jahr 1998 wurde die erste russischsprachige Fachzeitschrift für Frauen- und Geschlechterforschung gegründet – allerdings in der Ukraine. Das Zentrum für Gender Studies in Charkov begann, mit der Unterstützung der US-amerikanischen John and Katherine MacArthur-Stiftung das Journal *Gendernye issledovanija* herauszugeben, das zwei- bis dreimal im Jahr erscheint und Beiträge von russischen ebenso wie von westlichen AutorInnen (häufig Übersetzungen bereits erschienener Artikel) veröffentlicht. Darüber hinaus ist ein Teil der Zeitschrift Rezensionen und Diskussionen gewidmet, was innerhalb der russischsprachigen *community* der GenderforscherInnen eine Neuheit darstellt. Bis in die späten 1990er Jahre hinein war gegenseitiges Zitieren zwischen russischen ProtagonistInnen der Gender Studies eine absolute Seltenheit – viel eher berief man sich auf westliche AutorInnen. War schon ein neutrales Einander-zur-Kenntnis-Nehmen sehr ungebräuchlich, so kann von einer kritischen Auseinandersetzung erst recht nicht die Rede sein. Zoja Chotkina beschreibt die Situation um die Mitte der 1990er Jahre so:

„Jetzt erscheint das seltsam, aber die wissenschaftliche Arbeit in Genderzentren [Genderforschungszentren, TG] unterschiedlicher [russischer, TG] Städte geschah beinahe voneinander isoliert, es gab in dieser Periode praktisch weder Austausch von Ideen und Erfahrungen noch gemeinsame Programme. Wir trafen uns und diskutierten öfter mit westlichen Kollegen als miteinander." [96]

Eine Ausnahme stellte ein Aufsatz des Sozialwissenschafters Sergej Ušakin dar, der 1997 in den Zeitschriften *Čelovek*, *Russkij žurnal* sowie *We/My* veröffentlicht wurde und unreflektierte, undifferenzierte Verwendungen des Begriffs Gender (namentlich durch die Soziologin Galina Sillaste) kritisierte. [97] Ušakin stammt aus Barnaul (Altaj), lebt aber seit längerer Zeit hauptsächlich in den Vereinigten Staaten von Amerika. Es fällt auf, dass kritische Bemerkungen zu dieser Zeit von einem im Ausland lebenden Kollegen kamen – und nicht etwa

---

[95]   Kolesnikova, „Germanistik", 2004, S. 76.
[96]   Chotkina, „Desjat' let", 2000, S. 24, aus dem Russischen von TG.
[97]   Ušakin, „Politika Gendera", 1998.

von einer Mitarbeiterin eines Moskauer Instituts der Akademie der Wissenschaften. [98]

II.4. Vierte Etappe: Konsolidierung und Verbreitung an Universitäten (1999-2000)

Zoja Chotkinas Einschätzung der Errungenschaften von zehn Jahren Frauen-
und Geschlechterforschung in Russland ist sehr optimistisch. Es sei gelungen,

„einen eigenen russischen feministischen Diskurs zu erarbeiten und ihn in den wissenschaftlichen Umlauf ebenso wie in offizielle Gesetzesdokumente zu bringen; sich
selbst und einer neuen Generation von StudentInnen und AspirantInnen beizubrin-
gen, aktuelle Methodologien und Methoden der Frauen- und Geschlechterforschung
anzuwenden; ungefähr 100 Bücher und Tausende wissenschaftliche und publizisti-
sche Artikel zur Gender-Thematik zu publizieren und damit das Verhältnis von wissenschaftlichen, herausgeberischen und gesellschaftlichen Kreisen zu Frauen- und Geschlechterforschung zu ändern." [99]

Charakteristisch für die Jahrtausendwende war eine verstärkte Publikations-
tätigkeit, zum einen in Form einer Reihe von Hand- und Lehrbüchern der
Genderforschung, zum anderen in Form von Übersetzungen aus dem Deutschen und Englischen. Im Rahmen einer vom Open Society Institute (Soros
Foundation) geförderten Aktion wurden außerdem Sondernummern von einigen renommierten russischen Fachzeitschriften mit Genderschwerpunkten
herausgegeben, so zum Beispiel von den sozialwissenschaftlichen Zeitschriften
Obščestvennye Nauki i Sovremennost' und *Sociologičeskie Issledovanija* sowie dem
philosophischen Journal *Voprosy filosofii*.

Neue Initiativen in der universitären Lehre finden sich in den späten
1990er Jahren an einigen Moskauer Technischen Universitäten. Ein Hinweis
auf die Einbindung von Gender Studies in die Lehre an der Moskauer Staatlichen Technischen Universität für Zivilluftfahrt, und zwar im Fach Soziologie,

---

[98] Ušakin war bereits in der zweiten Hälfte der 1990er Jahre einer der wenigen profilierten
männlichen Protagonisten der russischen Frauen- und Geschlechterforschung, die anfangs
und in Moskau stärker als in anderen Städten von Frauen dominiert war. In Moskau ist
noch Andrej Sinel'nikov zu nennen, der zum Thema Männlichkeit forscht und dem *editorial board* der Fachzeitschrift *Men and Masculinities* angehört.

[99] Chotkina, „Desjat' let", 2000, S. 26.

findet sich in einem kurzen Bericht von Antonina Dement'eva im Materiali-
enband zur Tagung des *Feminologija*-Programms im Jahr 1999. [100] In diesem
Jahr wurde zum ersten Mal eine Lehrveranstaltung mit dem Titel „Gender
und Politik" für die ausschließlich männlichen Studierenden der Fakultät für
Mechanik abgehalten; zuvor war diese Lehrveranstaltung schon mehrmals an
Fakultäten mit weiblichen und männlichen Studierenden erprobt worden. Es
scheint kein spezifischer Bezug zu den technischen Fächern hergestellt worden zu sein, vielmehr umfasste das Kursprogramm allgemeine soziologische
und politologische Fragestellungen wie zum Beispiel „Gender und Macht",
„Frauen in der Politik", „Besonderheiten der Geschlechterrollensozialisation
in Russland". Das Ziel des Kurses lag in einer „Genderaufklärung" (*gendernoe
prosveščenie*), die nach Ansicht der Autorin und Lehrenden „[u]nter den Bedingungen sozialer Transformationen und Paradigmenwechseln eine der effek-
tivsten sozialen Technologien" [101] darstellt.Die Konfrontation der (ausschließlich männlichen) Studierenden mit genderspezifischen Inhalten soll also neben
dem oder ergänzend zum Studium politische Bildung mit einem Anspruch
von *social engineering* darstellen. Dement'eva beschreibt die Reaktionen der
Studierenden auf den Kurs als überwiegend positiv.

Im selben Tagungsband berichtet Ljudmila Ščerbič von Genderaspekten
in der Ausbildung von Studierenden des Designs und der Leichtindustrie an
der Moskauer Staatlichen Akademie für Leichtindustrie. Zum einen verweist
sie auf die geschlechtsspezifische Rollenverteilung: Ein Großteil der Design-
Studierenden sind Frauen, obwohl die berühmtesten Designer in aller Regel
männlich sind. Auch hier soll ein Bewusstsein für auf Geschlecht beruhende
Ungleichberechtigungen im Rahmen soziologischer Lehrveranstaltungen ge-
weckt werden, nämlich in den Kursen „Soziale Struktur der Gesellschaft, soziale Stratifikation und soziale Mobilität", „Familie und familiäre Beziehungen",
„Arbeitssoziologie" sowie „Kleine Gruppen. Leitung und Führung". Abschlie-
ßend schreibt Ščerbič:

„Besondere Bedeutung erlangt die Zusammenarbeit von Studenten und Lehrern für
die Entstehung von Werten, Wertorientierungen, sozialen Einstellungen und Interessen, frei von den von Genderstereotypen auferlegten Beschränkungen." [102]

---

[100] Dement'eva, „Opyt", 1999.
[101] Ebd., S. 210.
[102] Ščerbič, „Gendernye aspekty", 1999, S. 214.

Auch das Staatliche Elektrotechnische Institut findet sich unter den am *Feminologija*-Programm teilnehmenden Hochschulen. Allerdings ließ sich dem Tagungsband nicht entnehmen, von wem und in welcher Weise Frauen- und Geschlechterforschung an diesem Institut umgesetzt wird.

Zum Abschluss dieses Überblicks sollen einige Bemerkungen zur Finanzierung von Frauen- und Geschlechterforschung gemacht werden. Ohne die Unterstützung durch ausländische Fonds wäre Frauen- und Geschlechterforschung in der Form, wie sie in Russland existiert, nicht möglich. Die russische Wissenschaft befand sich in den 1990er Jahren in einer Krise, die Forschung und Lehre gleichermaßen betraf. [103] Eine Dokumentation des österreichischen Instituts für Vergleichende Bildungs- und Hochschulforschung aus dem Jahr 1996 zeichnete ein düsteres Bild. Die Finanzierung sei unzureichend: Zwar wurden im Bildungsgesetz von 1992 zehn Prozent des Nationaleinkommens für Bildung vorgesehen, diese Vorgabe wurde aber nie erreicht. 1994 waren es lediglich 3,68 Prozent und die wirtschaftliche Krise im August 1998 verschärfte die Situation zusätzlich. Die ohnedies niedrigen Gehälter der Angestellten im Wissenschaftsbetrieb wurden zeitweise mit großer Verspätung ausgezahlt. Viele WissenschafterInnen mussten und müssen zusätzliche Erwerbsquellen finden. [104] Abgesehen von den Personalkosten fehlte es auch an Mitteln für die Ausstattung mit für Forschung erforderlichen Geräten und die Gebäudeerhaltung. Weltweite wissenschaftlich-technische Informationen erreichen Russland in eingeschränktem Maße. 1992 mussten die zentralisierten Einkäufe ausländischer wissenschaftlicher Literatur eingestellt werden. [105] Eine Folge dieser ungünstigen Verhältnisse war die Abwanderung von SpezialistInnen ins Ausland oder in Berufe, die mehr Verdienst bieten als die Wissenschaft. Dazu ließ sich auch eine zunehmende Feminisierung der Wissenschaft beobachten, welche die Moskauer Soziologin Irina Gorškova folgendermaßen beschreibt:

„Indessen führten die komplizierte sozioökonomische Situation, in der sich die russische Bildung und Wissenschaft befinden, das Fehlen einer konsequenten und zielgerichteten staatlichen Politik zur Unterstützung der Wissenschaft, das Sinken des Prestiges der Berufe von Wissenschaftern und Hochschullehrern (vor allem aus finanziellen Gründen) zu einer beschleunigten Abwanderung der intellektuellen Elite

---

[103] Siehe dazu auch Kapitel IV. 2.
[104] Budway, *Bildungssysteme*, 1996.
[105] Ebd., S. 171.

aus diesem Bereich von Beschäftigung. Die ‚Emigranten' sind in den meisten Fällen Männer. Die Ergebnisse der bis heute erforschten Geschichte der weiblichen Arbeit bezeugen ausdrucksvoll, dass jene Bereiche der Beschäftigung, die an Prestige und Lohnniveau abnehmen, allmählich feminisiert werden." [106]

Zudem sinkt die Zahl der Studierenden generell, ebenso die Zahl der DoktorandInnen, die in der Forschung oder Lehre tätig sein wollen. Zoja Chotkina beruft sich in einem Artikel von 2000 auf (allerdings nicht näher spezifizierte) Daten des russischen Wissenschaftsministeriums, denen zufolge 1998 die gesamte Zahl des wissenschaftlichen Personals in Russland 42,7 Prozent der Zahl von 1990 ausmachte. [107]

Hilfe in dieser schwierigen Situation bot Unterstützung aus dem Westen, wobei für die russische Frauenbewegung, Frauen- und Genderforschung neben staatlichen Institutionen (zum Beispiel United States Agency for International Development (USAID), die Botschaften Kanadas und der Niederlande) vor allem private Fonds, denen der Aufbau einer bürgerlichen Gesellschaft in Russland ein Anliegen ist, eine besonders entscheidende Rolle spielten. Die Ford Foundation, die John D. and Katherine T. MacArthur Foundation sowie das von George Soros finanzierte Open Society Institute sind hier zu erwähnen, weiters die „Frauenstiftung" [108] der deutschen Grünen Partei. Durch finanzielle Hilfe dieser Einrichtungen wurden die meisten der in den letzten Jahren veranstalteten Konferenzen, Forschungsprojekte und Publikationen des MCGI ermöglicht.

Die Unterstützung durch westliche Fonds hat allerdings nicht nur positive Effekte. Die Verteilung nach Regionen und Organisationen ist äußerst ungleichmäßig. James Richter gibt an, dass in den Jahren 1996/97 75 Prozent der Mittel, die Frauenorganisationen von der Ford Foundation zugeteilt wurden, nach Moskau oder St. Petersburg geflossen sind sowie 50 Prozent jener des MacArthur Fonds. WissenschafterInnen außerhalb der Hauptstädte wurden dadurch benachteiligt. [109]

Es waren relativ wenige, tendenziell größere Organisationen, die mit diesen Unterstützungen bedacht wurden. Das war sicher ein nicht unwesentli-

---

[106]   Gorškova/Beljaeva, „Samočuvstvie", 1999, S. 194f., aus dem Russischen von TG.

[107]   Chotkina, „Desjat' let", 2000, S. 22.

[108]   Seit 1998: Feministisches Institut der Heinrich-Böll-Stiftung.

[109]   Richter, „Zapadnye Den'gi", 1999.

cher Grund für die in den späteren 1990er Jahren verstärkte Gründung von Dachorganisationen, wie etwa die 1995 gegründete Assoziation Unabhängiger Frauenorganisationen (*Associacija nezavisimych ženskich ob"edinenij*, ANŽO). In diesem Zusammenhang sind auch Auslandskontakte und die Beherrschung der englischen Sprache vorteilhaft. Organisationen, die sich als effektiv in der Verwendung der bereitgestellten Mittel erwiesen haben, erhalten mit großer Wahrscheinlichkeit wieder Mittel – ein Anwendungsfall des so genannten Matthäus-Effekts. [110] All die genannten Charakteristika treffen auf das MC-GI zu, dessen faktische Monopolstellung nicht nur positiv wahrgenommen wird.

Im Zusammenhang mit der Finanzierungslage wurde mitunter das Argument laut, Feminismus sei ein für Russland inkompatibler Westimport, der nur existieren könne, wenn westliche Gelder dafür vorhanden seien, oder, noch weiter gehend: Die Inanspruchnahme von Unterstützungen sei Selbstzweck und nicht, wie behauptet wird, in erster Linie Mittel zur Erreichung wissenschaftlicher und/oder gesellschaftspolitischer Ziele. [111] Schließlich stellt sich auch die Frage nach der Autonomie von derart finanzierter Forschung, die ja als Bedingung der Möglichkeit von Förderung eine Mission (wie etwa die Entwicklung einer *civil society* in Russland) haben muss. [112] Die Finanzierung von Frauen- und Geschlechterforschung aus diesen verschiedenen Quellen führt zu einer tendenziellen Spaltung zwischen ForscherInnen und AktivistInnen. Das wiederum steht einer interdisziplinären, interregionalen Zusammenarbeit, der Bedingung für eine Ausweitung und stärkeren Etablierung von Frauen- und Geschlechterforschung in Russland, im Wege. Die folgende Darstellung (siehe: Tabelle 1) bietet einen Überblick über die in diesem Kapitel geschilderten Entwicklungen.

Tabelle 1: Entwicklung von *Gendernye issledovanija* in Moskau 1988-2000

---

[110] Dieser Begriff aus der Wissenschaftssoziologie wurde von Robert Merton in Anspielung auf einen Vers des Matthäusevangeliums formuliert („Denn wer da hat, dem wird gegeben werden, und er wird die Fülle haben; wer aber nicht hat, dem wird auch, was er hat, genommen werden.", Mt 25, 29). Vgl. Merton, „Matthew effect", 1968.

[111] Vgl. Lipovskaya, „Trends", 1998.

[112] Vgl. Henderson, *Building Democracy*, 2003.

Jahr	Akademische Einrichtungen	NGO-Aktivitäten	Konferenzen, Seminare	Wichtige Publikationen
1988	Institut für Sozio-Ökonomische Bevölkerungsprobleme der Akademie der Wissenschaften (ISEPN)	LOTOS – Liga zur Befreiung von Stereotypen Preobraženie (Verwandlung)		Voronina, Die Frau in einer Männergesellschaft
1989				Zacharova et al., Wie wir die Frauenfrage lösen
1990	Moskauer Zentrum für Gender Studies (MCGI) im Rahmen des ISEPN	SAFO – Freie Assoziation Feministischer Organisationen NeZhdi – Unabhängige demokratische Fraueninitiative	Seminarreihe: Frauen in der Politik und Politik für Frauen (MCGI)	
1991		ŽiSet – Feministisches Orientierungsnetzwerk Ariadna – Fonds zur Unterstützung von Gender Studies	UNESCO-Konferenz „Erforschung der Situation von Frauen: Probleme und Perspektiven in verschiedenen Ländern" Erstes Unabhängiges Frauenforum in Dubna	Sammelband: Rimaševskaja (Hg.), Frauen in der Gesellschaft: Realien, Probleme Prognosen Konzept eines staatlichen Programmes über den Status der Frauen sowie den Schutz von Familie, Mutterschaft und Kindheit

Jahr	Akademische Einrichtungen	NGO- Aktivitäten	Konferenzen, Seminare	Wichtige Publikationen
1992	Gender-Zentrum am Akademieinstitut für Ethnographie und Anthropologie Lehrstuhl für Feminologija und Familienkunde, Moskauer Staatliche Soziale Universität „Höhere Frauenkurse", Russische Staatliche Geisteswissenschaftliche Universität		Zweites Unabhängiges Frauenforum in Dubna	Zeitschriften FEMINF (1992-1995) und We/My (1992-) Sammelband: Chotkina (Hg.), Frauen und Sozialpolitik: Gender-Aspekt Sammelband: Rimaševskaja (Hg.) Die Frau in einer sich verändernden Welt
1993	Zentrum für Frauen- und Familienprobleme und Gender Studies, Institut der Jugend	Erstes Krisenzentrum in Moskau eröffnet	Frau und Business, Fakultät für Management der Russischen Staatlichen Geisteswissenschaftlichen Universität	Zeitschrift *Preobraženie* (1993-1997)
1994	Interuniversitäres Feminologija-Programm (basiert an der Staatlichen Universität Ivanovo)	MCGI als NGO registriert Informationszentrum des Unabhängigen Frauenforums	Strategien der Unabhängigen Russischen Frauenbewegung: Vor und nach Peking, MCGI	Zeitschrift *Ženščina pljus* Sammelband: Posadskaja (Hg.), Women in Russia

Jahr	Akademische Einrichtungen	NGO-Aktivitäten	Konferenzen, Seminare	Wichtige Publikationen
1995		ANŽO – Assoziation unabhängiger Frauenvereinigungen	Teilnahmen an der UN-Weltfrauenkonferenz (Offizielle und NGO-Ebene), Beijing Ab 1995: Konferenzen des Feminologija-Programmes, Ivanovo	Festschrift zum fünfjährigen Bestehen des MCGI
1996	Institut für Soziologie, Finanzakademie bei der Regierung der Russischen Föderation	Internetportal Open Women Line (owl.ru) wird vom Ost-West Frauen-Innovationsfonds eingerichtet	Gender Studies in Russland – Probleme der Zusammenarbeit und Entwicklungsperspektiven Erste Sommerschule für Frauen- und Geschlechterforschung in Tver'	Sammelband: Malyševa (Hg.), Gender-Aspekte sozialer Transformation Chotkina, Sexuelle Belästigung am Arbeitsplatz
1997	Gender-Zentrum, Moskauer Staatliche Universität		Zweite Sommerschule in Tol'jatti	Materialienband der Sommerschule 1996
1998	Zentrum für Gender-Linguistik, Moskauer Staatliche Linguistische Universität		Dritte Sommerschule in Taganrog	Forschungsberichte Gender-Expertise (MCGI, Vier Bände)
1999	Lehre an Staatlichen Technischen Hochschulen (Universität für Zivilluftfahrt, Akademie für Leichtindustrie		Gender: Sprache, Kultur, Kommunikation (Linguistische Konferenz)	Zeitschrift *Gendernye Issledovanija* (1999 –) Materialienband der Sommerschulen 1997/1998 Kirilina, Gender: Linguistische Aspekte

Jahr	Akademische Einrichtungen	NGO-Aktivitäten	Konferenzen, Seminare	Wichtige Publikationen
2000			Reproduktive Rechte in Russland: Grenzen der gesetzlichen Regulierung (Podiumsdiskussion unterstützt von der MacArthur Foundation)	Sonderhefte russischer wissenschaftlicher Zeitschriften mit Schwerpunkt Gender Studies Diverse Einführungen in die Gender Studies

III. Die empirische Konstruktion des Forschungsgegenstands Frauen- und Geschlechterforschung

III.1. Die statistische Technik der Korrespondenzanalyse

Da die Korrespondenzanalyse in den deutschsprachigen Sozialwissenschaften nicht zum statistischen Standardprogramm gehört, sind an dieser Stelle einige Bemerkungen zu den Charakteristika dieses Verfahrens angebracht, das es ermöglicht, Frauen- und Geschlechterforschung im Moskau der späten 1990er Jahre in Form „eines systematischen Vergleichs der Fälle eines strukturalen Samples" [1] zu konstruieren.

Die Korrespondenzanalyse gehört zum Forschungsprogramm der *analyse de données* [2], für die eine deskriptive Orientierung, genauer die Suche nach Strukturen in Daten, charakteristisch ist. Dadurch grenzt sie sich von der konfirmatorischen Statistik ab, für die deskriptive Methoden eine bloße Vorstufe der oder Ergänzung zur eigentlichen Statistik sind, keinesfalls aber für ein komplettes Forschungsdesign ausreichen. Die Anforderungen an die zu verwendenden Daten sind bei der Korrespondenzanalyse sehr gering: Es ist keine Normalverteilung oder metrische Variablenstruktur erforderlich. Die einzige Voraussetzung ist, dass die Daten als rechteckige Häufigkeitstabelle (Kontingenztabelle oder Erhebungsmatrix) vorliegen.

Die Korrespondenzanalyse wurde über fast zwanzig Jahre ausschließlich in Frankreich entwickelt. Der Mathematiker und Linguist Jean-Paul Benzécri entwickelte ab den 1960er Jahren die *analyse de données*. [3] Michael Greenacre,

---

[1]   Mejstrik u. a., *Berufsschädigungen*, 2005, S. 611.

[2]   Jörg Blasius schlägt als deutsche Übersetzung „geometrische Datenanalyse" vor. Vgl. Blasius, *Korrespondenzanalyse*, 2001, S. 6.

[3]   Vgl. Benzécri, *Analyse*, 1973, Ders., *Handbook*, 1992. Siehe auch das Handbuch Le Roux/Rouanet, *Data Analysis*, 2004.

ein Schüler Benzécris, hat mit seinen Veröffentlichungen als Erster zur Verbreitung dieser Technik über Frankreich hinaus beigetragen. [4]

Vor allem durch zwei Werke von Pierre Bourdieu wurde sie einer breiteren sozial- und kulturwissenschaftlichen Öffentlichkeit bekannt: *La distinction* (deutsch: Die feinen Unterschiede), eine Studie über Klassen und Lebensstile in Frankreich, und *Homo academicus*, eine Analyse des französischen universitären Felds. [5] Für die deutschsprachige Soziologie ist vor allem Jörg Blasius zu erwähnen, der in Studien zu Lebensstilen und *Gentrification* in Deutschland einerseits die Technik anwendete, [6] andererseits auch der Autor eines Lehrbuchs zur Korrespondenzanalyse [7] ist. Weitere Beispiele sind Arbeiten von Heinrich Best, etwa zu politischen Eliten in der DDR [8], oder Stefanie Eiflers Studie zu Selbstmordgedanken. [9] In den deutschsprachigen historischen Wissenschaften – mit Ausnahme der Archäologie [10] – wurde die Korrespondenzanalyse bislang eher zögerlich aufgegriffen. Im Hinblick auf die Geschichte der Neuzeit ist Sigrid Wadauers Arbeit über Gesellenmobilität zu nennen. [11] Einige Anwendungen finden sich in zeitgeschichtlichen Arbeiten, wie etwa der Dissertation von Alexander Mejstrik zur nationalsozialistischen Jugenderziehung. [12] Christian Fleck verwendet eine Korrespondenzanalyse zum Vergleich von aus Österreich emigrierten WissenschafterInnengruppen. [13] Im Rahmen der Österreichischen Historikerkommission entstand eine Studie zu Berufsneuordnungen im nationalsozialistischen Österreich. [14] Ein aktueller Artikel von Mejstrik über österreichische Galerien in den frühen 1990er Jahren stellt

---

[4]   Greenacre, *Theory*, 1984.

[5]   Vgl. Bourdieu, *Distinction*, 1979, Ders., *Homo academicus*, 1992. In einem Nachruf auf Pierre Bourdieu schreibt der deutsche Soziologe Alois Hahn: „Wer würde sich in Deutschland ernsthaft um Korrespondenzanalyse kümmern, wenn sie nicht durch die Arbeiten von Bourdieu konsekriert worden wäre (ohnehin ist die Zahl der Arbeiten, die sich ihrer bedienen, eher beschämend bescheiden)?, Hahn, „Nachruf", 2002, S. 404.

[6]   Beispielhaft sei verwiesen auf Blasius, *Gentrification*, 1993, Dangschat/Blasius, *Lebensstile*, 1994.

[7]   Blasius, *Korrespondenzanalyse*, 2001.

[8]   Best, „Platzierungslogiken", 2002.

[9]   Eifler, *Selbstmordgedanken*, 1997.

[10]   Siehe etwa Müller/Zimmermann, *Archäologie*, 1997.

[11]   Wadauer, *Tour*, 2005.

[12]   Mejstrik, *Ertüchtigung*, 1993.

[13]   Fleck, „Arisierung", 2004.

[14]   Mejstrik u. a., *Berufsschädigungen*, 2005.

gezielt und komprimiert die Korrespondenzanalyse als Teil eines Forschungsprogramms dar. [15]

III.2.   Die Korrespondenzanalyse als Forschungswerkzeug

Für die Korrespondenzanalyse, die in dieser Arbeit verwendet wird, dient als Ausgangsmaterial eine Tabelle der Individuen und der Modalitäten, in diesem Fall die Tabelle der Informationen, die mittels Befragung über die beforschten Moskauer WissenschafterInnen eruiert werden konnten. Es können so die Relationen aller Individuen und Modalitäten zueinander herausgearbeitet werden. Es wird danach gefragt, welche Individuen sich ähneln und welche sich unterscheiden; welche Merkmalskombinationen in welcher Weise vorkommen und welche nicht.

Für die Wahl dieser Technik für die vorliegende Studie gibt es zwei Gründe: Als Erstes steht das *epistemologische* Prinzip, die soziale Welt relational zu betrachten: als eine Gesamtheit von Beziehungen. Pierre Bourdieu schreibt dazu:

„Wenn ich zum Beispiel die Korrespondenzanalyse viel verwende, dann weil ich meine, daß diese ein im wesentlichen relationales Verfahren ist, dessen Philosophie völlig dem entspricht, was meiner Ansicht nach die soziale Realität ausmacht. Es ist ein Verfahren, das in Relationen ‚denkt‘, so wie ich es mit dem Begriff Feld zu tun versuche. Man kann also nicht die Objektkonstruktion und die Instrumente der Objektkonstruktion trennen, denn man braucht Instrumente, um von einem Forschungsprogramm zu einer wissenschaftlichen Arbeit zu kommen.“ [16]

Im konkreten Falle geht es darum, die Relationen zwischen Praktiken im Feld der Moskauer Gender Studies aufzuzeigen. Insofern als die Untersuchungseinheiten durch ihre Eigenschaften definiert sind, geht es auch um die Relationen zwischen Individuen, und zwar zwischen den konstruierten epistemischen Individuen, die nicht mit den empirischen Individuen verwechselt werden dürfen. [17] Gefragt wird danach, wie ähnlich oder unterschiedlich die untersuchten Individuen aufgrund ihrer Merkmale sind.

---

[15]   Mejstrik, „Kunstmarkt“, 2007.

[16]   Bourdieu u. a., *Beruf*, 1991, S. 277.

[17]   Siehe dazu eingehender Bourdieu, *Homo academicus*, S. 32ff.

Für diese Untersuchung empfiehlt sich die Korrespondenzanalyse zweitens aus *forschungstechnischen* Gründen – aufgrund ihrer explorativen Qualitäten. Sie dient hier nicht zur Identifizierung bestimmter Gruppen[18] oder signifikanter Zusammenhänge, im Mittelpunkt stehen vielmehr Differenzen und Variationen, welche die Strukturen eines sozialen Raums oder Felds charakterisieren. Anders als in der schließenden Statistik müssen nicht a priori erklärende und zu erklärende Variablen (Explanans und Explanandum) unterschieden werden. Zudem arbeitet man mit den Modalitäten der Variablen und nicht mit der Variablen als Gesamtheit. Ein weiterer Vorzug der Korrespondenzanalyse besteht darin, dass Daten von unterschiedlicher Struktur gemeinsam bearbeitet werden können, da alle Variablen als nominal strukturiert behandelt werden. Auch Texte können die Untersuchungseinheiten für eine Korrespondenzanalyse bilden.[19] Mit einer derartigen Verwendung der Technik wird die scheinbar unüberwindliche Trennung zwischen qualitativen und quantitativen Verfahren infrage gestellt.

Die Relationen zwischen den Beobachtungen der Ausgangstabelle werden dabei in Faktoren zerlegt, welche die in der Ausgangstabelle enthaltene Information gut annähern. Mit Information ist hier die Variation, also die Abweichungen der einzelnen Individuen und Merkmale vom jeweiligen durchschnittlichen Zeilen- und Spaltenprofil, gemeint.[20] Die maximale Anzahl von Faktoren einer Tabelle entspricht bei der Korrespondenzanalyse der Zeilen- oder Spaltenzahl, je nachdem, welche davon kleiner ist, weniger eins. Im Falle der vorliegenden Tabelle sind das 27 (28 Individuen -1) Faktoren. Die Information der Tabelle wird sozusagen in eine (hier 27-dimensionale) Punktwolke übersetzt, in der jedes Individuum und jedes Merkmal seine Position hat.[21]

---

[18]　Dies, obwohl die Korrespondenzanalyse durchaus zur Gruppen- oder Typenbildung verwendet werden kann und auch wird.

[19]　So wie bei Boltanski u. a., „Dénonciation", 1984; Wadauer, *Tour*, 2005.

[20]　Das durchschnittliche Zeilen- bzw. Spaltenprofil entspricht der Situation der Unabhängigkeit zwischen zwei Variablen. Eine gut verständliche Erklärung der Situation der Unabhängigkeit findet man in Cibois, *Analyse*, 1983, S. 7ff.

[21]　Ein n-dimensionaler Raum ist in unserer vertrauten dreidimensionalen Wahrnehmung nicht vorstellbar. Es genügt aber festzuhalten, dass die Dimensionen lediglich dazu dienen, die Positionen von Punkten eindeutig festzulegen: „[...] since the notion of dimension is defined by the possibility of fixing without ambiguity nor redundance the points by a certain set of the ordered n-tuples of real numbers $(x_1, x_2, \ldots, x_n)$ constitutes a space of the dimension n.", Benzécri, *Handbook*, 1992, S. 19.

Die faktorielle Dekomposition erfolgt hierarchisch, sodass die ersten Faktoren am meisten zur Erklärung der Variation in der Tabelle beitragen, und es ist sinnvoll und üblich, lediglich die ersten Faktoren genauer zu interpretieren. [22]

Die Faktoren sind synthetische Variablen, die auf den Verteilungen der einzelnen direkt erhobenen Variablen beruhen. Die Faktoren können als Differenzierungs- und Hierarchisierungsprinzipien des zu konstruierenden Felds oder Raums der Möglichkeiten verstanden werden. Jede solche Dimension [23] wird in unterschiedlichem Ausmaß von den Zusammenhängen aller Modalitäten und Individuen konstituiert.

Je ähnlicher sich Individuen nach ihrer Merkmalsverteilung (und Merkmale nach ihrer Verteilung unter den Individuen) sind, desto näher sind sie sich im konstruierten Raum (desto ähnlicher sind ihre Koordinaten). Umgekehrt sind Merkmale und Individuen, die sich ihrer Verteilung nach stark voneinander unterscheiden, entsprechend weit voneinander entfernt. Mehr zur Interpretation findet sich in den folgenden Kapiteln, die konkrete Dimensionen zum Gegenstand haben.

III.3. Die Auswahl der RespondentInnen

Dass traditionelle statistische Hypothesen für eine Korrespondenzanalyse nicht erforderlich sind, impliziert keine theorie- und hypothesenlose Konstruktion des Objekts. Bereits die Auswahl der Untersuchungseinheiten und der Fragen an diese beruhen auf theoretischen Vorannahmen. Die für die vorliegende Untersuchung ausgewählten Personen lassen sich folgendermaßen beschreiben: Personen, die in Moskau in den 1990er Jahren Frauen- und Geschlechterforschung betrieben haben und einer solchen Beschreibung ihrer selbst zustimmen, jene also, die an diesem Spiel teilnahmen. Es mag willkürlich erscheinen, diesen Kontext nur anhand von WissenschafterInnen zu definieren: So traten beispielsweise Frauenbewegungsaktivistinnen, die kei-

---

[22] „The new ‚factors‘ are derived in decreasing order of importance, so that the first principal component accounts for as much as possible of the variation in the original data“, Schiltz, „Reanalysis“, 1990, S. 2.

[23] Die Bezeichnungen Faktor und Dimension beziehen sich auf dieselbe Sache, allerdings in unterschiedlicher Verwendung. Von Faktor soll hier die Rede sein, wenn es um das rechnerische Ergebnis der Korrespondenzanalyse geht. Dimensionen nenne ich die Faktoren, wenn sie inhaltlich als Konstituenten des Forschungsgegenstands interpretiert werden.

ne Wissenschafterinnen sind, auf wissenschaftlichen Konferenzen auf, hielten
Vorlesungen auf den Sommerschulen für Gender Studies und arbeiteten in
verschiedenen Projekten mit WissenschafterInnen zusammen. Solche Kooperationen ergaben sich aus der Geschichte und dem Anspruch von Frauen- und
Geschlechterforschung. [24]

Die Bestimmung dessen, was eine Wissenschafterin oder einen Wissenschafter ausmacht, erfolgte pragmatisch-heuristisch anhand der Beobachtung
von Praktiken, wie ‚an einer Universität/Hochschule/der Akademie der Wissenschaften tätig sein‘, ‚in wissenschaftlichen Zeitschriften publizieren‘, ‚an
wissenschaftlichen Konferenzen teilnehmen‘ u. Ä. [25] Es ist eine Betrachtungs-
weise, die dem Funktionieren der Korrespondenzanalyse insofern entspricht,
als dass Untersuchungseinheiten über ihre Merkmale bestimmt werden, genauso aber Praktiken AkteurInnen zugerechnet werden, also beobachtet wird,
was Personen tun, die von sich behaupten, Frauen- und Geschlechterforschung zu betreiben. Die Selbstbezeichnung als ProtagonistIn von *gendernye
issledovanija* erschien mir auch insofern wichtig, als Frauen- und Geschlechterforschung aus etabliert wissenschaftlicher wie auch aus praktizierend feministischer Sicht kein unumstrittener Zugang ist. Dieses Bekenntnis, also das Vertreten einer potenziell kontroversiellen Position, heißt sich zu exponieren. Da
die WissenschafterInnen selbst über keine einheitliche Definition verfügten,
blieb keine andere Möglichkeit, als *gendernye issledovanija* als das zu erfassen,
was es für seine ProtagonistInnen bedeutet und allfällige Definitionskämp-
fe und Abgrenzungsstrategien wiederzugeben. Für die Zusammenstellung des
Fragebogens hieß das, Merkmale zu erheben, die allem Anschein nach einen

---

[24]   Ein prominentes Beispiel wäre die Schriftstellerin, Dramaturgin und aufgrund ihrer Mit-
wirkung in einer Fernsehshow in den 1990er Jahren wohl bekannteste Feministin Russlands, Marija Arbatova, von der im Kapitel IV. 1. noch die Rede sein wird. Sie wurde mir
von einer Respondentin nachdrücklich für ein Interview empfohlen. Arbatova erklärte aber,
dass sie mit dem akademischen Feminismus nichts zu tun habe, dass ihr Gebiet die praktische Anwendung sei und sie insofern nicht für meine Erhebung infrage käme. Sie konnte
nicht für ein Interview gewonnen werden. Hier wird ein Konflikt deutlich, den auch einige RespondentInnen angesprochen haben: das Verhältnis zwischen rein wissenschaftlicher
Auseinandersetzung mit Geschlechterverhältnissen einerseits und dem Umgang damit in
anderen Zusammenhängen, wie der Sphäre der nicht staatlichen Organisationen, oder im
Falle Arbatovas der Medien andererseits.

[25]   Merkmale der befragten Individuen, die in der Korrespondenzanalyse verrechnet wurden,
werden in einfache Anführungszeichen (z. B. ‚Arbeitsplatz MCGI‘) gesetzt, um die Ver-
ständlichkeit und Lesbarkeit des Texts zu verbessern.

oder mehrere Aspekte von Frauen- und Geschlechterforschung in Moskau in den 1990er Jahren betreffen.

Die Schätzungen der RespondentInnen, wie viele Personen in Moskau in der Forschung oder Lehre mit Gender Studies beschäftigt sind, rangierten zwischen drei und achtzig Personen. Die Zahl hängt davon ab, wie diese Beschäftigung definiert wird, und wird höher, je offener die Definition ausfällt. Wenn man auch Personen einschließt, die nur fallweise Artikel zum Thema publizieren oder vereinzelt einschlägige Vorlesungen halten, konnte man in den späten 1990er Jahren auf 80 bis 100 Personen kommen. [26] Die Schwierigkeit der Bestimmung, wer GenderforscherIn ist, führt Bestrebungen, statistische Repräsentativität anzustreben, ad absurdum. Was wäre etwa die Grundgesamtheit, auf die man schließen wollte? Vielmehr wurde versucht, die RespondentInnen anhand eines Variations-Kontrast-Rahmens auszuwählen. Das bedeutet, es wird gezielt nach möglichst unterschiedlichen Formen gesucht, Frauen- und Geschlechterforschung in die Praxis umzusetzen.

„Im Gegensatz zur zufälligen Stichprobe, bei der die Strukturen zerstört würden (vor allem deshalb, weil eine strukturell determinierende Position sehr wohl durch eine geringe Zahl von Personen, manchmal sogar, wie es häufig bei den kulturellen Produktionsfeldern der Fall ist, durch eine einzige repräsentiert werden kann), erlaubt unser Auswahlverfahren die Kennzeichnung der Machtpositionen mittels der Eigenschaften und Machtformen der Positionsinhaber." [27]

Diese Vielfalt umfasst im Falle dieser Arbeit, um einige Beispiele zu geben, AspirantInnen [28] ebenso wie Leiterinnen von Instituten der Akademie der Wissenschaften; DoktorInnen der Wissenschaft [29] ebenso wie Personen ohne akademischen Titel, die sich nichtsdestoweniger einen Namen als GenderforscherInnen gemacht haben; Personen, die sehr viele Auslandskontakte (Publikationsmöglichkeiten, Gastlehraufträge) haben, und solche, die sich nur in Moskau/Russland eine Reputation aufgebaut haben, sei es an einer Universität, an der Akademie der Wissenschaften oder außerhalb akademischer Institutio-

---

[26] Die letztere Zahlenangabe beruht auf der Durchsicht von Tagungsbänden und anderen Dokumentationen von Aktivitäten von GenderforscherInnen aus Moskau und anderswo.

[27] Bourdieu, *Homo academicus*, 1992, S. 136.

[28] Die Aspirantur entspricht in etwa der Doktoratsphase im deutschsprachigen Raum.

[29] Der Titel *doktor nauk* (Doktor der Wissenschaften) entspricht in etwa der Habilitation im deutschsprachigen Raum.

nen. Relativ leicht erfassbar waren die Mitarbeiterinnen des MCGI (*Moskovskij Centr Gendernych Issledovanij*, Moskauer Zentrum für Gender Studies), da diese Institution verhältnismäßig viel publiziert und zudem die meisten Kontakte ins Ausland hatte. Schwieriger verhielt es sich mit Universitätslehrerinnen, die nur oder hauptsächlich mit Lehre befasst waren, da es in Moskau – wohl aufgrund der Verschultheit des Universitätsstudiums – keine Vorlesungsverzeichnisse gab, in denen nach einschlägigen Lehrveranstaltungen gesucht hätte werden können. Eine große Hilfe für das Auffinden von potenziellen RespondentInnen war das Handbuch der Nicht Staatlichen Frauenorganisationen in Russland und der GUS. [30] Darin sind die Kontaktadressen, Telefonnummern und teilweise auch E-Mail-Adressen von 58 Moskauer Organisationen aufgelistet. Aus ihnen wurden diejenigen ausgewählt, die als ihre Beschäftigungsbereiche Feminismus, Gender Studies oder Wissenschaft angaben. Bei einigen dieser Organisationen waren mir die genannten Kontaktpersonen als AutorInnen von Artikeln und Büchern zum Thema bekannt. Weiters wurden TeilnehmerInnenlisten von Konferenzen und der MCGI-Sommerschule des Jahres 1996 verwendet. [31]

Diese Adressen stellten den Ausgangspunkt meiner Kontaktaufnahme mit den potenziellen InterviewpartnerInnen dar. Vor Antritt meines Forschungsaufenthalts in Moskau im Mai und Juni 1999 [32] kontaktierte ich jene 15, von denen mir E-Mail-Adressen bekannt waren. Einige der Adressen erwiesen sich als falsch und einige der Anschreiben blieben unbeantwortet. Letztlich erhielt ich drei Antworten, die immerhin Zusagen für Interviews enthielten. Somit konnte ich die meisten Kontakte erst direkt vor Ort per Telefon herstellen. Die Kontaktaufnahme gestaltete sich mit der Zeit immer einfacher, da die RespondentInnen meistens auf KollegInnen verwiesen, Telefonnummern weitergaben und mir rieten, sich auf sie zu berufen.

Einen besonderen Glücksfall stellte die Konferenz „Geschlechterverhältnisse in Russland: Geschichte, gegenwärtiger Zustand und Perspektiven" (*Gendernye otnošenija v Rossii: Istorija, sovremennoe sostojanie i perspektivy*) in Ivanovo vom 27. bis zum 28. Mai 1999 dar, die mir neben einem einmaligen Angebot an Literatur auch die Möglichkeit bot, ForscherInnen persönlich kennen

---

[30] Abubikirova, *Spravočnik*, 1998.

[31] MCGI, *Konferencija*, 1996; MCGI, *Materialy*, 1997.

[32] Mein Forschungsaufenthalt wurde von der Universität Wien aus den Mitteln für kurzfristige wissenschaftliche Arbeiten im Ausland finanziert.

zu lernen. Am Ende der Erhebung verfügte ich über die Antworten von 28 Personen, welche die unterschiedlichen Praktiken im Rahmen von Frauen- und Geschlechterforschung in Moskau gut darstellen. Neun Interviews wurden persönlich durchgeführt. Die übrigen RespondentInnen füllten die Fragebögen aus.

III.4. Der Fragebogen

„Indem der Soziologe die vollständige und endliche Menge der Eigenschaften konstruiert, über die alle wirksamen Akteure in unterschiedlichem Ausmaß verfügen und die im Kampf um die spezifisch universitären Machtformen als wirksame Machtfaktoren fungieren, schafft er einen objektiven Raum, der – methodisch und eindeutig definiert (also reproduzierbar) – auf die Summe der partiellen Vorstellungen der Akteure nicht zurückführbar ist." [33]

Dieser von Pierre Bourdieu apodiktisch formulierte Anspruch auf Vollständigkeit scheint mir sehr hoch gegriffen. Nichtsdestotrotz stand ich ebenso vor der Aufgabe, für mein Forschungsobjekt relevante Eigenschaften festzulegen. Wie bereits erwähnt, können in der Korrespondenzanalyse verschiedenste Arten von Daten verwendet werden, seien es Zahlen, Antworten auf standardisierte oder offene Fragebögen, offene Interviews oder auf andere Weise entstandene Texte. Bourdieu begründet seine Bevorzugung ausschließlich schriftlich vorliegenden Materials gegenüber in persönlichen Befragungen erhobenen Daten für seine wissenschaftssoziologische Forschung in *Homo academicus*:

„Zum einen: wie sich bei den Interviews herausstellte, lehnte es ein sehr großer Teil der Professoren ab, sich politisch einzuordnen und weigerte oder wehrte sich mit unterschiedlichen Argumenten gegen jeden Versuch, ihre Stellungnahmen zu Politik oder Gewerkschaften zu erfassen. Zum zweiten war es offensichtlich, daß es fast keine einzige Frage geben würde – ob zur eingenommenen Machtposition, diesem zentralen Gegenstand des 1968er Protests, oder zur Stellung hinsichtlich der Reformen und ihrer Folgen –, die nicht durch die unmittelbare Umfrage-Situation, das heißt die Beziehung zwischen Fragenden und Befragten, beeinträchtigt wäre [...] " [34]

Trotz dieser Möglichkeit einer Beeinträchtigung erschien mir die Verwendung von Fragebögen sinnvoll. Das hat auch mit den unterschiedlichen Status der RespondentInnen zu tun: Vielleicht drei der Befragten sind so prominent, dass

---

[33] Bourdieu, *Homo academicus*, 1992, S. 54.
[34] Ebd., S. 87.

entsprechende Informationen über sie schriftlich, etwa in Jahrbüchern oder Who's who-Verzeichnissen vorliegen würden.

Die offene Gestaltung der meisten Antwortmöglichkeiten zielte darauf ab, auch Dinge zur Sprache kommen zu lassen, die bei der Konstruktion des Fragebogens noch nicht bedacht werden konnten. Eine nachträgliche Codierung/Schließung der Antworten ist eine übliche, sinnvolle Praxis im Rahmen der *analyse de données*.[35]

Nicht alle mithilfe der Fragebögen erhobenen Informationen konnten in die Korrespondenzanalyse einbezogen werden. Die Kodierungsarbeit war ein ständiges Abwägen zwischen der Erhaltung von möglichst viel Information einerseits und der Schaffung von geschlossenen Antwortkategorien andererseits.[36] Die nicht verrechneten ausführlicheren Antworten wurden nachträglich gesondert zur Interpretation genutzt.[37] Sie sind im Anhang aufgelistet.

Anhaltspunkte für die Zusammenstellung der Fragen boten Auszüge aus der Broschüre zum fünfjährigen Bestehen des Moskauer Zentrums für Gender Studies, in denen die Mitarbeiterinnen ausführlich zu ihrer Tätigkeit, ihren Erfahrungen mit und ihren Einstellungen zu Frauen- und Geschlechterforschung Stellung bezogen[38], und weiters eine statistische Erhebung unter Teilnehmerinnen einer Moskauer Konferenz zu diesem Thema.[39] Dabei wurden regionale Herkunft, Arbeitsstätte, Fach, Titel, bevorzugte Methoden, hauptsächliche Forschungsgebiete, Publikationen, Finanzierung der Forschungs- und Lehrtätigkeit und Aktivität in Frauenorganisationen der TeilnehmerInnen erhoben. Diese Informationen prägten sehr stark meine ersten Vorstellungen vom Forschungsgegenstand. Der Fragebogen kann als etwas MCGI-biased bezeichnet werden. So kam es, dass Fragen nach Feminismus, einer Mission von Frauen- und Geschlechterforschung oder etwaigem politischen Engagement (durchwegs unverzichtbare Voraussetzungen für die Be-

---

[35]   „French ‚Analyse de données' tends to postpone, until after obtaining the preliminary results, the simplification of any data coding. [...] modelling limits, before the analysis, the number of possible modalities.", Schiltz, „Reanalysis", 1990, S. 16.

[36]   Ein pragmatischer Grund dafür, dass die Zahl der verwendeten Modalitäten nicht zu hoch werden durfte, ist die begrenzte Kapazität des Programms, mit dem die Korrespondenzanalyse berechnet wurde.

[37]   Sie werden im Folgenden mit Angabe des Kürzels der Respondentin oder des Respondenten in Klammer (R 1, R 28) zitiert.

[38]   MCGI, *Moskovskij Centr*, 1995.

[39]   MCGI, *Konferencija*, 1996, S. 13ff.

schäftigung mit Frauen- und Geschlechterforschung aus der Sicht von MCGI-Mitarbeiterinnen) mitunter Irritationen bei RespondentInnen mit einem anderen Hintergrund hervorriefen. Diese Irritationen sind aber, wie die Interpretation der Korrespondenzanalyse zeigt, von wesentlicher Bedeutung für die Struktur des Forschungsgegenstands. Als weitere Anregung für die Gestaltung des Fragebogens dienten die verschiedenen Typen symbolischen Kapitals, wie sie Pierre Bourdieu für das akademische Feld im Frankreich der 1960er- bis 1970er Jahre in *Homo academicus* beschreibt. [40]

Den konkreten Ausgangspunkt für den Inhalt des Fragebogens stellten die Überlegungen dar, die im vorangehenden Kapitel über die Samplekonstruktion angesprochen wurden: Was gehört zu *gendernye issledovanija*? Was kommt in diesem Zusammenhang vor? Was wird als wesentlich genannt? Wer sind und was tun Personen, die von sich behaupten, Frauen- und Geschlechterforschung zu betreiben?

Ausgangspunkt der Fragebogenkonstruktion war der Themenbereich Wissenschaft. Dazu zählen Eigenschaften und Tätigkeiten wie Zugehörigkeit zu Institutionen, Forschung, Lehre, Betreuung von Diplomarbeiten und Dissertationen, Publikationen, Titel, Konferenzen und Kontakte zu wissenschaftlichen Einrichtungen außerhalb Russlands. Im Kontext von Frauen- und Geschlechterforschung ist weiters an politisches Engagement zu denken, womit Mitgliedschaften in Frauenorganisationen ebenso gemeint sein können wie Engagement in politischen Parteien, aber auch die Beratung von politischen AkteurInnen und Institutionen. Auch die Verwendung von Massenmedien spielt hier eine Rolle: Russische Printmedien, Radio und Fernsehen bildeten ein Forum für die ProtagonistInnen der Frauen- und Geschlechterforschung, das in unterschiedlichem Maße genutzt wurde und wird. Das Internet war zum Zeitpunkt der Erhebung als Kommunikationsmedium russischer GeschlechterforscherInnen allerdings noch nicht sehr verbreitet und wurde deshalb nicht in die Erhebung einbezogen. [41] Weiters interessierten

---

[40] Bourdieu, *Homo academicus*, S. 93f.

[41] Ich selbst konnte bei zwei Forschungsaufenthalten in Russland 1999 und 2002 einen großen Unterschied feststellen, was die Entwicklung, Verbreitung und Nutzung des Internets betrifft. Beim zweiten Aufenthalt war es schon um vieles leichter, AnsprechpartnerInnen per E-Mail zu erreichen. Universitäten und andere wissenschaftliche Einrichtungen hatten einigermaßen funktionierende Websites und nicht zuletzt waren Internetcafés vor Ort keine Seltenheit mehr. Siehe dazu Lenhard, „Netzöffentlichkeit", 2003.

mich noch biografische Angaben wie Alter, Familienstand, Kinder, Geburtsort, Herkunftsfamilie oder Konfession. Abgesehen von Angaben zur Person sollten schließlich auch Meinungen erhoben werden. Ein Teil des Erhebungsinstruments bestand aus Fragen zur Einstellung der Interviewten zu Frauen- und Geschlechterforschung. So wurde etwa die Einschätzung der Wichtigkeit verschiedener Eigenschaften für die Beschäftigung mit Frauen- und Geschlechterforschung abgefragt (zum Beispiel: Muss eine Person, die sich mit Frauen- und Geschlechterforschung beschäftigt, eine Frau sein, Kinder haben, an der Akademie der Wissenschaften arbeiten?).

Der gesamte Fragebogen ist im russischen Original mit Übersetzung im Anhang zu finden ebenso wie die Kodierung der Antworten für die Korrespondenzanalyse, die Antworthäufigkeiten sowie die Antworten auf zehn Fragen mit offenen Antwortmöglichkeiten.

Die weiters mit verrechneten Teilnahmen oder Nichtteilnahmen an einer Konferenz über Entwicklungs- und Zusammenarbeitsperspektiven der russischen Frauen- und Geschlechterforschung (1996), an Sommerschulen des MCGI (1996, 1997 und 1998) sowie an Konferenzen des Interuniversitären *Feminologija*-Programms (1998 und 1999) wurden anhand der Dokumentationsmaterialien dieser Veranstaltungen erhoben. Außerdem wurden die Umstände der Befragung mit einbezogen, je nachdem, ob sich die Anbahnung und/oder Durchführung des Interviews einfach oder schwierig gestaltet hatten. Es wurde auch unterschieden, ob die Informationen mittels persönlicher Befragung oder durch selbstständiges Ausfüllen des Fragebogens gewonnen wurden.

Werden WissenschafterInnen zum Objekt der Forschung, so muss mit Kritik an den eigenen Werkzeugen gerechnet werden – zumal von SozialwissenschafterInnen, die mit solchen Werkzeugen ja vertraut sind. Beispielsweise wurde der Fragenblock ‚Für eine Person, die sich mit Frauen- und Geschlechterforschung beschäftigt, ist sehr wichtig, dass sie … ‘ wiederholt kritisiert. Einerseits wurde die Formulierung der Rahmenfrage als nicht ganz glücklich bezeichnet, andererseits riefen auch einzelne Punkte Kritik hervor. So wurde etwa die Erweiterung ‚… dass sie einer politischen Partei angehört‘ als zu eng gefasst bemängelt. Zwei RespondentInnen fanden den biografischen Teil unpassend, weil diese Informationen ihrer Ansicht nach mit der Praxis als WissenschafterIn nichts zu tun hätten. Diese Reaktion erschien zunächst verwunderlich, wenn man davon ausgeht, dass für Frauen- und Geschlechterforschung, zumal sie in Verbindung mit feministischer Wissenschaftskritik steht, der Standpunkt der forschenden Person durchaus von Interesse sein kann. Damit ergab sich ein deutlicher Hinweis darauf, dass unter der Bezeichnung *gendernye issledovanija* sehr unterschiedliche Konzepte subsumiert sind. Einige RespondentInnen beantworteten konsequenterweise den biografischen Teil und/oder den Block der Einstellungsfragen nicht, was als konkrete Stellungnahme in die statistische Auswertung integriert und nicht als fehlender Wert ausgeschlossen wurde.

IV. Feministische Politik, akademische Wissenschaft, Berufsausübung: Dimensionen von Frauen- und Geschlechterforschung

Mittels Korrespondenzanalyse wurde die Ausgangstabelle, also jene der erhobenen Individuen und deren Eigenschaften, in Faktoren zerlegt, die in abnehmendem Ausmaß die Variation innerhalb dieser Tabelle erklären. Als synthetische – aus den Beiträgen der einzelnen Merkmalen und Individuen zusammengesetzte – Variablen ermöglichen sie eine Beschreibung der Strukturen des Forschungsgegenstands.

Zunächst werden die ersten drei Dimensionen einzeln beschrieben, um die wichtigsten Variationsprinzipien des Forschungsgegenstands vorzustellen. Den Interpretationen der beiden ersten Dimensionen werden zum besseren Verständnis der Kontexte historische Überblicke über Frauenbewegung und Feminismus sowie über sowjetische Sozialwissenschaften vorangestellt.

In einem nächsten Schritt wird eine Fläche aus den beiden Dimensionen 1 und 2 gebildet. So können die wichtigsten Variationsprinzipien der Moskauer Frauen- und Geschlechterforschung der späten 1990er Jahre anschaulich dargestellt werden. Wie schon in der Beschreibung der Datenerhebung im vorigen Kapitel erwähnt, wird entsprechend der Vereinbarung mit den RespondentInnen deren Anonymisierung beibehalten. Die Individuen werden in der Grafik mit ihren Kurzbezeichnungen (R 1 ... R 28) angegeben. [1]

---

[1] Aufgrund der relativen Übersichtlichkeit des untersuchten Bereichs ist die Anonymität freilich nicht völlig gesichert. Jemand, der die Community der Moskauer Frauen- und Geschlechterforschung einigermaßen gut kennt, wird vermutlich einige der verrechneten Individuen – insbesondere die in exponierten Positionen– identifizieren können. Zu den Vor- und Nachteilen des namentlichen Nennens der konstruierten Individuen – umso brisanter, als es hier um prominente französische Universitätsprofessoren geht – siehe auch Bourdieu, *Homo academicus*, 1992, S. 32f.

IV.1. Feministische Politik: Erste Dimension

1. Dimension: Feministische Politik
Schematische Darstellung

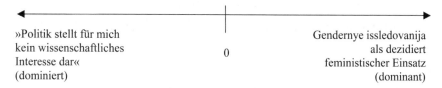

»Politik stellt für mich
kein wissenschaftliches
Interesse dar«
(dominiert)

0

Gendernye issledovanija
als dezidiert
feministischer Einsatz
(dominant)

Grafik 1: 1. Dimension: Feministische Politik, Schematische Darstellung

In der ersten Dimension (Beitrag zur Gesamtvarianz: 8,49 %) geht es um eine spezifische Art von Politik. Sie variiert von einem Praktizieren dieses politischen Engagements und auch der Überzeugung, dass Genderforschung notwendigerweise mit feministischem Engagement verbunden sein muss, bis zur strikten Ablehnung einer Verknüpfung von Wissenschaft und politischem Anspruch (siehe Grafik 1). Der detaillierten Interpretation der ersten Dimension sollen einige Kontextinformationen vorausgeschickt werden, die für das Verständnis der Ausführungen notwendig sind. Entsprechend den Praxisformen feministischer Politik, die für diese Dimension besonders wichtig sind, wird es im Folgenden um die Nutzung von Massenmedien, diverse Varianten politischen Engagements im Zusammenhang mit Frauen- und Geschlechterforschung sowie um die Geschichte russischer und sowjetischer Frauenbewegungen gehen. Da Feminismus sehr viele Bedeutungen haben kann, soll sich ein weiteres Unterkapitel mit den Gebrauchsweisen dieses Begriffs in sowjetischen und russischen Kontexten befassen.

Kontext: Medien

Mediale Präsenz und wissenschaftliche Reputation stehen zueinander in einem potenziell schwierigen Verhältnis. In ihrer Studie zu prominenten WissenschafterInnen, wie Margaret Mead oder Linus Pauling, schrieb Rae Goodell vor über 20 Jahren:

"The new visible scientists are seen by their colleagues almost as a pollution in the scientific community – sometimes irritating, sometimes hazardous. The new scientists are breaking old rules of protocol in the scientific profession, questioning the old ethics, defying the old standards of conduct. [...] And unlike politicians and movie stars, their very success may have the opposite effect on their research careers." [2]

Dass die Relevanz einer ForscherIn in den und für die Medien ganz anders aussehen kann als die innerakademische Reputation zeigen Petra Pansegrau und Peter Weingart in einem Artikel über die Kontroverse um den US-amerikanischen Historiker Daniel Goldhagen und sein Buch *Hitlers willige Vollstrecker*. [3] Pierre Bourdieu nimmt in *Homo academicus* Medienauftritte von Universitätsprofessoren als Indikator für intellektuelle Prominenz in die Analyse auf und merkt an, dass mediale Prominenz in einigen Fällen auch fehlende akademische Geltung aufwiegen muss. [4] In diese Richtung weist auch eine Stellungnahme des österreichischen Verbands Feministischer Wissenschafterinnen, die die mediale Präsenz als ein mögliches Mittel gegen die Marginalisierung und Unsichtbarmachung der (feministischen und anderen) externen LektorInnen und freien WissenschafterInnen nennt. [5]

Im Kontext der Moskauer Frauen- und Geschlechterforschung der 1990er Jahre geht es einerseits um den Versuch einer Einflussnahme auf eine wie auch immer vorgestellte Öffentlichkeit durch die Publikmachung geschlechterpolitischer Anliegen. [6] Andererseits geht es auch um das Bild von Feministinnen (seltener: Feministen) oder GenderforscherInnen in den Medien. Der 8. März, der Internationale Frauentag, der in Russland mit viel Aufwand begangen wird, ist zumeist Anlass für die Aufnahme von frauenbezogenen Themen in Zeitungen und Zeitschriften. Die russisch-amerikanische Journalistin Masha Gessen gestaltete etwa im März 1998 in dem Wochenmagazin *Itogi* (Resulta-

---

[2] Goodell, *Scientists*, 1975, S. 9.
[3] Pansegrau/Weingart, „Reputation", 1999.
[4] Bourdieu, *Homo Academicus*, 1992, S. 137f.
[5] Verband feministischer Wissenschafterinnen, „Frau-Sein", 2001.
[6] Vgl. das Statement von Natalija Rimaševskaja: „Eine wesentliche Rolle spielen auch gute Kontakte zur Presse, überhaupt zu den Massenmedien, welche die Ergebnisse unserer Forschungen popularisieren und einen wesentlichen Einfluss auf die Formung der öffentlichen Meinung nehmen sollen.", Rimaševskaja, „Issledovanija", S. 12, aus dem Russischen von TG.

te) einen mehrseitigen Artikel über Feministinnen in Russland.[7] Die Moskauer Journalistin Nadežda Ažgichina, die auch als Universitätslehrerin im Fach Journalistik tätig ist, arbeitete von 1995 bis 2001 bei der Tageszeitung *Nezavisimaja gazeta* (Unabhängige Zeitung) und sorgte in dieser Zeit für eine zumindest in unregelmäßigen Abständen erscheinende Frauenseite des Blatts. Ažgichina ist zudem die Gründerin der Organisation Journalistinnenassoziation.

Eine andere Strategie für die Veröffentlichung feministischer Anliegen als die Verwendung traditioneller Massenmedien ist, eigene Medien zu gründen.[8] Hier sind vor allem drei Zeitschriften zu nennen, zu denen auch Moskauer GenderforscherInnen immer wieder Beiträge leisteten:

Die Zeitschrift *We/My*, die bis 1997 *Vy i My. Dialog rossijskich i amerikanskich ženščin* (Ihr und Wir – Dialog russländischer und amerikanischer Frauen) hieß, erschien zum ersten Mal 1992. Wie ihr Name impliziert, sollte sie der Verständigung zwischen Frauen aus den beiden Staaten dienen und wurde von Nadežda Ažgichina und den Amerikanerinnen Colette Shulman vom National Council for Research on Women und der Journalistin Katrina vanden Heuvel (The Nation) herausgegeben. Finanzielle Unterstützung erhielt die Zeitschrift vom National Council for Research on Women, der Carnegie Corporation of New York und dem Open Society Institute. Sie erschien alle zwei Monate in einer Auflage von 5000 Stück.[9] Obwohl sie nicht als akademisches Fachjournal konzipiert war, publizierten in ihr auch ProtagonistInnen der russischen Frauen- und Geschlechterforschung.[10] Ab 1993 veröffentlichte der Frauenklub *Preobraženie* ein gleichnamiges feministisches Journal, das literarische und wissenschaftliche Beiträge gleichermaßen enthielt. Neben russischen AutorInnen trugen ab der zweiten Ausgabe auch WissenschafterInnen aus Deutschland, Estland, Frankreich, Kroatien, Österreich und den USA, vorwiegend SlawistInnen mit Schwerpunkt Literaturwissenschaft, zu diesem Journal bei. Die letzte Ausgabe der Zeitschrift erschien 1997. Seit 1994 bis heute erscheint eine Zeitschrift mit dem Titel *Ženščina pljus*. Deren Ziele sind,

---

[7] Gessen, „Lica", 1998. Teile dieses Beitrags in deutscher Sprache finden sich in Gessen, *Erfolg*, 1998.

[8] Wie in Kapitel IV. 1. dieses Buchs gezeigt wird, hatte auch die erste russische Frauenbewegung eine Reihe von eigenen Periodika zur Veröffentlichung ihrer Anliegen.

[9] Die letzte mir bekannte Ausgabe von *We/My* erschien im Jahr 2005.

[10] Beispielsweise Ušakin, „Politika Gendera", 1998; Ažgichina, „Na puti", 2000.

so erfährt man auf der Website der Zeitschrift, Frauen zu helfen, am gesellschaftlichen und wirtschaftlichen Leben teilzunehmen, die Erfahrungen russischer und auswärtiger zivilgesellschaftlicher Initiativen zu verbreiten sowie Frauen die Möglichkeit zu geben, sich zu aktuellen und wesentlichen Themen zu äußern.[11] Sie wird von der Heinrich-Böll-Stiftung[12] unterstützt und erscheint dreimal jährlich in einer Auflage von 999 Stück.

Eine andere Form der medialen Umsetzung von Feminismus betrieb die Schriftstellerin und Dramaturgin Marija Arbatova. In der zweiten Hälfte der 1990er Jahre war sie fünf Jahre lang Komoderatorin einer Fernsehsendung mit dem Titel „*Ja sama*" (Ich selbst), die der überregionale Privatsender TV-6[13] ausstrahlte. In dieser Talkshow trat sie als Feministin auf, immer als Gegenspielerin zu VertreterInnen traditioneller Standpunkte. Es ist anzunehmen, dass diese Sendung zur Popularisierung und Normalisierung des (Un-)Worts Feminismus in Russland beigetragen hat. Protagonistinnen der russischen Frauenbewegung, wie etwa Ol'ga Lipovskaja, kritisierten jedoch Arbatovas idiosynkratischen, teilweise essenzialistischen Ansichten und noch stärker die Monopolisierung, die Arbatova als „einzige fest angestellte Fernsehfeministin [*telefeministka*] des Landes"[14] betreibe.

Kontext: Politisches Engagement von Moskauer GenderforscherInnen

Zum Thema Frauen und Politik, politische Partizipation und politisches Engagement von Frauen im postsowjetischen Russland ist im Lauf der 1990er Jahre sehr viel publiziert worden, sodass hier ein kurzer Überblick ausreichen wird.[15] Der Fokus liegt auf Aktivitäten von Personen, die sich mit Frauen- und Geschlechterforschung beschäftigen.

---

[11] *Ženščina pljus*, 2007.

[12] Bis 1997 kam diese Förderung von der den deutschen Grünen nahestehenden „Frauenanstiftung", die dann ein Teil der Heinrich-Böll-Stiftung wurde.

[13] TV-6 bestand von 1993 bis 2002 und wurde offiziell aufgrund finanzieller Unregelmäßigkeiten geschlossen. Die russische Journalistenvereinigung fand in einer Erklärung zu dieser Schließung sehr deutliche Worte: „Man wird uns wieder von einer ‚rein ökonomischen' Grundlage dieser Angelegenheit erzählen. Aber dass das offensichtlicher Blödsinn ist, gedacht für vollkommene Idioten, ist allen und jedem klar. Natürlich ist der ‚Fall TV-6' reine Politik.", Sojuz Žurnalistov, „Zajavlenie", 2002, aus dem Russischen von TG.

[14] Lipovskaja, „Točnost", 1997, S. 31, aus dem Russischen von TG.

[15] Siehe – ohne Anspruch auf Vollständigkeit – Racioppi/O'Sullivan See, „Fall", 1995; Rule/Noonan, *Politics*, 1996; Meschtscherkina/Novikova, „Frauen im politischen Leben",

Als Erstes ist hier politische Auftragsforschung zu nennen: Mit staatlichen Strukturen wie der Kommission für Frauen-, Familien- und demografische Fragen beim Präsidenten der RF oder dem Komitee für Frauen-, Familien- und Jugendfragen der Staatsduma arbeiten die Organisationen „Konsortium nichtstaatlicher Frauenvereinigungen" (*Konsorcium ženskich nepravitel'stvennych ob„jedinenij*) und „Assoziation ‚Frauen und Entwicklung'" (*Associacija „Ženščiny i razvitie"*) zusammen. Die Assoziation, deren Präsidentin die prominente Soziologin Galina Sillaste ist, bildet den Vorsitz des Komitees „Soziale Probleme von Frauen und Frauenbewegung" der Russischen Soziologischen Gesellschaft.

Von Beginn seines Bestehens an war auch das MCGI, das seine Einrichtung der Bestellung eines Konzepts für das staatliche Programm zur Verbesserung der Lage von Familie, Müttern und Kindern verdankt, in Politikberatung involviert. Die WissenschafterInnen waren allerdings nicht nur distanzierte ExpertInnen. 1992 war das Zentrum maßgeblich beteiligt an erfolgreichen Protesten gegen ein Gesetzesprojekt zum Schutz von Familie, Mutterschaft und Kindheit, das Teilzeitarbeit für alle Frauen mit Kindern unter 14 Jahren und Einschränkungen des freien Zugangs zu Abtreibung vorsah. [16] 1997-1998 führten Mitarbeiterinnen des MCGI wie bereits oben erwähnt eine Genderexpertise über Gesetze im Hinblick auf Geschlechterdiskriminierung durch. Inwieweit diese ehrgeizigen Bemühungen konkrete Auswirkungen hatten, bleibt jedoch fraglich. Die Journalistin Masha Gessen schrieb dazu: „Es gibt nur einen Haken: Es existiert kein Mechanismus, der die Gesetzgeber dazu bringen könnte, diese Ergebnisse zu lesen, geschweige denn, sie zur Kenntnis zu nehmen." [17]

Folgende staatliche Einrichtungen wurden in den 1990er Jahren vom MCGI beraten: das Parlament der Russischen Föderation, das Komitee für Frauen-, Familien- und Jugendangelegenheiten der Staatlichen Duma, das Komitee für Frauen-, Familien- und Jugendangelegenheiten beim Präsidenten, das Ministerium für sozialen Schutz sowie das Ministerium für Arbeit der Russischen Föderation. [18]

1996; Buckley, „Adaptation", 1997; Nechemias, „Post-Soviet", 1998; Ritter, *Gender-Politik*, 2001.

[16] Posadskaja/Waters, „Democracy", 1995, S. 368.

[17] Gessen, „Lica", 1998, S. 51, aus dem Russischen von TG.

[18] MCGI, *Moskovskij Centr*, 1995, S. 2ff.

Dezidierte Frauenparteien sind die „Frauen Russlands" (*Ženščiny Rossii*) und die „Bewegung der Frauen Russlands" (*Dviženie ženščin Rossii*). Diese beiden Gruppierungen bildeten bis 1996 eine gemeinsame Partei, die 1993 einen sensationellen, unerwarteten Einzug in die Staatsduma erlebte. [19] Dieser Erfolg wiederholte sich bei den folgenden Wahlen im Jahr 1995 nicht mehr. 1996 erfolgte die Spaltung in die konservativere Partei „Frauen Russlands" unter der Leitung von Alevtina Fedulova, einer ehemaligen Vorsitzenden des Komitees der Sowjetfrauen, und die progressivere „Bewegung der Frauen Russlands" unter Jekaterina Lachova. [20] Lediglich eine Respondentin (R 19) meiner Befragung gab an, sich in dieser „Bewegung" zu engagieren.

Kontext: Frauenbewegung in Russland und der Sowjetunion

Angesichts der überwältigenden Fülle an Arbeiten von russischen und nicht-russischen AutorInnen zu diesen Themen kann und muss an dieser Stelle nicht sehr viel Neues geschrieben werden. [21] Ein kurzer Überblick über die Geschichte der russischen Frauenbewegung soll an dieser Stelle reichen. Die Frauenbewegung im vorrevolutionären Russland und der Sowjetunion wurde zuerst zu einem überwiegenden Teil von nichtrussischen ForscherInnen untersucht. [22] Die Intentionen der ausländischen AutorInnen lagen zum einen darin, von der sowjetischen Forschung vernachlässigte Themen aufzugreifen. Zum anderen ging es darum, offizielle, verklärende Darstellungen der (erst infolge der großen Oktoberrevolution) befreiten, gleichberechtigten Sowjetfrau zu relativieren. Solche Forschungen sind dem Kontext der so genannten Sowjetologie zuzurechnen. Dieser Forschungszweig betrifft die Generation des Kalten Kriegs zwischen den USA und der Sowjetunion und diente (auch) dazu, den Feind besser zu kennen.

---

[19] Sprichwörtlich wurde die Aussage eines Wählers, der auf die Frage, warum er für die „Frauen Russlands" gestimmt hatte, antwortete: „Lieber ein Weib mit einer Teigrolle als ein Mann mit dem Maschinengewehr!, Meschtscherkina/Novikova, „Frauen im politischen Leben" 1996, S. 83.

[20] Siehe dazu Lachova, *Ženskoe dviženie*, 1998.

[21] Zur sowjetischen und russischen Geschichtsschreibung der russischen Frauenbewegung siehe auch die Kontextinformationen zum zweiten Faktor.

[22] Siehe Stites, *Women's Liberation*, 1990; Edmondson, *Feminism*, 1984; Engel, *Mothers*, 1986; Buckley, *Ideology*, 1989.

Die britische Slawistin Linda Edmondson bemerkt in der ersten Hälfte der 1980er Jahre, dass sie praktisch keine historischen Arbeiten sowjetischer ForscherInnen über die bürgerliche vorrevolutionäre Frauenbewegung finden konnte. [23] In den 1980er Jahren entstanden lediglich vereinzelte Studien zur ersten Phase der Frauenbewegung. [24] Neuere russische Publikationen zu diesem Thema gibt es erst seit dem Ende der 1990er Jahre. Hier sei etwa auf Svetlana Ajvazovas bislang nur auf Russisch vorliegendes Buch „Russische Frauen im Labyrinth der Gleichberechtigung" verwiesen, in dem neben einem Überblick über den Kampf von Frauen um ihre Rechte vom 19. Jahrhundert bis heute auch Quellentexte der russischen Frauenbewegung des frühen 20. Jahrhunderts veröffentlicht werden. [25] Die erste Frauenbewegung in Russland und die Geschichte russischer Frauen generell wurden in den letzten fünf Jahren zu zentralen Themen des interuniversitären Forschungsprogramms *Feminologija i gendernye issledovanija*, das von der Universität Ivanovo aus koordiniert wird. Die Petersburger Historikerin Irina Jukina veröffentlichte eine kommentierte Bibliografie zur russischen Frauenbewegung von den 1850er- bis zu den 1920er Jahren. [26] Eine noch umfassendere Bibliografie von Literatur zu Frauen in Russland mit russischen und internationalen Werken stammt von der Moskauer Historikerin Natalija Puškareva. [27] Somit setzt sich die neu entstandene russische Frauen- und Geschlechterforschung mit Leerstellen in der Geschichtsschreibung auseinander und wählt Themen, die zuvor nicht als Gegenstände historischer Forschung denk- und sichtbar gewesen wären, ganz im Sinne einer kompensatorischen Frauengeschichte. Eine neue Generation von HistorikerInnen nimmt sich des zu Zeiten der Sowjetunion vernachlässigten Themas der bürgerlichen ersten russischen Frauenbewegung an. In diesem Zusammenhang ist ein an der Central European University Budapest koordiniertes biografisches Handbuch zur ersten Frauenbewegung in Mittel-, Ost- und Südosteuropa zu erwähnen, das auch 19 Einträge über russische Aktivistinnen enthält. [28]

In den 1990er Jahren wurden – wiederum hauptsächlich von nichtrussi-

---

[23] Edmondson, *Feminism*, 1984, S. 174.
[24] Siehe Tiškin, *Ženskij vopros*, 1984; Pavljučenko, *Osvoboditel'noe Dviženie*, 1998.
[25] Ajvazova, *Labirint*, 1998.
[26] Jukina, *Istorija*, 2003.
[27] Puškareva, *Russkaja Ženščina*, 2002.
[28] de Haan u. a., *Dictionary*, 2006.

schen AutorInnen – zahlreiche Arbeiten zur neuen sowjetischen und postsowjetischen Frauenbewegung verfasst. [29] Das große Interesse, das in den Jahren
nach dem Zusammenbruch der Sowjetunion der aktuellen russischen Frauenbewegung als Forschungsgegenstand entgegengebracht wurde, scheint inzwischen allerdings wieder abgeflaut zu sein.

Erste russische Frauenbewegung: Erste Phase

So wie in vielen anderen Staaten können die Anfänge einer Frauenbewegung
auch in Russland etwa in der Mitte des 19. Jahrhunderts angesetzt werden.
Der amerikanische Historiker Richard Stites, der die vorrevolutionäre russische Frauenbewegung in zwei Generationen einteilt [30], bemerkt, dass die so
genannte Frauenfrage (*ženskij vopros*) nach dem Ende des Krimkriegs, in dem
Frauen der besseren Gesellschaft als Krankenschwestern an der Front tätig gewesen waren, zu einem öffentlichen Thema wurde. [31] Auch die Aufhebung der
Leibeigenschaft im Jahr 1861 war ein Ereignis, das bei der russischen kritischen Intelligenz große Hoffnungen auf weitere gesellschaftliche Veränderungen weckte. Linda Edmondson weist auch darauf hin, dass infolge der Aufhebung der Leibeigenschaft viele Familien des Landadels verarmten, ihr Land
verkauften und in die Städte zogen. Diese Situation brachte ein Ansteigen der
Zahl weiblicher Arbeitssuchender mit sich. [32]

Verschiedene politische und intellektuelle Richtungen dieser Zeit versuchten, Antworten auf die Frage nach den Möglichkeiten von Frauen in der russischen Gesellschaft zu finden. Ich übernehme Richard Stites' Klassifikation, da
sich die von ihm unterschiedenen Richtungen im Umgang mit der „Frauenfrage" deutlich unterscheiden und drei zentrale Aspekte von Frauenemanzipation im Russland des 19. Jahrhunderts berühren: Bildung und Berufstätigkeit,

---

[29] Siehe etwa Schmitt, *Zivilgesellschaft*, 1997; Sperling, *Organizing Women*, 1999; Kay, *Organizations*, 2000; Köbberling, *Liquidation*, 1993; Racioppi/O'Sullivan See, „Fall", 1995;
Noonan/Nechemias, *Encyclopedia*, 2001.

[30] Generation ist ein eher vager Begriff, der im Zusammenhang mit der ersten russischen
Frauenbewegung auch insofern fraglich ist, als dass manche Personen gewissermaßen zu
beiden Generationen gehören oder jedenfalls in Zeiträumen aktiv sind, die Stites der einen
und der anderen Generation zuordnet. Ich orientiere mich an der zeitlichen und ereignis-
bzw. themenbezogenen Periodisierung von Stites, ziehe es aber vor, von Phasen der ersten
russischen Frauenbewegung zu sprechen.

[31] Stites, *Women's Liberation*, 1990, S. 30ff.

[32] Edmondson, *Feminism*, 1984, S. 12.

Persönlichkeitsentwicklung, Umgestaltung der Gesellschaft. Es muss hier bemerkt werden, dass Stites streng genommen nicht Strömungen der Frauenbewegung unterscheidet, sondern eher politische und ideologische Richtungen,
in denen Frauen oder die Frauenfrage eine mehr oder weniger zentrale Rolle
spielen.

a) „Feministische" Bewegung – Bildung und Beschäftigung für Frauen
   Die Bezeichnung feministisch ist eher eine Annäherung, zumal sich die
   so Klassifizierten niemals selbst als Feministinnen bezeichneten. Liberal
   oder philanthropisch wären andere mögliche Attribute. Die prominentesten Protagonistinnen der ersten Generation, Marija Trubnikova, Anna Filosofova und Nadežda Stasova, waren gut ausgebildet und stammten aus
   wohlhabenden Familien. Zu ihren Zielen gehörte es, für Frauen die Möglichkeit von universitärer Bildung, Beschäftigung und somit materieller
   und moralischer Unabhängigkeit zu erkämpfen. Außerdem setzten sie sich
   für sozial benachteiligte Frauen und Prostituierte ein. Auf die Forderung
   nach einer Öffnung der Universitäten für Frauen wurde zunächst, ab 1869,
   mit einem Kompromiss reagiert: Es wurden öffentliche Vorlesungen auf
   allgemeinem Niveau eingerichtet, die von Frauen und Männern besucht
   werden durften. Erst in den 1870er Jahren kam es zur Etablierung von so
   genannten höheren Frauenkursen (*Vysšie ženskie kursy*) in den Universitäten
   größerer Städte. Ein nicht unwesentliches Argument für die Bewilligung
   der Einrichtung von Studienmöglichkeiten für Frauen war, dass seit den
   1860er Jahren viele studierwillige Frauen mangels anderer Möglichkeiten
   ins Ausland gingen, vornehmlich in die Schweiz, in der Frauen seit 1865
   studieren konnten. [33] Studentinnen erlangten dort nicht nur wissenschaftliche Kenntnisse, sondern kamen im Zuge ihres Studiums auch mit radi-
   kalen Ansichten in Kontakt. Dies versuchte die russische Obrigkeit, durch
   Genehmigung des Frauenstudiums an russischen Universitäten zu unter-
   binden. Höhere Frauenkurse wurden in den 1870er Jahren in Moskau,
   Kiew, Kazan und St. Petersburg eingerichtet. Am bekanntesten waren die
   so genannten Bestužev-Kurse (benannt nach deren erstem Direktor, dem
   Historiker Bestužev-Rjumin) in St. Petersburg, die bis 1917 bestanden.

b) „Nihilismus" – Selbstverwirklichung

---

[33] Einen internationalen Vergleich über die Öffnung der Universitäten für Frauen bietet Costas, „Öffnung", 1995.

Nihilist war in den 1860er Jahren, auch unter Einfluss des Romans *Väter und Söhne* von Ivan Turgenev, ein nicht klar umrissenes Schmähwort für jene, die sich gegen die bestehende Gesellschaftsordnung auflehnten. [34] Das betraf auch eine Reihe von jungen Frauen, die ihr Leben nicht in dauernder Abhängigkeit – erst von den Eltern, dann vom Ehemann – verbringen wollten. Ein zentrales literarisches Werk für den Nihilismus war Nikolaj Černiševskijs 1863 erschienener Roman *Čto delat'* (*Was tun?*), in dem neue Modelle der Beziehung zwischen Männern und Frauen entworfen werden. [35] In Orientierung an diesem Roman schlossen Nihilistinnen fiktive Ehen mit Gleichgesinnten, die ihren Ehefrauen einen legitimen sozialen Status verschafften und dennoch persönliche Bewegungs- und Entscheidungsfreiheit ermöglichten. Zu einer Zeit, in der Ehefrauen über keinen eigenen Pass verfügten, waren solche Winkelzüge erforderlich. Auch sollten Frauen ihre Sexualität souverän ausleben können. Diese Form der Befreiung der Frau implizierte auch Veränderungen des Verhaltens von Männern. [36] Die Idee, dass Frauenemanzipation keinen Erfolg haben kann, wenn nicht die Geschlechterverhältnisse als Ganzes Veränderungen unterworfen werden, wurde in Russland erst über hundert Jahre später von den Vertreterinnen der neuen Frauenbewegung wieder aufgegriffen – wenn auch nicht mit Bezugnahme auf die Ideen der russischen Liberalen der 1860er Jahre.

c) „Radikale Bewegung" – Terroristinnen und Märtyrerinnen

Diese politischen Richtungen stellten die Frauenfrage nicht ins Zentrum ihrer Anliegen, sie hatten Ziele größeren Ausmaßes im Auge, und zwar nichts Geringeres als die revolutionäre Umgestaltung der Gesellschaft. Die Frauenproblematik sollte sich im Zuge dessen von selbst erledigen. Mitte der 1860er Jahre kamen, wohl auch inspiriert durch Černiševskijs Roman, handwerkliche Genossenschaften (*arteli*) in Mode. [37] Hier arbeiteten und wohnten Personen aus verschiedenen Schichten zusammen. In den

---

[34] Engel, *Mothers*, 1983, S. 63.

[35] Černiševskij, *Čto delat'*, [1863] 1960.

[36] In der Praxis konnte ein solcher Lebensentwurf einigermaßen schwierig sein, wie Černiševskij in seiner eigenen Ehe in Erfahrung brachte. Seine Biografie sowie die von anderen ProtagonistInnen der 1860er-Generation, ergänzt durch Briefe und Tagebuchaufzeichnungen, findet sich in einem Buch der Schriftstellerin Tat'jana Aleksandrovna Bogdanovič, vgl. Bogdanovič, *Ljubov'*, 1929.

[37] Stites, *Women's Liberation*, 1990, S. 118f.

Genossenschaften wurde nicht nur gearbeitet, in ihnen wurden auch radikale politische Inhalte verbreitet. Nach einem misslungenen Anschlag auf den Zaren, der mit den Personen aus den *arteli* in Verbindung gebracht wurde, wurden diese Genossenschaften aufgelöst. Die drei berühmtesten Namen in diesem Zusammenhang sind Vera Zasulič, Sofija Perovskaja und Vera Figner. Perovskaja, die für ihre Beteiligung an der Ermordung des Zaren Alexander II. im Jahr 1881 hingerichtet wurde, war die erste russische Frau, über die die Todesstrafe verhängt wurde. Obwohl Zasulič und Figner mit den politischen Ideen des Kommunismus wenig anfangen konnten, wurden beide später als Heldinnen, als Vorkämpferinnen der Oktoberrevolution verehrt. [38]

Die Ermordung des Zaren verschärfte das politische Klima und die mühsam erkämpften Errungenschaften der ersten Frauenrechtlerinnen waren in Gefahr. Die Aktivitäten der Frauenbewegung waren infolgedessen, wie Edmondson bemerkt, defensiv, vor allem auf die Erhaltung des Frauenstudiums ausgerichtet. [39] Die höheren Frauenkurse, die in den 1870er Jahren in Moskau, Kiew, Kazan und St. Petersburg eingerichtet worden waren, wurden in den 1880er Jahren abgeschafft, mit Ausnahme der Sankt Petersburger Bestužev-Kurse.

Erste russische Frauenbewegung: Zweite Phase

Unter der Bezeichnung zweite Generation der ersten russischen Frauenbewegung werden von Richard Stites jene Organisationen und Aktivistinnen zusammengefasst, die Anfang des 20. Jahrhunderts, vor allem zwischen den Revolutionen von 1905 und 1917, tätig waren. Stites und Edmondson geben 1905 als Datum für ein gleichsam plötzliches starkes Auftreten einer Frauenbewegung an, die hauptsächlich ein Ziel verfolgte: das Frauenwahlrecht. Das allgemeine Wahlrecht war Ziel vieler liberaler und radikaler Strömungen. Ein erster Erfolg dieser Bestrebungen zeichnete sich infolge der Revolution im Oktober 1905 ab: Alle männlichen Staatsbürger erhielten das Wahlrecht für das erste Parlament, die Duma. Frauen hingegen mussten sich dieses Recht gesondert erkämpfen und erreichten dieses Ziel im Sommer 1917. Eine wichtige Errungenschaft dieser Phase der Frauenbewegung ist die Einführung des Rechts

---

[38]   Ebd., S. 308f.
[39]   Edmondson, *Feminism*, 1984, S. 19.

auf einen eigenen Pass für verheiratete Frauen im Jahr 1914. Für alle Organisationen dieser Generation gilt, dass Mitgliederzahlen, Aktivitäten und Motivation nach einem Höhepunkt in den Jahren 1905/06 deutlich abnahmen. Dennoch bestanden die Frauenvereinigungen bis zum Ausbruch der Oktoberrevolution. Zeitschriften bildeten ein wichtiges Medium für die Verbreitung der jeweiligen Standpunkte. Jede der Organisationen hatte eine eigene Zeitschrift. [40]

Die Gesellschaft für gegenseitige Unterstützung von Frauen (*Russkoe ženskoe vzaimno-blagotvoritel'noe obščestvo*) wurde 1895 von Nadežda Stasova gegründet. Nach Stasovas Tod leitete Anna Filosofova die Gesellschaft und strebte internationale Vernetzungen durch die Mitgliedschaft im International Council of Women (gegründet in Seneca Falls 1888) an, was aber am Widerstand der zaristischen Beamten scheiterte. [41] Der Erste Allrussische Frauenkongress wurde hauptsächlich von dieser Gesellschaft, gemeinsam mit der Liga für Gleichberechtigung der Frauen, organisiert. Thematisch war der Frauenkongress in vier Sektionen unterteilt: Frauen und Wohltätigkeit; Frauen in Wirtschaft, Gesellschaft und Familie; die politische und zivile Situation von Frauen in Russland und im Ausland; Frauen und Bildung. Es kam dabei zu heftigen Auseinandersetzungen zwischen bürgerlichen und sozialdemokratischen Frauen. Letztere lehnten eine von der ArbeiterInnenbewegung gesonderte Frauenbewegung kategorisch ab und verließen daher den Kongress vorzeitig. Beendet wurde er durch die Polizei, die eingriff, als sich eine Rednerin gegen die Todesstrafe aussprach. [42]

Die Union für die Gleichberechtigung der Frauen (*Sojuz ravnopravija ženščin*) wurde 1905 gegründet; ab 1907 hieß sie Allrussische Liga für die Gleichberechtigung der Frauen (*Vserossijskaja liga ravnopravija ženščin*). Diese Organisation war mit etwa 8000 Mitgliedern im Gründungsjahr zumindest zeitweise die zahlenmäßig größte und die politisch-inhaltlich breiteste in der vorrevolutionären russischen Frauenbewegung. Im Jahr 1905 gründete die Ärztin Marija Pokrovskaja eine dritte Organisation: die Progressive Frauenpartei. Pokrovskajas besonderes Anliegen war der Kampf gegen Prostitution. Ihre Partei blieb allerdings stets ein Klub, der auf Sankt Petersburg beschränkt war.

---

[40] Edmondson, *Feminism*, 1984, Kap. 2.

[41] Zur Geschichte des International Council of Women siehe Rupp, *Worlds*, 1998.

[42] Edmondson, *Feminism*, 1984, S. 102.

Sie veröffentlichte von 1904 bis 1917 die Zeitschrift *Ženskij vestnik* (Bote der Frau). Innerhalb sozialistischer Gruppierungen gab es keine eigenen Frauenorganisationen. Alexandra Kollontaj kann am ehesten als Vertreterin einer proletarischen Frauenbewegung bezeichnet werden. Sie war zunächst von 1905 bis 1908 aktiv, durch erzwungene Emigration musste sie ihr Engagement unterbrechen. Ein zweites Mal wurde die sozialistische Bewegung von 1913 bis 1914 von Inessa Armand und Nadežda Krupskaja zum Leben erweckt, die zuerst vom Ausland aus agierten. Ihre Aktivitäten bildeten die Grundlage für die sowjetische Frauenpolitik der 1920er Jahre, in der Kollontaj, Krupskaja und Armand federführend waren. Die Union der Frauen Russlands (*Sojuz ženščin Rossii*) war eine politisch rechte, nationalistische Frauenorganisation, die von der Zarin unterstützt wurde. [43]

Mit dem Ausbruch des Ersten Weltkriegs erlebte die russische Frauenbewegung eine Zäsur. Die meisten Aktivistinnen vertraten patriotische Standpunkte und riefen Frauen zu kriegswichtigen Tätigkeiten, wie etwa der Versorgung von Verwundeten, auf. Diese Aktivitäten wurden als Argumente für die Durchsetzung des Wahlrechts für Frauen ins Treffen geführt: Da sich Frauen in ebenso starkem Ausmaß wie Männer, wenn auch mit anderen Mitteln, für die Verteidigung des Vaterlands engagierten, sollten sie auch gleichwertige Staatsbürgerinnen sein. [44]

Frauenpolitik und Frauenorganisationen in der Sowjetunion

Die Oktoberrevolution im Jahr 1917 brachte tief greifende Veränderungen mit sich, die auch die gesellschaftliche Position von Frauen betrafen: Sie sollten verstärkt in Arbeits- und Produktionsprozesse und in politische Aktivitäten involviert werden. Groß angelegte Initiativen zur Alphabetisierung und Politisierung insbesondere der weiblichen Landbevölkerung wurden durchgeführt. [45] Eine Frauenabteilung beim Zentralkomitee der Kommunistischen Partei (*ženotdel*) bestand von 1919 bis 1930, als per Dekret die Frauenfrage für endgültig gelöst erklärt wurde. Dass diese Lösung in den Bereich politi-

---

[43] Stites, *Women's Liberation*, 1990, S. 231.

[44] Edmondson, *Feminism*, 1984, S. 166ff.

[45] „At the time of the revolution, more than 80 percent of the women were illiterate, and few either understood or were sympathetic to the goals of the new regime.", Noonan, „Zhenotdel", 2001, S. 188.

scher Propaganda gehörte, wird schon daran ersichtlich, dass es auch später noch frauenpolitische Einrichtungen gab. In den 1930er Jahren entstand auf Betreiben des Kommissars für die Schwerindustrie, Sergo Ordžonikidze, die *Obščestvennica*-Bewegung. Dieses Wort bedeutet in etwa „weibliche Person, die sich für gesellschaftliche Belange engagiert" (von *obščestvo* = Gesellschaft) und bezog sich hauptsächlich auf Ehefrauen von Fabriksleitern, Ingenieuren, Offizieren und anderen höherrangigen Männern. Diese Frauen, die in der Regel nicht erwerbstätig waren, übernahmen eine Reihe von wohltätigen Aufgaben:

"[...] they organized social, cultural and educational events and discussion circles (*kruzhki*) for workers and their families; they oversaw cafeterias, nurseries and shops; they organized collective hikes and marksmanship contests; they repaired and decorated workers' dormitories and maintained hygienic standards in factory workshops." [46]

Darüber hinaus sollten sie auch privat ein schönes Zuhause schaffen und zum Wohle der sowjetischen Gesellschaft positiv auf ihre meist in sehr verantwortungsreichen Positionen tätigen Ehemänner einwirken. Rebecca Balmas Neary schreibt, dass mit der deutschen Invasion die *Obščestvennica*-Aktivitäten in einer weit reichenden Verpflichtung von Frauen zu kriegswichtigen Tätigkeiten aufgingen und somit aufhörten, als distinktes Unternehmen zu existieren. [47]

Das Komitee der Sowjetfrauen (*komitet sovetskich ženščin*), 1941 als so genanntes antifaschistisches Komitee der Sowjetfrauen gegründet (1956 wurde „antifaschistisch" aus dem Namen gestrichen), hatte ausschließlich repräsentative Funktionen, insbesondere auf internationaler Ebene, und war eine eher elitäre Einrichtung. Das Komitee bestand bis zum Ende der Sowjetunion. [48] So genannte Frauenräte (*ženskie sovety*, kurz: *žensovety*) wurden in der

---

[46] Neary, „Wife-Activists", 1999.

[47] Ebd., S. 399. Zur *Obščestvennica*-Bewegung siehe auch Fitzpatrick, „Cultured", 1992, Buckley, „Obshchestvennitsa", 1996.

[48] Von Kontaktaufnahmen des Komitees der Sowjetfrauen mit Genderforscherinnen um 1990 berichtet Ol'ga Voronina: „And they started inviting us, including me, and Valya Konstantinova and all of LOTOS. At first, I didn't really understand what was going on, but almost every week I was there, speaking at some seminar or another. And then I understood that we were ‚exotic beasts' for them. It was perestroika, there was pluralism: ‚Look, we have communists, look we have democrats, look, we have feminists! Real live feminists! And we even let them talk!' And then, when the idea of pluralism stopped being so exciting, they

Ära Chruščev auf verschiedenen staatlichen Verwaltungsebenen und in größeren Betrieben sowie an Universitäten eingerichtet. Die Frauenräte waren dazu vorgesehen, das politische und berufliche Engagement von Frauen zu forcieren, setzten sich aber auch für die spezifischen Bedürfnisse und Anliegen von Frauen ein. Nachdem die Frauenräte im Laufe der Regierungszeit von Leonid Brežnev an Bedeutung und Aktivität verloren hatten, wurden sie von Michail Gorbačev reaktiviert. Einige der neuen Frauenorganisationen der 1990er Jahre entstanden aus den 1991 aufgelösten *žensovety* beziehungsweise in Nachfolge des Komitees der Sowjetfrauen. [49]

In den späten 1970er Jahren veröffentlichten Schriftstellerinnen und Wissenschafterinnen aus Leningrad im Selbstverlag einen Almanach „Die Frau und Russland" (*Ženščina i Rossija*). [50] Die darin enthaltenen Beiträge behandelten Themen wie die Ungleichheit der Lebenssituationen von Männern und Frauen in der Sowjetunion (die laut Verfassung gleiche Rechte haben), die schlechte Behandlung, die Frauen in Geburten- und Abtreibungskliniken erfuhren, die Brutalität von Männern gegenüber Frauen, das Problem des Alkoholismus, etc. Die Autorinnen (u. a. Tat'jana Mamonova, Tat'jana Goričeva, Julija Voznesenskaja, Natal'ja Malachovskaja), die sich selbst als Feministinnen bezeichneten, wurden des Landes verwiesen. Einige der Autorinnen vertraten einen Feminismusbegriff, der keinen Bezug auf die russische erste Welle der Frauenbewegung oder die neue Frauenbewegung im so genannten Westen nahm. Vielmehr richtete er sich gegen den real existierenden, respektive von den Autorinnen erlebten Sozialismus und orientierte sich stark am christlich-orthodoxen Glauben, der Frauen Selbstverwirklichung entsprechend ihrer wahren Natur ermöglichen sollte. [51] Durch die erzwungene Emigration der Autorinnen des Almanachs im Sommer 1980 endete diese Initiative abrupt. Ihre erste Station war Wien, wo sie von österreichischen Feministinnen empfangen wurden, die nicht erwartet hatten, dass sowjetische Feminis-

---

pretty much forgot about us, somewhere around 1991, when the USSR came to an end [...]", Sperling, *Organizing Women*, 1999, S. 109f.

[49] Siehe Sperling, *Organizing Women*, 1999, S. 23f.

[50] Vgl. Mamonova u. a., *Ženščina*, 1979.

[51] Wiewohl der ideologische Hintergrund der Lenigrader Dissidentinnen ein anderer war, lassen sich doch gewisse Parallelen herstellen zu Standpunkten, die zur gleichen Zeit in populärwissenschaftlichen und medialen Diskussionen über die Rolle der Frau vertreten wurden. Siehe dazu das folgende Unterkapitel sowie Attwood, *Soviet Man and Woman*, 1990, Köbberling, *Klischee*, 1997.

tinnen konservative orthodoxe Christinnen sein würden, und entsprechend irritiert waren. [52] Ol'ga Voronina würdigt zwar die Dissidentinnen als Protagonistinnen einer ersten, nicht staatlichen sowjetischen Frauenbewegung, betrachtet sie aber nicht als Vorgängerinnen der spät- und postsowjetischen Feministinnen. [53] Nichtsdestotrotz nannte eine meiner RespondentInnen (R 26) auf die Frage nach Literatur, die sie zur Beschäftigung mit Geschlechterforschung gebracht hatte, den besagten Almanach. [54]

Die Zeit von *Perestrojka* (Umbau) und *Glasnost'* (Offenheit, Transparenz) schaffte Bedingungen, unter denen die Bildung von informellen, nicht staatlichen Organisationen, darunter auch Fraueninitiativen, möglich und erlaubt war. [55] Eine davon war die bereits im Kapitel II. 1. erwähnte Liga zur Befreiung von Stereotypen (LOTOS), deren Mitglieder einen Teil der ersten Besetzung des ebenfalls schon erwähnten Moskauer Zentrums für Gender Studies im institutionellen Rahmen des Institutes für sozioökonomische Bevölkerungsprobleme der Akademie der Wissenschaften der Sowjetunion bildeten.

Postsowjetische Frauenorganisationen

Nach dem Zusammenbruch der Sowjetunion entstanden in den 1990er Jahren in Russland zahlreiche Frauenorganisationen, denen großes Interesse seitens westlicher ForscherInnen entgegengebracht wurde. [56] Das 1998 in russischer und englischer Sprache herausgegebene Handbuch der Frauenorganisationen in Russland und der GUS charakterisiert in einer Arbeitsdefinition die postsowjetische Frauenbewegung als „soziale, kulturelle und politische Tätigkeit von Frauen, Frauengruppen und -organisationen, die auf Voranbringen der Interessen von Frauen aus unterschiedlichen Schichten und eine Änderung der Geschlechterverhältnisse ausgerichtet ist." [57] 1991 und 1992 fanden so genannte Unabhängige Frauenforen statt, die Koordinationstreffen für nicht staatliche Organisationen aus ganz Russland darstellten und in deren Vorbereitung und

---

[52] Siehe AUF, „Dissidentinnen", 1980, Ruth, „Gefühl", 1980.

[53] Voronina, „Mythology", 1994, S. 55.

[54] Siehe dazu auch Holt, „Soviet Feminists", 1985.

[55] Vgl. die Antwort einer Respondentin auf die Frage danach, was für sie Feminismus bedeute: „[...] Ende der 1980er Jahre: Antikommunismus, Dissidententum, Vielfalt" (R 8).

[56] Siehe beispielsweise Sperling, *Organizing Women*, 1999; Schmitt, *Zivilgesellschaft*, 1997; Sundstrom, „Women's NGOs", 2002.

[57] Abubikirova u. a., *Spravočnik*, 1998, S. 11, aus dem Russischen von TG.

Umsetzung dieser Foren die akademischen Feministinnen zentral involviert waren. Die bis heute bestehenden Moskauer Organisationen „Fraueninformationsnetzwerk" (*Ženskaja informacionnaja set'*, ŽiSet, fallweise auch Žen-Set, 1991 gegründet) und „Informationszentrum des unabhängigen Frauenforums" (*Informacionnyj centr nezavisimogo ženskogo foruma*, 1994 gegründet) sind jene Körperschaften, welche die Koordinationsfunktion der beiden Foren fortführten, indem sie die Kommunikation zwischen Frauenorganisationen in ganz Russland fördern und aufrechterhalten.

Die wenigsten von ihnen bezeichneten sich und ihre Ziele als feministisch, wobei explizit feministische Organisationen laut Handbuch nur in Moskau und St. Petersburg vorkamen. Das entspricht der Beobachtung der Journalistin Masha Gessen, dass die Frauenorganisationen, je weiter sie von den Hauptstädten entfernt sind, desto pragmatischer und weniger (dezidiert) feministisch werden. [58]

„Eine charakteristische Besonderheit des zentralen Rayons [in dem sich die Hauptstadt befindet, TG] ist das Vorhandensein praktisch aller existierenden Tätigkeitsbereiche, mit einem gewissen Überwiegen des Interesses an Tätigkeit vom Typ Bildung, im Sinne davon, dass fast alle Organisationen, unabhängig von der Art ihrer Tätigkeit, in ihre Programme den Bildungsaspekt einschließen." [59]

Die im Folgenden vorgestellte provisorische Einteilung nach Interessensgebieten soll ohne Anspruch auf Vollständigkeit eine grobe Orientierung über jene Organisationen bieten, die im Zusammenhang mit Frauen- und Geschlechterforschung stehen:

– Berufsorganisationen
  Solche gab es für Universitätslehrerinnen, Ärztinnen, Juristinnen, Unternehmerinnen, Journalistinnen, Marineangehörige, Pilotinnen u. a. m. Diese Organisationen waren einerseits nicht staatliche Interessensvertretungen der genannten Berufe, andererseits setzten sie auch Aktivitäten zu Gunsten anderer Frauen. Einige Organisationen, die die Interessen bestimmter Berufsgruppen vertraten, hatten sich aus den in den 1980er Jahren neu gegründeten Frauenräten (*žensovety*) entwickelt.
– Frauen und Marktwirtschaft

---

[58]   Gessen, „Lica", 1998, S. 50.
[59]   Abubikirova u. a., *Spravočnik*, 1998, S. 20, aus dem Russischen von TG.

Gegen die Tendenz der Verdrängung von Frauen in schlechter qualifizierte und bezahlte Positionen oder aus dem Erwerbsleben arbeitete dieser Typ von Organisationen. Es wurden Beratungen, Schulungen und Trainings, die Frauen fachlich und psychologisch auf einen beruflichen Aufstieg oder Wiedereinstieg vorbereiten, beziehungsweise Umschulungen für arbeitslose Frauen organisiert.

– Psychologische Beratungszentren, Krisenzentren

Diese Zentren boten einerseits Frauen, die Opfer von Gewalt geworden sind, psychologische und rechtliche Beratung, andererseits wurde auch die Prävention von Gewalt angestrebt. Sie organisierten Trainings für Mädchen und Frauen (teilweise auch für Männer) und versuchten, die Thematik Gewalt gegen Frauen in den Medien präsent zu machen. Teilweise gab es Versuche, Modelle der Zusammenarbeit mit der Polizei und Verwaltung auszuarbeiten. Frauenhäuser, in denen Opfer von Gewalt auch zwischenzeitlich wohnen können, existieren in Moskau aufgrund fehlender Mittel bis heute nicht. [60]

– Feministische Organisationen

Das MCGI, das zugleich wissenschaftliche Institution (seit 1990) und feministische Organisation (seit 1994) ist, wurde bereits weiter oben beschrieben. Im Jahr 1990 wurde eine weitere explizit feministische Organisation gegründet: die „Freie Assoziation feministischer Organisationen" (*svobodnaja associacija feministskich organizacii, SAFO*, ab 1993 *Feministskaja Al'ternativa*, FAL'TA). Sie entstand als Folge eines Seminars mit dem Titel „Frauen als Subjekte und Objekte der Kunst" und existiert heute unter dem Namen FAL'TA (Abkürzung für *feministskaja al'ternativa*). Die Organisation sah ihre Aufgabe in der Durchführung von Trainings für Frauen und arbeitete mit Krisenzentren zusammen. Darüber hinaus existierte ein Fonds für Geschlechterforschung namens *Ariadna* [61] und ein „Feministisches Orientierungszentrum" (*Feministskij orientacionnyj centr*), welches Trainings für Frauen und Seminare zur Vermittlung von Know-how an Frauenorganisationen anbietet. Weiters gehören hierher die als Folge des von der „Frauenanstiftung" der deutschen Grünen geförderten Projekts „Ar-

---

[60] Nach Angaben auf der Website des Amnesty International-Netzwerks Frauenrechte gibt es in ganz Russland acht Frauenhäuser, keines davon befindet sich in Moskau, siehe Amnesty, „Stunde", 2007.

[61] Näheres zu dieser Organisation siehe MCGI, *Moskovskij Centr*, 1995, S. 16f.

chiv, Datenbank, Bibliothek" entstandenen Einrichtungen. [62] Seit 1995 bestand die interregionale „Assoziation unabhängiger Frauenvereinigungen" (*Associacija nezavisimych ženskich ob"edinenij*), der im Jahr 1998 35 Organisationen angehörten. Ziel dieser Vereinigung war eine stärkere innerrussische Koordination. [63] Generell gilt, dass die feministischen Organisationen am intensivsten mit GeschlechterforscherInnen zusammenarbeiteten, zumal die Mitglieder dieser Organisationen überwiegend selbst Wissenschafterinnen sind.

– Kunst und Kultur

Für den Bereich der Literatur und Literaturwissenschaft ist beispielhaft die Organisation *Preobraženie* (Verwandlung) anzuführen, die bereits 1989 gegründet wurde. Sie gab bis 1997 ein gleichnamiges Journal heraus. Die 1988 entstandene Organisation *Tvorčeskaja laboratorija INO/iskusstvo, nauka, obrazovanie* (etwa: Schöpferisches Zentrum für Kunst, Wissenschaft, Bildung) beschäftigt sich mit der Rolle der Frau in der russischen Kunst und Kultur. In Kooperationen zwischen WissenschafterInnen und KünstlerInnen wurden im Lauf der 1990er Jahre diverse Ausstellungen und Konferenzen realisiert. Leiterin des Zentrums ist seit 2000 Natalija Jur'evna Kameneckaja. [64]

– Politik

Neben Parteien, über die weiter oben geschrieben wurde, zählen zu dieser Rubrik auch Gruppen, die Lobbying betreiben. Mit staatlichen Strukturen, wie der Kommission für Frauen-und Familienfragen sowie demografische Fragen beim Präsidenten der Russischen Föderation oder dem Komitee für Frauen-, Familien- und Jugendfragen der Duma, arbeiteten in den 1990er Jahren die Organisationen „Konsortium nicht staatlicher Frauenvereinigungen" (*Konsorcium ženskich nepravitel'stvennych ob"jedinenij*) und „Assoziation ‚Frauen und Entwicklung' (*„Associacija" Ženščiny i razvitie"*) zusammen. Die Assoziation, deren Präsidentin die prominente Soziologin Galina Sillas-

---

[62] Ein Ergebnis dieses Projekts, das im Rahmen der oben erwähnten Organisation *ŽiSet* durchgeführt wird, ist ein Handbuch der Frauenorganisationen in Russland und der GUS, Abubikirova u. a., *Spravočnik*, 1998, das auch in englischer Sprache vorliegt.

[63] Inzwischen ist die Organisation in Interregionale Assoziation unabhängiger Frauenvereinigungen (*Mežregional'naja associacija nezavisimych ženskich ob„jedinenij*) umbenannt worden.

[64] Informacionnyj centr nezavisimogo ženskogo foruma, *Vestnička*, 2000, o. S.

te ist, bildet den Vorsitz des Komitees „Soziale Probleme von Frauen und Frauenbewegung" der Russischen Soziologischen Gesellschaft. Marija Arbatova, die aufgrund ihrer Fernsehshow bekannteste Feministin Russlands, leitet einen „Klub der Frauen, die sich in die Politik einmischen" (*Klub ženščin vmešivajuščiesja v politiku*), der regelmäßig Diskussionsveranstaltungen mit politischen AktivistInnen organisiert.

– Soldatenmütter

Das „Komitee der Soldatenmütter Russlands" (*Komitet soldatskich materej Rossii*) ist eine der international bekanntesten russischen Frauenorganisationen und verdient eine spezielle Erwähnung. Sie protestieren gegen die unmenschlichen Zustände in der russischen Armee, verstecken Wehrdienstverweigerer und kämpfen für ein neues Armeegesetz, mehr medizinische Kontrolle und kürzeren Präsenzdienst. 1996 wurde diese Organisation für den Friedensnobelpreis nominiert und erhielt im selben Jahr den Alternativen Friedensnobelpreis. [65]

– Neue Medien

Die elektronische Vernetzung von Frauenorganisationen in ganz Russland bedeutete einen Fortschritt in ihrer Entwicklung. Derartige Projekte wurden Ende der 1990er Jahre von westlichen Fonds bevorzugt unterstützt, weil ihre Effizienz als gewährleistet galt. [66] Die Organisation „Frauen-Informationsfonds ‚Ost-West'" (*ženskij informacionnyj fond „Vostok-Zapad"*) betreut ein Internetportal namens „OWL" (Open Women's Line) und schult Frauenaktivinnen in Bezug auf Internet und E-Mail. Die Nachhaltigkeit solcher Unterstützungen scheint allerdings zu positiv eingeschätzt worden zu sein. [67]

---

[65]   Zu den Vertreterinnen dieser Organisation in Sankt Petersburg siehe Hinterhuber, *Soldatenmütter*, 1999.

[66]   Vgl. Richter, „Zapadnye den'gi", 1999.

[67]   Bei Internetrecherchen für das vorliegende Buch zeigte sich, dass viele Websites von Frauenorganisationen – sofern die Links nicht ins Leere führen – auf dem Stand von 1999 bis 2001 stehen geblieben sind. Ein großer Teil der im Internet eruierbaren E-Mail-Adressen von Aktivistinnen der Frauenbewegung und/oder GenderforscherInnen ist nicht mehr aktuell.

Kontext: Feminismen und FeministInnen in Russland und der Sowjetunion

Feministische Politik ist das zentrale Thema der ersten Dimension. Diese Politik wird hier unbedingt mit Genderforschung in Verbindung gebracht (oder explizit nicht, je nach Positionierung). Insofern ist es angebracht, einen Exkurs zum Thema Feminismus in Russland und der Sowjetunion anzufügen.

Die Prägung des Begriffs Feminismus im Sinne einer politischen Richtung für Gleichberechtigung von Frauen wird immer wieder fälschlicherweise dem utopischen Sozialisten Charles Fourier (1772-1873) schon zu Anfang des 19. Jahrhunderts zugeschrieben, wohingegen Untersuchungen der Historikerin Karen Offen ergaben, dass der Begriff erst in den 1890er Jahren eine allgemeine Verbreitung fand.[68] Im Hinblick auf frühere historische Perioden von Feminismus zu sprechen, hieße, den Begriff in anachronistischer Weise zu verwenden. HistorikerInnen argumentieren in solchen Fällen[69] (wenn sie es überhaupt tun), dass die Aktivitäten der erforschten Personen dem entsprechen, was sie (die HistorikerInnen) unter Feminismus verstehen: sich für die Rechte von Frauen einzusetzen. Manche Protagonistinnen der bürgerlichen, ersten russischen Frauenbewegung bezeichneten sich durchaus als Feministinnen oder wurden von Nichtbürgerlichen (wie etwa Alexandra Kollontaj) als solche bezeichnet.[70]

Das Wort Feminismus war in der Sowjetunion verpönt, weil es mit der vorrevolutionären bürgerlichen Frauenbewegung assoziiert wurde, deren Politik als bourgeois und zu partikularistisch abgelehnt wurde. Die im Kontext sowjetischer Frauenpolitik bevorzugten Begriffe waren Emanzipation, Gleichberechtigung oder Befreiung der Frau. Die tschechische Soziologin Hana Havelková spricht im Hinblick auf Frauenpolitik in kommunistischen Staaten rückblickend von *statist feminism* – dieses Wortspiel bezieht sich zum einen auf den Staat, zum anderen auf die Statistenrolle, die diese Art von Feminismus spielt.[71]

---

[68]   Offen, „Defining", 1988.

[69]   Richard Stites rechtfertigt so seine Entscheidung, eine Richtung der russischen Frauenbewegung in den 1860er Jahren als feministisch zu bezeichnen, Stites, *Women's Liberation*, 1990, S. 64.

[70]   Siehe etwa die Edition der Beiträge zum Ersten Allrussischen Frauenkongress 1908 in Ajvazova, *Labirint*, 1999.

[71]   Havelkova selbst hat den Terminus von Zillah Eisenstein übernommen, vgl. Havelkova, „Citizenship", 2000.

Die Frauen aus Leningrad, die den Almanach „Die Frau und Russland" publizierten und damit einen der wenigen publik gewordenen Anläufe einer autonomen Frauenbewegung in der Sowjetunion realisierten, bezeichneten ihren Zugang nicht ausdrücklich als feministisch. Eine von ihnen, Tat'jana Goričeva, schildert ihren Eindruck von Feminismus, der als etwas Nichtrussisches, eher Kurioses wahrgenommen wurde:

„,Feminismus' ist eine Erscheinung, über die wir in Rußland lediglich vom Hörensagen wußten. Und über das, was wir hörten, mußten wir unwillkürlich lächeln. Die allgemeine Reaktion hier hätte man mit einem Satz ausdrücken können: Die sticht der Hafer. Am Horizont unserer Intelligenz erschienen regelmäßig die westlichen Studentinnen-Feministinnen. [...] Eine von ihnen machte Theater, als ihr ein Mann in den Mantel helfen wollte, eine andere beobachtete eifrig, wer von uns, mein Mann oder ich, in der Küche Geschirr spülte." [72]

Dennoch distanzierte sich Goričeva nicht unbedingt vom Feminismus. Über ihr Verhältnis dazu und darüber, was dieser Begriff für sie bedeutete, bemerkte sie:

„Gewöhnlich nennen wir uns nicht ‚Feministinnen'. Unsere Frauenbewegung besteht im Grunde aus Frauen, die tief und wahrhaft glauben. Der klassische Feminismus, d. h. der westliche, tritt ja gegen die Kirche auf, gegen das ‚patriarchalische' Christentum. Aber wir protestieren auch nicht besonders, wenn man von uns sagt, wir seien ‚Feministinnen'. Wir fürchten keine Worte, umso weniger, als das Wort ‚Feminismus' nichts anderes als ‚Frauen-' bedeutet." [73]

Wiewohl diese Verknüpfung zwischen christlichen Werten und Feminismus ungewöhnlich erscheint, hat sie, folgt man einem Aufsatz der deutschen Literaturwissenschafterin Elisabeth Cheauré, auch im postsowjetischen Russland der 1990er Jahre Geltung. Sie unterscheidet zwei feministische Richtungen, und eine davon ist „eine traditionelle, wertkonstante Sicht der Geschlechterdichotomie. Diese Sicht wird dreifach fundiert und legitimiert, wobei die Gren-

---

[72] Goritschewa, *Rettung*, 1982, S. 73. Vgl. dazu die ironische Bemerkung von Larissa Lissyutkina: „Mutual understanding between Russian and Western women ends where discussion of the women's movement begins. To put it somewhat bluntly, Soviet women are convinced that Western women have no problems and therefore they participate in the women's movement, while Western women are bewildered that Soviet women have so many problems and no movement.", Lissyutkina, „Crossroads", 1993, S. 274.

[73] Goritschewa, *Rettung*, 1982, S. 86f.

zen fließend sind: religiös im Sinne der christlichen Offenbarungsreligion mit einer starken orthodoxen Akzentuierung, religionsphilosophisch im Sinne vor allem der Sophienmythologie [Sophia als weibliche Manifestation der göttlichen Weisheit, TG] des ausgehenden 19. und beginnenden 20. Jahrhunderts, sowie naturphilosophisch im Sinne der vor allem von Rousseau im 18. Jahrhundert propagierten Geschlechterdichotomie."[74]

Die zweite Richtung skizziert sie als „eine an einem interkulturellen Austausch interessierte Richtung, die zunächst eine Prüfung und Vermittlung jener theoretischen Entwürfe zu Fragen der Geschlechterdifferenz anstrebt, wie sie in Westeuropa und in den USA vor allem in den letzten 30 Jahren entwickelt wurden."[75] Diese Einteilung kann in Verbindung mit einer jahrhundertealten, in der Zeit Peters des Großen einsetzenden russischen Diskussion gebracht werden – die Auseinandersetzung zwischen Slawophilen (*Slavjanofily*), die auf der Einzigartigkeit und Besonderheit Russlands bestehen, und Westlern (*Zapadniki*), die sich an Ideen und Gebräuchen des westlichen Auslands orientieren. Cheaurés zweite, an westlichen Ansätzen interessierte Richtung erinnert an die von Anna Temkina und Elena Zdravomyslova skizzierte feministische Ausrichtung von Gender Studies in Russland, die von den Autorinnen allerdings keiner christlichen Strömung gegenübergestellt wird, sondern einer Praxis von Geschlechterforschung, die in der Tradition sowjetischer Frauenpolitik steht.[76]

Probleme, die im Zusammenhang mit der Rezeption westlicher Ideen in Russland entstehen, werden in einem Artikel der Sankt Petersburger Soziologinnen Anna Temkina und Elena Zdravomyslova diskutiert. Eine Besonderheit der Situation im Russland der 1990er Jahre bestand demgemäß darin, dass in sehr kurzer Zeit sehr viele verschiedene Texte (nicht nur feministische) übersetzt wurden. Somit wurden Diskussionen aus ihrem Entstehungszusammenhang gerissen, Theorien und die Kritik daran simultan – oder in umgekehrter Reihenfolge: zuerst die Kritik und dann das, was kritisiert wurde – rezipiert. Diese Situation charakterisieren die Autorinnen mit den Begriffen „diskursive Allesfresserei" oder „selbstregulierendes diskursives Chaos".[77] Aber solche Auseinandersetzungen sind ihrer Ansicht nach notwendig für die Ent-

---

[74]   Cheauré, „Feminismus", 1997, S. 155.
[75]   Ebd.
[76]   Temkina/Zdravomyslova, „Gender Studies", 2003.
[77]   Temkina/Zdravomyslova, „Übersetzung", 2002, S. 26.

stehung eines eigenständigen russischen feministischen Diskurses, der etwas anderes darstellt als das Nachbeten eines Kanons von Texten, die anderswo, zu anderen Zeiten, unter anderen Umständen und als Ergebnis anderer Diskussionen entstanden sind.

Die Moskauer Historikerin Galina Zvereva unterscheidet in diesem Zusammenhang drei Arten des Umgangs mit westlichen (feministischen und anderen) Konzepten und Theorien in den russischen Geistes- und Kulturwissenschaften der 1990er Jahre: erstens die Behandlung dieser „Importgegenstände" als *Fremdes* – als etwas, das für Russland irrelevant und unbrauchbar und deshalb abzulehnen ist. Zweitens nennt sie den Umgang mit westlichen Konzepten als *Eigenes* – das heißt, sie werden einigermaßen kritiklos übernommen, ohne Rücksicht auf Unterschiede zwischen den Entstehungskontexten. Als drittes beschreibt sie die Betrachtung der von anderswo kommenden Ideen als *anderes* – dies bezeichnet einen differenzierteren Zugang, der die Andersheit der Entstehungskontexte respektiert und dennoch Anknüpfungspunkte sucht und findet. [78] Natalija Puškareva konstatiert, dass feministische Theorien in postsowjetischen Wissenschaftskreisen grundsätzliche Abwehrreaktionen hervorrufen würden, da Feminismus eine Ideologie sei und von ideologischen Theorien wolle man – angesichts der Geschichte sowjetischer Wissenschaften – nichts mehr wissen. [79]

---

[78] Zvereva, „Das Fremde", 2002.
[79] Solche Argumente werden vor allem dann ins Treffen geführt, wenn Feminismus mit marxistisch-feministischen Ansätzen gleichgesetzt wird, siehe Puškareva, „Ėpistemologija", 2000, S. 223 sowie Dobrovol'skij/Kirilina, „Ideologija", 2000, S. 20.

Geht man über den Bereich der Rezeption innerhalb einschlägiger akademischer Kreise hinaus, so scheinen die mit Feminismus verbundenen Assoziationen im Russland der 1990er Jahre auch eher negativ gewesen zu sein. Larissa Lisjutkina schreibt 1993 in einem Sammelband zum Thema Feminismen in Ost und West: „Feminism provokes a negative reaction among the majority of Soviet women. As a rule, they do not want to indenture themselves to feminism.“ [80] Ein Interview mit Ol'ga Lipovskaja, der Leiterin des St. Petersburger Zentrums für Genderprobleme, in der *Pravda* vom 18. Jänner 1991 titelte mit einem affirmativen „Feminismus ist kein Schimpfwort“. [81] Valentina Konstantinova (1994), eine langjährige Mitarbeiterin des MCGI und aktive Feministin, zählt eine Reihe von russischen Vorurteilen gegenüber Feminismus und Frauenbewegung auf, die sich über ein Spektrum erstreckten, das die politischen Absichten des Feminismus mit denen des Bolschewismus gleichsetzt, ihn aber genauso gut als vom CIA initiiert verdächtigen kann. Das Bild der Feministin als Männerhasserin und/oder Lesbierin ist ebenfalls im Repertoire vorhanden. Dazu kommen noch Ängste vor einer Destabilisierung der Gesellschaft durch zu selbstbewusste Frauen, was außerdem die demografische Krise noch verschärfen könnte. [82] Auch eine meiner Respondentinnen antwortete auf die Frage, ob sie sich als Feministin bezeichne, verneinend, weil das ein Schimpfwort (*rugatel'noe slovo*) sei (R 24). [83]

Es gibt aber auch Anzeichen, dass sich die überwiegend negative Bedeutung des Worts in der öffentlichen Wahrnehmung zu einer neutralen, wenn nicht positiven verschiebt. Die Journalistin und Genderforscherin Nadežda Ažgichina meint in einem Interview im Jahr 2000:

„An das Wort Feminismus hat man sich gewöhnt. Es klingt wie die gewohnten Wörter ‚Marxismus‘, ‚Sozialismus‘. Aber heute zeichnet sich ein gewisser Fortschritt ab.

---

[80]   Lissyutkina, „Crossroads“, 1993, S. 274.

[81]   Lipovskaja, „Slovo“, 1991.

[82]   Konstantinova, „Totalitarianism“, 1994, S. 61ff. Ein ähnliches Spektrum an überwiegend negativen Einschätzungen findet auch Valerie Sperling bei Befragungen von Aktivistinnen der russischen Frauenbewegung Mitte der 1990er Jahre, vgl. Valerie Sperling, *Organizing Women*, S. 59ff.

[83]   Von den 28 RespondentInnen meiner Befragung bezeichneten sich 21 als FeministInnen, davon drei mit Einschränkungen. Sieben der Befragten bezeichneten sich dezidiert nicht als FeministInnen. Veronika Wöhrer machte ähnliche Beobachtungen in der Slowakei, vgl. Wöhrer, „Rodové Stúdiá“, 2001.

Jetzt, im Unterschied zu vor fünf Jahren, wird dieses Wort nicht mehr negativ wahrgenommen."[84]

Sie führt diese Veränderung unter anderem auf die Rolle des Fernsehens, insbesondere auf feministische Programme wie etwa Arbatovas *„Ja sama"* (Ich selbst) zurück.

Die Philosophin Irina Kostikova, Leiterin des Genderzentrums an der Moskauer Staatlichen Universität, führt in einem Artikel über die Tätigkeit ihrer Institution die negative Stimmung gegenüber Feminismus auf ein falsches Verständnis des Begriffs zurück:

„In der öffentlichen Meinung Russlands gibt es ein Vorurteil gegen den Feminismus, verbunden mit unrichtigen Vorstellungen darüber. Es gibt sogar den Mythos, der besagt, dass Feminismus sich den Kampf gegen Männer als Ziel setzt. Tatsächlich ist sein Ziel die Harmonisierung der Beziehungen zwischen den Geschlechtern."[85]

Ein ähnlich harmonisierender Standpunkt findet sich in der Definition von Feminismus einer meiner RespondentInnen: „Würde in den Beziehungen der Geschlechter: 1. Sei stolz auf dein Geschlecht. 2. Verteidige deine Würde. 3. Ehre auch das männliche" (R 18).

Neue und ungewöhnlichere Interpretationen von Feminismus werden seit den 1990er Jahren weltweit unter der Bezeichnung Cyberfeminismus entwickelt, einem schwer abgrenzbaren Phänomen, das zu Kunst, Politik und auch Wissenschaft zu gehören scheint.[86] Fragt man nach historischen Ursprüngen, so stößt man auf *Cyberpunk*, ein literarisches Genre. Die neuen Welten, die hier entworfen werden, sollen es ermöglichen, Geschlecht und Geschlechterverhältnisse (wie auch andere soziale Merkmale) anders zu verstehen und zu leben oder gar aufzulösen. Dennoch zeigte sich, dass der Cyberspace keine utopische Lebenswelt ist, die unabhängig von der nicht virtuellen Welt existiert. Die überwiegend von männlichen Erfahrungen geprägte Gestaltung des Cyberspace und allgegenwärtige sexualisierte bis sexistische Repräsentationen von Frauen riefen feministische Interventionen hervor.

Als Protagonistinnen einer russischen Spielart von Cyberfeminismus (*kiber-feminizm*) können Irina Aristarchova, Alla Mitrofanova und Irina Aktu-

---

[84] Ažgichina, „Interv'ju", 2000, S. 161, aus dem Russischen von TG.
[85] Kostikova, „Garmonija", 1998, S. 3, aus dem Russischen von TG.
[86] Weber, „Cyberfeminismus", 2001.

ganova genannt werden. Aristarchova ist Philosophin und arbeitet gegenwärtig, nach mehrjähriger Tätigkeit an der Universität Singapur, an der Penn State University in den USA. Mitrofanova und Aktuganova sind Künstlerinnen in Sankt Petersburg, die 1994 den so genannten *kiber-femin-klub* gründeten. Zu den Aktivitäten dieses Klubs gehören künstlerische Ausstellungen ebenso wie Computerkurse für Frauen. Es geht um die Aneignung neuer Räume, die Entwürfe weiblicher Subjektivität jenseits von essenzialistischen Zuschreibungen zulassen. Die Medienkünstlerinnen verstehen Cyberspace nicht als machtfreien oder körperlosen Raum und der Übergang zum nicht virtuellen Raum wird als fließend verstanden. Ein zentrales Thema ist Mütterlichkeit und Mutterschaft in allen möglichen Facetten – als Initiation, als körperliches und als philosophisches Problem. [87] Eine Diskussion dazu zettelten Andrea Jana Korb und Andrea Hapke an. Für ihre Magistraarbeit wechselten sie E-Mails mit den drei oben genannten Russinnen und einigen weiteren Frauen, die sich selbst als Cyberfeministinnen bezeichnen. Diese Diskussion erfolgte (meistens) auf Russisch; eine englische Übersetzung ist im Internet verfügbar. [88] Es wurde unter anderem darüber diskutiert, was Feminismus mit Cyberfeminismus zu tun haben soll, wie der virtuelle Raum in Beziehung zum realen Raum steht, was der Körper im Cyberspace tut oder nicht tut. Durch die Diskussion wurde deutlich, inwiefern das Internet Grenzen überwinden und Informationszugang für viele schaffen kann und inwiefern es Kommunikationen ermöglicht, die zuvor nur unter sehr viel schwierigeren Umständen zu Stande gekommen wären. Gezeigt wurde aber auch, dass es zahlreiche Voraussetzungen gibt, um teilnehmen zu können (u.a. Computer, Internetzugang, Sprachkenntnisse, kompatible Zeichensysteme). [89] Interessant ist russischer Cyberfeminismus jedenfalls insofern, als darin scheinbar unumgängliche Kategorien wie Frau oder Ost und West infrage gestellt werden oder sogar ihre Relevanz verlieren. In einem 2004 erschienenen Artikel, der übrigens keinen Bezug auf russische Cyberfeministinnen nimmt, beschreibt die ukrainische Philosophin Viktorija Sukovataja die Potenziale von Cyberfeminismus in postsowjetischen Kontexten als

---

[87] Damit soll aber nicht behauptet werden, dass das Thema Mutterschaft lediglich russische Spielarten des Cyberfeminismus charakterisiert. VNS Matrix, die australischen Erfinderinnen des Begriffs *cyberfeminism*, etwa stellten auf ihrer Website eine Gebärmutter dar, „auf deren Nährschleim feministische Projekte wuchsen", Draude, „Introducing", 2001, S. 24.

[88] Hapke/Korb, *Kiberfeminists*, 2000.

[89] Hapke/Korb, „Strategien", 2001.

eher dürftig. Obwohl sie dieses Phänomen grundsätzlich als emanzipatorisch einschätzt, sieht sie eine Menge Hindernisse, vom eingeschränkten Zugang der meisten Menschen in der Ukraine und Russland zu Computern und Internet bis zu patriarchalischen und totalitären Ideologien. Und selbst die akademischen Gender Studies sind ihrer Einschätzung nach noch nicht ganz so weit:

> „In den Bibliotheken der Universitäten sind Bücher über Cyberfeminismus praktisch nicht vertreten, Computerzeitschriften ‚fliehen' vor diesem Thema wie vor dem Feuer und die eigentlichen Publikationen zu Gender Studies schlagen sich noch mit dem liberalen Feminismus der ‚Zweiten Welle' [der Frauenbewegung, TG] und seiner Aktualität für die postsowjetische Gesellschaft herum." [90]

Gendernye issledovanija *als dezidiert feministische Praxis: Dominanz in der ersten Dimension*

Die Dimensionen, deren konkrete Analyse nun in Angriff genommen wird, sind als Kontinua zu verstehen, die über jeweils ein bestimmtes Prinzip variieren. Für jede Dimension gibt es eine wichtigste Referenz, auf die sich die jeweiligen Praktiken beziehen. Die Referenz ist das, worum es in der Dimension geht. Es muss bei der Interpretation danach gefragt werden, welches Prinzip dafür verantwortlich ist, dass sich die Individuen in einer Dimension so verteilen, wie sie das tun, warum bestimmte Merkmale die eine Variationsrichtung [91] und andere die andere ausmachen. Wenn beispielsweise die wichtigste Referenz einer Dimension die Altersstruktur der Erhebung ist, so wird man in der einen Variationsrichtung Merkmale finden, die mit hohem Alter in Verbindung stehen, in der anderen dagegen Merkmale, die auf jüngeres Alter verweisen. Im neutralen Bereich der Dimension (nahe dem Nullkoordinatenpunkt) werden Merkmale platziert sein, die im Hinblick auf die Altersstruktur neutral sind.

Die Variation innerhalb einer Dimension wird als hierarchisch strukturiert interpretiert, sodass von einer dominanten und einer dominierten Richtung der Dimension gesprochen werden kann. Diese Interpretation geht davon aus, dass soziale Beziehungen nicht einfach zwischen unterschiedlichen,

---

[90] Sukovataja, „Internet", 2004, S. 100, aus dem Russischen von TG. Im Hinblick auf Nord-Süd-Verhältnisse siehe zu diesem Thema Hacker, *Cyberspace*, 2007.

[91] Der Begriff Variationsrichtung wird verwendet, um zu betonen, dass es sich bei den Positionierungen auf einer Dimension um relationale und graduelle Angaben handelt.

sondern zwischen unterschiedlich mächtigen Positionen bestehen. So implizieren etwa der Titel Professorin, die Berufsbezeichnung Institutsvorstand sowie viele Publikationen – Merkmale, die das eine Extrem der zweiten Dimension ausmachen – mehr Macht und Einfluss als die Merkmale kein akademischer Titel, Berufsbezeichnung Lehrerin, keine oder wenige Publikationen, die in der anderen Richtung zu finden sind. [92] Wie bereits zu Beginn des Unterkapitels 4. 1. erwähnt, variiert die erste Dimension in Bezug auf feministische Politik. Angesichts dessen, dass eine feministisch engagierte Variante von *gendernye issledovanija* – jedenfalls im internationalen Kontext von Frauen- und Geschlechterforschung – als die prominenteste, ja oft als die einzige russische Variante dargestellt wird [93], liegt es nahe, diese Ausprägung des ersten Faktors als die dominante zu bezeichnen. Jene Richtung, die politische Interessen im Kontext der Erforschung von Geschlecht und Geschlechterverhältnissen für irrelevant hält, soll als dominierte bezeichnet werden.

Jede Variablenausprägung und jedes Individuum haben einen Koordinatenwert und eine Gewichtung, die das Ausmaß des jeweiligen Beitrags zur Erklärung der Dimension angibt (im Folgenden: cpf-Wert, von *contribution par facteur*, genannt). Beide Informationen gehen in die Interpretation ein: Für jedes Merkmal oder Individuum interessiert nicht nur, wo es sich befindet, sondern auch wie (ge-)wichtig es im entsprechenden Kontext ist. [94] Die Koordinatenwerte können negativ oder positiv sein oder bei null liegen, wobei negative oder positive Vorzeichen keinen Aufschluss darüber geben, ob die damit bezeichnete Achsenrichtung als dominant oder dominiert interpretiert wird. [95] Die Distanzen zwischen Merkmalen geben Auskunft darüber, wie stark der positive oder negative Zusammenhang zwischen Merkmalen ist. Die konstruierten Individuen sind umso näher beieinander angeordnet, je ähnlicher sie sich nach den Merkmalen, die sie charakterisieren, sind.

---

[92]   Im Detail wird die zweite Dimension in Kapitel IV. 2. interpretiert.

[93]   Siehe etwa Grünell, „State", 1998; Posadskaya, „Women's Studies", 1994; Nechemias, „Moscow Center", 2001.

[94]   Wenn im Folgenden von wichtigen Modalitäten oder Individuen die Rede sein wird, dann bedeutet das, die Modalität/das Individuum trägt stark zur Variation im betreffenden Faktor bei. Zur Interpretation von Faktoren siehe LeRoux/Rouanet, „Axes", 1988.

[95]   „Die Koordinaten sind eindeutig, bis auf das von der Achse abhängige Vorzeichen. Die Orientierung der Achsen ist beliebig und hängt vom verwendeten Diagonalisierungsalgorithmus ab.", Lebart u. a., *Datenanalyse*, 1984, S. 27.

Für jeden Faktor wird eine Grafik angefertigt, bei der die cpf-Werte in einem Punktdiagramm auf die Koordinatenwerte aufgetragen werden. Modalitäten mit hohen Koordinatenwerten stellen Extrempositionen des Kontinuums einer Dimension dar, wobei jenen mit hohen cpf-Werten ein größeres Erklärungspotenzial zukommt. Bei diesen Modalitäten beginnt man sinnvollerweise mit der Interpretation des Faktors als Dimension des konstruierten Forschungsgegenstands, um zu sehen, zwischen welchen Extremen die Dimension variiert. Die Interpretationen sind als Erläuterungen der und Kommentare zu den Grafiken – also immer mit Blick auf diese – zu lesen.

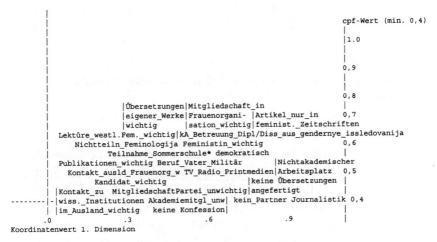

Grafik 2: Gendernye issledovanija als dezidiert feministische Praxis: 1. Dimension, Dominante Variationsrichtung

Den äußersten Punkt[96] (0,81|0,70) dieser Ausrichtung bildet die Angabe, ‚nur in feministischen Zeitschriften', nicht aber in wissenschaftlichen

---

[96] Für die Explikation der Variationsrichtungen der einzelnen Dimensionen gelten folgende Sprachregelungen: „extrem" bezieht sich auf die Platzierung jener Merkmale, die am weitesten vom Nullpunkt entfernt sind, als „neutral" wird die Nähe zum Nullpunkt bezeichnet und „zentral" ist der jeweils mittlere Bereich der gegebenen Variationsrichtung der Dimension. Zur genaueren Orientierung werden auch Koordinatenwerte und cpf-Werte der Merkmale in Klammer angegeben: (Koordinatenwert|cpf-Wert).

Fachjournalen publiziert zu haben (siehe Grafik 2). Wiewohl eine Unterscheidung zwischen wissenschaftlichen Zeitschriften einerseits und feministischen Zeitschriften andererseits künstlich und willkürlich erscheinen mag, so ergibt sie im Kontext dieser Studie zum Erhebungszeitpunkt Sinn. Eine Reihe von Zeitschriften (wie etwa *Preobraženie, Ženščina pljus, We/My*), die seit den frühen 1990er Jahren erscheinen, veröffentlichten unter anderem auch von WissenschafterInnen verfasste Beiträge, die in Aufbau und Inhalt durchaus akademischen Kriterien entsprechen. Die Zeitschriften wurden aber nicht für ein wissenschaftliches Publikum gemacht und hatten auch nicht den Status von Fachzeitschriften, wie etwa die ab 1998 in Charkov herausgegebene Zeitschrift *Gendernye Issledovanija*. Deren erste Ausgabe bestand allerdings zu einem überwiegenden Teil aus Übersetzungen von Texten westlicher AutorInnen (zum Beispiel Zillah Eisenstein, Cornelia Klinger, Teresa de Lauretis) und war somit für den Zeitpunkt der Erhebung als Publikationsmedium Moskauer GenderforscherInnen noch nicht etabliert. [97]

In dieser Variationsrichtung finden sich überwiegend zustimmende Antworten auf Fragen danach, welche Eigenschaften eine Person, die Frauen- und Geschlechterforschung betreibt, nach Ansicht der RespondentInnen haben sollte. Dies betrifft den Titel ‚Kandidat der Wissenschaften' (0,58|0,5), ‚FeministIn' (0,51|0,6), ‚Mitgliedschaft in Frauenorganisationen' (0,46|0,7), ‚Übersetzungen von Arbeiten der GenderforscherIn' (0,41|0,7), ‚Lektüre westlicher feministischer Literatur' (0,33|0,6), ‚Publikationen von Arbeiten' (0,32|0,5) der Forscherin oder des Forschers, ‚Kontakt zu ausländischen Frauenorganisationen' (0,36|0,5) und, näher an der mittleren Achse mit weniger Gewicht, ‚Kontakt zu wissenschaftlichen Einrichtungen im Ausland' (0,27|0,4). Man kann auf dieser Basis das (Ideal-)Bild eines Forschers oder einer Forscherin skizzieren, der oder die feministisch engagiert ist und sich durch zumindest ein mittleres Maß an akademischen Errungenschaften sowie eine Orientierung am westlichen Ausland auszeichnet. Abgelehnt wird dagegen (mit weniger Beitrag zur Variation des Faktors) die Wichtigkeit, ‚Mitglied in einer politischen Partei' (0,32|0,4) und ‚Mitglied der Akademie der Wissenschaften' (0,30|0,4) zu sein. Das prinzipielle Eingehen der RespondentInnen auf diesen Teil des Fragebogens (‚Für eine Person, die sich mit Frauen- und Geschlechterforschung befasst, ist es wichtig …') impliziert – abgesehen von Höflichkeit und Lang-

---

[97] *Gendernye Issledovanija*, H. 1 1998.

mut gegenüber der Interviewerin – die Annahme, sich mit Genderforschung zu befassen, sei etwas Distinktes, zu dem mehr gehört als das, was alle anderen WissenschafterInnen auch charakterisiert. Diese Implikation liegt der Konstruktion des Fragebogens zu Grunde. In der Beschreibung der dominierten Variationsrichtung dieses Faktors (Frauen- und Geschlechterforschung als explizit nicht politische Praxis) wird sich zeigen, dass diese Annahme nicht als selbstverständlicher Konsens verstanden werden kann.

Die politische Einstellung ‚demokratisch' (0,58|0,6) verdient besondere Aufmerksamkeit: In der Literatur über die Etablierung von Genderforschung in Russland findet man häufig Verweise auf Demokratisierungs- und Modernisierungsprozesse der russischen Gesellschaft. Natalija Rimaševskaja, eine der Gründerinnen des Moskauer Zentrums für Gender Studies (*Moskovskij Centr Gendernych Issledovanij*, MCGI), die auch die erste Direktorin des Zentrums war, schreibt dazu:

„In ganz Russland sind heute Forschungseinheiten entstanden, in denen diese Problematik [Frauen- und Geschlechterforschung, TG] einen wesentlichen Platz einnimmt. [...] Ohne Zweifel werden die erwähnten Prozesse teilweise durch die Entstehung von demokratischen Institutionen in Russland bestimmt, die unsere Gesellschaft offener gemacht haben und die Entstehung einer Frauenbewegung von unten, nicht von oben, wie das früher war, wesentlich stimuliert haben. Man muss auch die vielen Kontakte unserer Forscher mit ausländischen Wissenschaftern erwähnen, die auch in wesentlichem Maße den Maßstab und die Tiefe dieser Forschungen bestimmen." [98]

Der Konnex zwischen feministischer und demokratischer Gesinnung wurde auch von einer Respondentin in ihrer Antwort auf die Frage nach ihrer politischen Einstellung hergestellt: „Demokratisch, von welchem Feminismus könnte sonst die Rede sein? (R 28). Die notwendige Verbindung zu politischem Engagement charakterisiert Frauen- und Geschlechterforschung als Phänomen neuer Qualität, das sich durch mehr als nur ein spezifisches Forschungsthema auszeichnet. Es grenzt sich von normaler akademisch-wissenschaftlicher Tätigkeit ab, die sich mit Geschlecht und Geschlechterver-

---

[98] Rimaševskaja, „Issledovanija" 1996, S. 11. Dieses Zitat repräsentiert in konzentrierter Weise die dominante Variationsrichtung des ersten Faktors, insofern als es aus der Eröffnungsrede der Konferenz „Gendernye issledovanija v Rossii" im Jänner 1996 stammt, auf die Verbindung von Genderforschung mit Demokratie und Frauenbewegung hinweist und schließlich auch Kontakte zu ausländischen KollegInnen herausstreicht.

hältnissen auseinandersetzt. Politisches Engagement kann, wie in den vorigen Kapiteln gezeigt wurde, in einem weit reichenden Sinn interpretiert werden, das individuelles Engagement oder solches in Nichtregierungsorganisationen ebenso impliziert wie Zusammenarbeit mit staatlichen und internationalen Gremien.

In etwas zentrumsnäherer Position finden sich die Merkmale ‚Teilnahme an den MCGI-Sommerschulen' (0,49|0,6) und ‚Teilnahme an der MCGI-Konferenz 1996' (0,49|0,6) sowie ‚Nichtteilnahme am *Feminologija*-Programm' (0,40|0,6) [99]. In der anderen, dominierten Richtung des ersten Faktors findet man die genau gegensätzlichen Merkmale – also Nichtteilnahme an den MCGI-Veranstaltungen und Teilnahme am *Feminologija*-Programm. Auf die Implikationen dieser Merkmalsverteilung wird in der Interpretation der Flächengrafik (Kapitel V) noch genauer eingegangen. Hier sei nur angemerkt, dass mit dem MCGI affirmative, mit dem *Feminologija*-Programm ablehnende Bezugnahmen auf „westliche" feministische Forschung und Politik in Verbindung gebracht werden. [100] Lediglich zwei der 28 im Rahmen der vorliegenden Studie Befragten schätzen den Einfluss westlicher feministischer Theorien auf die russische Genderforschung als „unwichtig" (R 17) und „bescheiden" (R 20) ein. Es wird aber von einigen durchaus mit „westlichen" Ideen sympathisierenden Autorinnen betont, dass dieser Einfluss vor allem für die Anfangsphase von *gendernye issledovanija* von Bedeutung war, als es noch so gut wie keine russische Literatur zum Thema gab. Inzwischen habe sich eine eigenständige Basis an wissenschaftlichen Arbeiten entwickelt. [101] Eine Respondentin äußerte zur Frage nach der Rolle westlicher Literatur: „Das war ein ‚Start' für die russische Genderforschung. Nun versuchen wir, unseren eigenen feministischen Diskurs zu erarbeiten. Mit vollem Erfolg" (R 28).

Das Merkmal ‚Keine Angaben zu Betreuung von Diplomarbeiten/Dissertationen aus Frauen- und Geschlechterforschung' (0,42|0,6) steht in Verbindung mit Personen, die nicht an Universitäten tätig sind. Personen, die an Instituten der Akademie der Wissenschaften arbeiten (jedenfalls im vorliegenden Sample) betreuen seltener; Personen, die außerhalb akademischer Institutionen arbeiten, betreuen in der Regel keine Qualifikationsarbei-

---

[99] Zu diesen Veranstaltungen und Institutionen siehe Kapitel II. 3.
[100] Temkina/Zdravomyslova, „Gender Studies", 2003.
[101] Vgl Chotkina u. a., „Vvedenie", 1999.

ten. Hier ist das Merkmal ‚Arbeitsplatz außerhalb wissenschaftlicher Institutionen' (0,83|0,5) zu erwähnen. Diese Variationsrichtung der ersten Dimension integriert Praktiken von Frauen- und Geschlechterforschung, die nicht im engeren Sinne als akademisch-universitär bezeichnet werden können. Politische Einstellung, frauenpolitisches Engagement und mediale Präsenz gewinnen an Wichtigkeit und können gegebenenfalls auch fehlendes akademisches Terrain ausgleichen. Hier kann Thomas Gieryns Konzept der *boundary-work* in Erinnerung gerufen und gefragt werden, ob denn eine Person, die hauptberuflich beispielsweise in einem Krisenzentrum arbeitet, aber im Bereich von Frauen- und Geschlechterforschung publiziert, überhaupt zur Community gehört; ob sie nun Wissenschaft betreibt oder vielleicht etwas anderes.

Auf eine öffentlichkeitswirksame Art von politischem Engagement verweisen die Merkmale ‚Nutzung von Printmedien, Radio und Fernsehen' (0,62|0,5) zur Äußerung der eigenen Meinung sowie die Disziplin ‚Journalistik' (0,96|0,4). Dabei geht es weniger um Wissenschaftskommunikation im engeren Sinne, also darum, eine wie auch immer vorgestellte Öffentlichkeit über Forschungspraxis und Forschungsergebnisse zu informieren, als vielmehr um politische Meinungsbildung und Einflussnahme.

Das Merkmal ‚kein religiöses Bekenntnis' (0,38|0,4) kann als Indikator dafür interpretiert werden, dass es beim hier vertretenen Feminismus dezidiert nicht um jene Spielart geht, die sich auf den russisch-orthodoxen Glauben gründet. [102]

„Politik stellt für mich kein wissenschaftliches Interesse dar":
Dominiertheit in der ersten Dimension

Mit der Interpretation dieser Variationsrichtung der ersten Dimension wird nahe am Nullpunkt (neutraler Bereich) begonnen. Auf spezifische akademische Zusammenhänge verweisen die Merkmale ‚Nichtteilnahme an den Sommerschulen des MCGI' (-0,45|0,7) und einer ebenfalls vom MCGI veranstalteten Konferenz im Jahre 1996 (-0,45|0,7) einerseits, die ‚Teilnahme am interuniversitären *Feminologija*-Programm' (-0,57|0,9) andererseits. Die umgekehrte Kombination aus Teilnahme und Nichtteilnahme ist, wie bereits be-

---

[102] Siehe dazu Cheauré, „Feminismus", 1995 sowie Kapitel IV. 1. in diesem Buch.

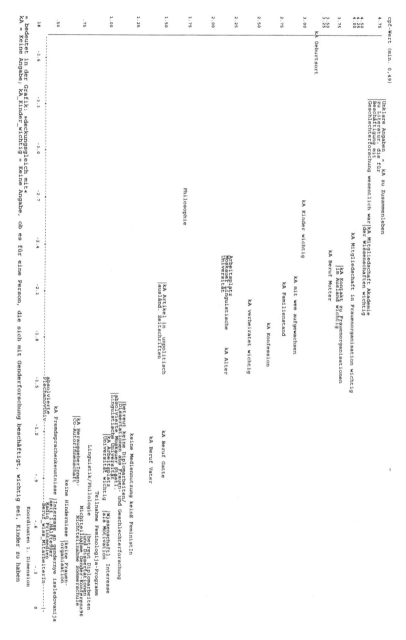

Grafik 3: „Politik stellt für mich kein wissenschaftliches Interesse dar": 1. Dimension, Dominante Variationsrichtung

schrieben, annähernd spiegelverkehrt auf der dominanten Seite dieser Dimension zu finden (siehe Grafik 3).

Disziplinenspezifische Merkmale sind hier das Fach ‚Philosophie' (-2,47|1,7) und der ‚Arbeitsplatz Staatliche Linguistische Universität' (-2,21|2,2). Diese Institution kommt an etwas weniger extremer Position auch als ‚Absolvierte Universität' vor ebenso wie ‚Linguistik/Philologie' (-0,96|0,8) als Studienfach. Philosophie und Philologien hatten im Kontext der postsowjetischen Frauen- und Geschlechterforschung weniger Neigung zur angewandten, politikrelevanten Auftragswissenschaft als zum Beispiel die Soziologie oder Ökonomie. Doch auch andere Formen politischen Engagements und politischer Engagiertheit, feministisch oder anderweitig, werden abgelehnt. In einem Artikel der Moskauer LinguistInnen Dmitrij Dobrovol'skij und Alla Kirilina, die zu Genderaspekten in der Sprachwissenschaft arbeiten, finden sich explizit kritische Anmerkungen zu feministisch ausgerichteter Forschung und eine klare Abgrenzung zwischen Ideologie einerseits und Wissenschaft andererseits:

„Forscher, die Erfahrung mit dem Leben in der UdSSR haben, wissen sehr gut, welche Beschränkungen die marxistische Ideologie der wissenschaftlichen Forschung auferlegt hat. Daher gibt es keinen Grund, zu behaupten, dass sich irgendeine andere Ideologie (darunter auch die feministische) auf die Entwicklung der Wissenschaft positiver auswirken würde als der Marxismus-Leninismus. Der Feminismus hat einen wichtigen Beitrag zur Gestaltung des zeitgenössischen Modells vom Menschen geleistet. Dieser Beitrag jedoch bestand unseres Erachtens eher in der Lenkung der Aufmerksamkeit auf das Geschlechterproblem in einer Art ‚alarmierten Phase'. Für die ‚alarmierte Phase' waren bestimmte ernsthafte Übertreibungen und Schlussfolgerungen, die sich im Folgenden nicht bestätigten, charakteristisch."[103]

Von russischen SozialwissenschafterInnen oder ÖkonomInnen, die sich mit Geschlechterforschung befassen, konnte ich in der Literatur keine derartigen Stellungnahmen finden.

Verstärkt wird der Eindruck eines Wissenschaftsverständnisses der Befragten, das mit feministisch-politischem Engagement nichts zu tun haben will, durch die Angabe, ‚Keine Massenmedien' (-0,94|1,2) zur Äußerung der eigenen Meinung zu nutzen [104], das Merkmal ‚Bezeichnet sich nicht als FeministIn'

---

[103] Dobrovol'skij/Kirilina, „Ideologija", 2000, S. 20, aus dem Russischen von TG.

[104] An zentralerer Position und mit niedrigerem, aber immer noch überdurchschnittlichem

(-0,88|1,2) sowie durch die Angabe, der ‚Beweggrund für die Beschäftigung mit Frauen- und Geschlechterforschung sei ausschließlich wissenschaftliches Interesse' – und gerade nicht eine politische Mission. Dazu passen auch die Merkmale ‚Keinerlei Mitgliedschaft in Frauenorganisationen' (-0,58|0,6) und ‚Keine Hindernisse bei der Beschäftigung mit Frauen- und Geschlechterforschung' (-0,63|0,6). Solche Hindernisse können erwachsen aus dem mangelnden Verständnis von FreundInnen, KollegInnen oder gar Vorgesetzten [105], aus der Unmöglichkeit, Studien aus diesem Bereich zu publizieren, eine passende wissenschaftliche Betreuung für eine entsprechende Qualifikationsarbeit zu finden und anderes mehr. Das Fehlen von spezifischen Hindernissen kann in Verbindung damit stehen, dass Forschung, die Geschlechteraspekte berücksichtigt, hier als normale Wissenschaft ohne besonderen politischen, emanzipatorischen oder anderweitig subversiven Anspruch gesehen und praktiziert wird und dadurch weniger Konfliktpotenzial vorhanden ist.

Das Variationsprinzip der ersten Dimension wird noch klarer ersichtlich durch das Überwiegen von verweigerten Antworten, welche die dominierte Variationsrichtung dieser Dimension charakterisieren. Es handelt sich zum einen um Verweigerungen von Angaben zur Person, die über auf die wissenschaftliche Tätigkeit verweisende Merkmale hinausgehen, wie etwa Alter, Familienstand, Konfession, Geburtsort, Berufe der Eltern, des Ehegatten. Sehr hohes Gewicht haben in der unpolitischen Ausprägung der ersten Dimension auch fehlende Antworten aus jenem Teil des Fragebogens, in dem erhoben wurde, welche Merkmale eine Person, die sich mit Frauen- und Geschlechterforschung befasst, nach Ansicht der RespondentInnen haben sollte. Am wichtigsten sind hier die fehlenden oder verweigerten Antworten auf die Fragen ‚Für eine Genderforscherin/einen Genderforscher ist es wichtig, dass er/sie Werke westlicher Feministinnen gelesen hat', ‚dass er/sie Mitglied einer politischen Partei ist', ‚dass er/sie Einfluss auf politische Entscheidungen nimmt',

---

Beitrag zur Gesamtvariation des ersten Faktors steht das Merkmal Nutzung von Printmedien und Radio zur Äußerung der eigenen Meinung (-0,51|0,4). Dies ergibt durchaus Sinn, da der Faktor als Kontinuum, nicht als zwei distinkte, einander entgegengesetzte Typen, interpretiert wird. Die Variation geht von ‚Keine Massenmedien' über ‚Printmedien und Radio' bis zu ‚Printmedien, Radio und Fernsehen'.

[105] Eine Respondentin zitierte bei dieser Frage den ehemaligen Direktor ihres Instituts mit den Worten: „Ich als Direktor, als Georgier und als Mann, werde auf der Stelle jeden entlassen, der das Wort Feminismus auch nur ausspricht!" (R 24).

‚dass seine/ihre Werke publiziert werden‘, ‚dass seine/ihre Werke übersetzt werden‘ sowie ‚dass er/sie Kontakt zu wissenschaftlichen Institutionen im Ausland hat‘ (alle: -2,64|4,70). In absteigender Gewichtung finden sich auch noch ‚dass er/sie Mitglied in einer Frauenorganisation ist‘ (-2,10|4,0), ‚dass er/sie Kontakt zu westlichen feministischen Organisationen hat‘ (-2,05|3,8), ‚dass er/sie Kinder hat‘, ‚dass er/sie FeministIn ist‘, ‚dass er/sie den Titel Doktor der Wissenschaften hat‘, ‚dass er/sie den Titel Kandidat der Wissenschaften hat‘, ‚dass er/sie Akademiemitglied ist‘ sowie: ‚dass er/sie verheiratet ist‘ (alle: -2,60|3,0).

Diese fehlenden Antworten habe ich als positive Stellungnahmen interpretiert. Es geht hier nicht um Nachlässigkeit oder etwa Nichtwissen – ‚Weiß nicht‘ bildete eine eigene Antwortkategorie –, sondern vielmehr um ein Nichteinverstanden-Sein mit der Variante von Frauen- und Geschlechterforschung und damit beschäftigten WissenschafterInnen, die in dem Fragebogen in erster Linie vorgeschlagen wird. Jene Respondentin, die als konstruiertes Individuum am meisten zur Variation im ersten Faktor beiträgt, antwortete auf die (nicht in die Rechnung einbezogene) Frage nach einer etwaigen politischen Mission von *gendernye issledovanija* mit der Bemerkung: „Für mich bedeutet *gendernye issledovanija* wissenschaftliches Interesse" (R 7). Wissenschaftliches Interesse – und gerade nicht politische Anliegen – als Motivation für die Beschäftigung mit Frauen- und Geschlechterforschung findet sich im weniger extremen Bereich der dominierten Variationsrichtung der ersten Dimension.

Es geht hier um Irritationen oder vielleicht sogar Verärgerung, die durch die wissenschaftssoziologisch ausgerichtete Befragung hervorgerufen werden. Wozu sollen Fragen nach Geburtsort, Familienstand, Kinderzahl, Berufe von Angehörigen und Ähnlichem gut sein, wenn das Forschungsthema Gender Studies in Moskau sein soll? Was hier implizit verneint oder verweigert wird, sind bestimmte feministische Denkweisen, wie etwa standpunkttheoretische Ansätze, welche postulieren, dass persönliche Merkmale des Wissenschafters oder der Wissenschafterin, wie etwa Ethnizität, soziale Herkunft, Geschlecht und anderes, mehr Einfluss auf die wissenschaftliche Tätigkeit der betreffenden Person haben. Dieser Einfluss wird im Rahmen standpunkttheoretischer Ansätze nicht mit inhärenten Qualitäten von Frauen, NichteuropäerInnen, etc. begründet, sondern mit der spezifischen Perspektive, die insbesondere unterdrückte Positionen mit sich bringen. Diese Sichtweisen sollen weniger parteiisch und verzerrt sein als die der Mächtigeren.

„Die Mächtigen haben ein viel stärkeres Interesse, die ungerechten Bedingungen, denen sie ihre unverdienten Privilegien verdanken, zu verschleiern, als die beherrschten Gruppen es haben, die Gründe für ihre schlechte Situation zu verbergen." [106]

Dem entgegen steht die Ansicht, dass Kriterien von Wissenschaftlichkeit objektiv und objektivierbar sind und das eigene Frausein, Weißsein oder Arbeitersohnsein mithin keinerlei relevanten Auswirkungen auf die wissenschaftliche Arbeit haben.

Die fehlenden Antworten können, wie bereits angedeutet, als Weigerung interpretiert werden, *gendernye issledovanija* als ein besonderes Fach, anders als andere wissenschaftliche Disziplinen, zu sehen. Aus einer solchen Sicht müssen die Fragen entweder als unsinnig (Warum sollten so private Dinge, wie Kinder zu haben, verheiratet zu sein oder Feministin zu sein, eine Rolle spielen?) oder trivial (Alle WissenschafterInnen sollten publizieren!) erscheinen. Eine Respondentin (R 24), die als konstruiertes Individuum in diesem Bereich platziert ist, meinte zu diesem Fragenblock, das alles sei wichtig, je nachdem, was die eigene Position, was die eigenen Ziele und Pläne sind. So könnten Kinder wichtig sein, weil sie entsprechende Erfahrungen für GeschlechterforscherInnen mit sich bringen; andererseits hat man ohne Kinder mehr Zeit für die Forschung. Sie ließ die Fragen also unbeantwortet, weil sie ihr zu schematisch und unflexibel waren. Eine andere (R 7) schrieb, anstatt irgendwelche Antworten anzukreuzen: „Für die Beschäftigung mit Geschlechterforschung ist *wissenschaftliches* Interesse wichtig" – und nicht die angebotenen Antwortmöglichkeiten.

Die Frage nach spezifischer Literatur, die für die Beschäftigung mit Frauen- und Geschlechterforschung wesentlich war, wurde ausweichend im Sinne von „natürlich gab es die" (R 7) oder auch „umfangreich, hat keinen Sinn, hier aufzuzählen" (R 9) geantwortet. Auch das stellt eine Art von Antwortverweigerung dar.

---

[106] Harding, *Geschlecht*, 1994, S. 73. Zu feministischer Standpunkttheorie siehe auch Hartsock, „Standpoint", 1997. Standpunkttheoretische Ansätze erfreuen sich selbst in der erklärt feministischen russischen Genderforschung keiner großen Beliebtheit, was damit erklärt werden kann, dass sie auf marxistischen Theorien basieren, die wiederum im russischen akademischen Kontext der 1990er Jahre kein besonderes Renommee besaßen. Natalija Puškareva umschreibt die ablehnende Sicht postsowjetischer HistorikerInnen dazu mit dem Satz: „Das hatten wir schon!", Puškareva, „Ėpistemologija", S. 223, aus dem Russischen von TG.

In der ersten Dimension geht es um feministische, d. h. frauenspezifische, Politik als wichtigste Referenz im Kontext von *gendernye issledovanija*. Das Spektrum der Praktiken reicht hier augenscheinlich von einer dezidierten Trennung von persönlichen und politischen Angelegenheiten einerseits und wissenschaftlichem Interesse andererseits (Dominiertheit) bis zu einem klaren Bekenntnis zur unbedingten Verquicktheit von Frauen- und Geschlechterforschung mit feministischem Engagement, in dem auch das Persönliche politisches Gewicht hat (Dominanz).

IV.2. Akademische Wissenschaft: Zweite Dimension

2. Dimension: Akademische Wissenschaft
Schematische Darstellung

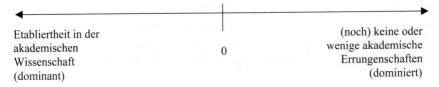

| Etabliertheit in der akademischen Wissenschaft (dominant) | 0 | (noch) keine oder wenige akademische Errungenschaften (dominiert) |

Grafik 4: Akademische Wissenschaft: 2. Dimension, Schematische Darstellung

Während im Spektrum der ersten Dimension mit dem Variationsprinzip feministische Politik auch Praktiken eine wichtige Rolle spielen, die nicht im engeren Sinn akademisch sind, fokussiert die zweite Dimension (Beitrag zur Gesamtvarianz: 6,65 %) speziell auf akademische Wissenschaft. Auch hier sollen zuerst historische Kontextinformationen präsentiert werden, welche die Interpretation der zweiten Dimension leichter verständlich machen (siehe Grafik 4).

Kontext: Sozialwissenschaft in der Sowjetunion

Die Disziplinen, in denen *gendernye issledovanija* (unter dieser Bezeichnung) in der Sowjetunion zuerst propagiert und umgesetzt wurde, waren Sozialwissenschaften (Soziologie, Ökonomie, Demografie) und Philosophie. Am Institut für Sozioökonomische Bevölkerungsprobleme der Akademie der Wissenschaften wurde das erste und nach wie vor einflussreichste russische Zentrum für Genderforschung eingerichtet.

„Natürlich, die Einführung eines neuen Forschungsansatzes ist immer eine schwierige Angelegenheit. In Russland wird diese Situation noch erschwert durch die lange Jahre vorherrschende Praxis der Gesinnungsgleichheit [*edinomyslija*], der Praxis der Bestätigung der ‚einzig wahren Methode der Erforschung der Gesellschaft‘, was sich unweigerlich auf die Ausbildung einer bestimmten Mentalität der Wissenschafter auswirken musste, die daran gewöhnt waren, einen der möglichen Wege zur Suche nach der Wahrheit auszuwählen und alle übrigen abzulehnen." [107]

Dies schrieb Ol'ga Voronina im Jahr 1996. Es ist hier sinnvoll, die Geschichte von sowjetischen Wissenschaften, die sich mit Gesellschaft beschäftigen, kurz anzuschneiden. Dies möchte ich anhand der Soziologie tun. [108]

Die politische und gesellschaftliche Situation eines Staats beeinflusst die Gesellschaftswissenschaften. [109] In der Sowjetunion jedoch waren deren Reglementierung und Instrumentalisierung besonders stark. Je nach Bedarf wurden Inhalte vorgegeben, wurde Wissenschaft mit Propaganda vermischt, wurde Personal ausgetauscht. René Ahlberg schreibt in der Einleitung zu seinem 1969 erschienenen Sammelband über sowjetische Soziologie:

„Nirgends ist ihre Entwicklung so unmittelbar mit dem allgemeinen Wandel der ökonomischen, sozialen und politischen Probleme und mit den ideologischen Prozessen einer Gesellschaft verflochten wie in der Sowjetunion." [110]

Die Betrachtung der Entwicklung der Soziologie kann auch zur Erklärung dessen beitragen, dass die russische Frauen- und Genderforschung – im Vergleich zur Entwicklung dieses Fachs in anderen Staaten – sehr rasch an relativ prestigereicher Position, d. h. in der Akademie der Wissenschaften, institutionalisiert wurde. Dies geschah gegen Ende der 1980er Jahre im Zuge der angestreb-

---

[107]   Voronina, „Determinanty", 1996, S. 27, aus dem Russischen von TG.

[108]   Vgl. auch die Einschätzung von Olga Lipovskaja hinsichtlich Frauen- und Geschlechterforschung in Russland: „Obviously, the most advanced and developed discipline in the context of Gender Studies is sociology which is itself an interdisciplinary body of research and teaching (covering such areas as demography, politics, economics, sexuality, law and so on).", Lipovskaja, „Trends", 1998, S. 35.

[109]   Wagner/Wittrock, „States", 1990.

[110]   Ahlberg, „Einleitung", 1969, S. 9.

ten Umgestaltung der sowjetischen Gesellschaft unter dem Titel „Perestrojka".
Gerade den Sozialwissenschaften wurde damals eine wesentliche Rolle zuge-
wiesen: Forschungsergebnisse und ExpertInnenwissen sollten Anhaltspunkte
für politische Entscheidungen bieten. Dass es zuerst Sozial- und Wirtschafts-
wissenschafterinnen waren, die sich in Wissenschaft und Gesellschaft feministisch engagierten, kann möglicherweise auch dadurch erklärt werden, dass sie
mehr als andere Zugang zu empirischen und systematischen Informationen
darüber hatten, wie die Situation der Frauen in der Sowjetunion aussah.

Seit Anfang des 20. Jahrhunderts existiert Soziologie als akademische Disziplin, [111] ihre akademische Institutionalisierung ließ aber auf sich warten. Die
meisten Wissenschafter, die als die ersten russischen Soziologen bezeichnet
werden, waren entweder in anderen bereits etablierten Disziplinen (Ökonomie, Geschichte, Rechtswissenschaften u. a.) oder außerhalb der Akademie
und der Universitäten tätig. Die politische Situation erschwerte den Unterricht
von sozialwissenschaftlichen Fächern und machte es erforderlich, Alternativen
zu den nationalen Hochschulen zu finden. Zum einen wurden Universitätsleh-
rer und Studierende häufig mit politischen Unruhen in Verbindung gebracht.
Zum anderen war Soziologie selbst ein verdächtiges Themengebiet. Pitirim
Sorokin schreibt in einem Artikel von 1926:

„Die Soziologie wurde bis 1909 noch nicht als eine selbständige wissenschaftliche
Disziplin an russischen Universitäten und Colleges gelesen. Der Hauptgrund dafür
war politischer Natur, die zaristische Regierung verstand nämlich unter Soziologie
eine revolutionäre und sozialistische Lehre." [112]

Alla Tschernych erwähnt, dass zu Beginn des 20. Jahrhunderts Personen, die
nach Russland einreisen wollten, an der Grenze zur Abgabe von Soziologiebü-
chern aufgefordert wurden. [113] Von 1901 bis 1906 gab es in Paris die von dem
Juristen, Historiker und Soziologen Maxim Kovalevskij [114] und dem Philoso-
phen und Soziologen Evgenij de Roberti gegründete *École supérieure russe des*

---

[111] Zur Geschichte der russischen Soziologie im 19. Jahrhundert siehe etwa Hecker, *Russian
Sociology*, 1915; Vucinich, *Social Thought*, 1976; Nowikow, *Soziologie*, 1988.

[112] Sorokin, „Soziologie", 1928, S. 463.

[113] Tschernych, „Macht", 1995, S. 152.

[114] Maksim Maksimovič Kovalevskij war aufgrund systemkritischer Äußerungen von 1887 bis
1905 die Berechtigung, an russischen Hochschulen zu lehren, entzogen worden. Siehe dazu
Gutnov, „Ecole Russe", 2002.

sciences sociales de Paris[115], an der auch Emile Durkheim und Marcel Mauss lehrten. Dies war eine freie Hochschule, die Frauen und Männer, unabhängig von ihrer Vorbildung als HörerInnen, zuließ. Die einzige Zugangsvoraussetzung bestand in der Bezahlung einer geringen Gebühr. Ein ähnliches Modell lag der von General Al'fons Leonovič Šanjavskij gestifteten und von seiner Witwe Lidija mit begründeten Moskauer Städtischen Volksuniversität (*Moskovskij gorodskoj narodnyj universitet imeni A. L. Šanjavskogo*) zu Grunde, die von 1908 bis 1919 mittlere und höhere Bildung vermittelte und in der auch Sozialwissenschaften gelehrt wurden. [116]

In Sankt Petersburg wurde 1908 der erste Lehrstuhl für Soziologie im Rahmen eines privaten psychoneurologischen Instituts eingerichtet, den Evgenij de Roberti bis zu seinem Tod 1915 innehatte. Weiters wird das von Petr Francevič Lesgaft gegründete Institut für Körperkultur als außeruniversitäres Forum für Soziologie erwähnt. [117] Kovalevskij unterrichtete auch im Rahmen der bereits im Unterkapitel zur russischen Frauenbewegung erwähnten Bestužev-Kurse für Frauen. [118] An staatlichen Universitäten wurde die Disziplin 1912 als Teil der historischen Fakultät eingeführt und erst nach der Oktoberrevolution 1917 wurde ein eigenes Institut für Soziologie an der Petrograder Universität eingerichtet. [119] Die empirischen Forschungen, die in diesen Jahren durchgeführt wurden, beschäftigten sich mit Themen wie Lebensbedingungen in Russland, moralische Verfassung von IndustriearbeiterInnen und Angestellten, soziale Ursachen von Kriminalität, Situation der Jugend, insbesondere der Studenten und Studentinnen sowie Ursachen und Folgen des Alkoholkonsums. [120] Zu den SchülerInnen von Kovalevskij und de Roberti gehörten Pitirim Sorokin, Nikolaj Kondratiev und Agnes Zvonickaja, die erste Frau, die sich in Russland in professioneller Weise mit Soziologie beschäftigte. [121] Kre-

---

[115] Gutnov weist darauf hin, dass zwischen 1890 und 1901 in einigen europäischen Städten ähnliche freie Hochschulen gegründet wurden, in denen unter anderem Soziologie gelehrt wurde, beispielsweise in Brüssel, London, Stockholm. Siehe Gutnov, „Ecole Russe", 2002, S. 381f.

[116] Auf die Ähnlichkeiten zwischen der Pariser *École* und russischen freien Hochschulen verweist auch Nowikow, *Soziologie*, 1988.

[117] Sorokin, „Soziologie", 1926, S. 463.

[118] Boronoev/Ermakovič, „Kovalevskij", 1996, S. 123.

[119] El'sukov, *Istorija*, 1997, S. 276.

[120] Nowikow, *Soziologie*, 1988, S. 126f.

[121] Nowikow, *Soziologie*, 1988, S. 118f

mentsov [122] und Graham [123] attestieren den russischen vorrevolutionären WissenschafterInnen zwar alles andere als eine unpolitische, ideologiefreie Haltung, betonen aber deren Bestrebung, die Wissenschaft „rein" von politischen Einflüssen zu halten. Vor allem der Konstitutional-Demokratischen Partei gehörten viele renommierte Wissenschafter an. Maxim Kovalevskij war Abgeordneter der Duma als Vertreter der von ihm 1906 mit begründeten Partei der demokratischen Reformen (*partija demokratičeskich reform*). Pitirim Sorokin war Mitglied der Sozial-Revolutionären Partei und gehörte 1917 der provisorischen Regierung unter Aleksandr Kerenskij an. [124]

Die Oktoberrevolution brachte zunächst keine Veränderungen für die institutionalisierte Wissenschaft. Selbst die Kaiserliche Akademie der Wissenschaften, unter deren Mitgliedern keine Kommunisten waren, blieb bestehen. Graham sieht die Grundlage für die spätere einflussreiche Position der Akademie der Wissenschaften in der kritischen Phase der Machtübernahme durch die Bolschewiki und des Bürgerkriegs. Eine radikale Entscheidung über das Schicksal dieser Institution – auch eine Abschaffung wäre im Rahmen des Möglichen gewesen – wurde aufgrund von Sachzwängen hinausgeschoben; ExpertInnenwissen, etwa in Medizin, Industrie und Landwirtschaft, war zu kostbar für den neuen Staat. Zudem bildete eine technokratisch-utopische Vision der Zukunft, die mithilfe wissenschaftlich-technologischen Wissens erreicht werden sollte, einen substanziellen Bestandteil der bolschewistischen Ideologie. Es gab in den frühen 1920er Jahren wohl Ideen, die Wissenschaft zu proletarisieren. Wissenschaft sollte nach Ansicht einiger radikaler Strömungen [125] nicht länger die Sache abgehobener Intellektueller und TechnokratInnen sein, vielmehr sollte sie allen zugänglich sein und von jedem Arbeiter und jeder Arbeiterin betrieben werden können. Einflussreiche politische Persön-

---

[122] Krementsov, *Stalinist Science*, 1997.

[123] Graham, *Science*, 1993.

[124] Vgl. Alexander Vucinichs Beobachtung, dass 80 % der namhaften vorrevolutionären Soziologen zu Gefängnisstrafen für politische Aktivitäten verurteilt worden waren. Vucinich, *Social Thought*, 1976, S. 231.

[125] Diese Haltung vertrat beispielsweise das Kommissariat für Bildung der Union der Kommunen der nördlichen Gebiete (abgekürzt *Sevpros*). Für eine Zugänglichmachung der Wissenschaft für das Proletariat im Rahmen einer Proletarisierung von Kunst und Kultur allgemein setzte sich der Vorsitzende der *Proletkult*-Bewegung (Proletarische Kulturbewegung) Valerian Pletnev ein, siehe Graham, *Science*, 1993, S. 88f. Zur *Proletkult*-Bewegung siehe Gorsen/Knödler-Bunte, *Kulturrevolution*, 1975 und Mally, *Proletkult*, 1990.

lichkeiten, nicht zuletzt Nadežda Krupskaja und Vladimir Il'ič Lenin, stellten sich jedoch schützend vor die kritisierten WissenschafterInnen, die, wie bourgeois und elitär sie auch immer waren, über notwendiges spezialisiertes Fachwissen verfügten. [126] Sheila Fitzpatrick formuliert diesen Standpunkt in folgender Weise:

"Workers and communists who pretended that 'bourgeois' culture was inferior to 'proletarian' were simply confusing the issue: the basic cultural task of the soviet state was to raise the educational level of the masses, and the basic task for Communists was to raise their own cultural level by learning the skills of the bourgeoisie." [127]

Der unterstützenden und relativ offenen Haltung des Regimes in Bezug auf die Forschung steht eine restriktive Umstrukturierung der Lehre gegenüber, deren Ziel die Heranbildung einer neuen Generation marxistischer WissenschafterInnen war.

"The Bolsheviks organized new universities and specialized educational institutions in Russia's larger cities to train new cadres for the scientific and technical intelligentsia. They exerted strict control over syllabi, curricula, the professoriate, and the student body. A number of 'ideologically harmful' disciplines (mainly in the humanities) were abolished. Numerous purges of educational institutions were conducted in the 1920s to 'proletarize' students and to 'bolzhevize' professors." [128]

Die dezidiert nicht marxistische Soziologie, vertreten durch Wissenschafter wie Pitirim Sorokin, fiel solchen Säuberungen zum Opfer. Konnten sie in den ersten Jahren nach der Revolution noch relativ unbehelligt arbeiten, wurden sie in der ersten Hälfte der 1920er Jahre zunehmend verfolgt und unterdrückt. Sorokin wurde 1922 zum Tode verurteilt, von Lenin begnadigt und zusammen mit 160 anderen prominenten Gelehrten (wie etwa den Religionsphilosophen Sergej Bul'gakov und Nikolaj Berdjaev) des Landes verwiesen. [129]

---

[126] Graham, *Science*, 1993, S. 89.

[127] Fitzpatrick, *Education*, 1979, S. 9.

[128] Hier liegt nach Ansicht von Krementsov eine der Ursachen für die bis heute feststellbare institutionelle Trennung zwischen Forschung und Lehre im sowjetischen/russischen Wissenschaftssystem, siehe Krementsov, *Stalinist Science* 1997, S. 23f.

[129] Sorokin emigrierte über Riga und Prag in die USA, wo er seine wissenschaftliche Karriere fortsetzen konnte. Ab 1930 war er an der Harvard University in Cambridge, Massachusetts tätig. Siehe dazu Nowikow, *Soziologie*, 1988, S. 138.

Sozialwissenschaften sollten nunmehr im Rahmen von Institutionen der Partei praktiziert und ein entsprechender wissenschaftlicher Nachwuchs ausgebildet werden. Zu diesem Zweck wurden zwei höhere Bildungs- und Forschungseinrichtungen gegründet: das Institut der Roten Professur (1921) und die Sozialistische Akademie (ab 1924 Kommunistische Akademie). [130] Die Akademie publizierte ab 1922 die monatlich erscheinende Zeitschrift *Pod Znamenem Marksizma* (Unter dem Banner des Marxismus), die bis 1944 erschien. [131] Marxistische Soziologie war zwar die vorherrschende Richtung, es wurden aber auch andere europäische Theorien rezipiert. Umfangreiche empirische Studien, beispielsweise über die Volksgesundheit, sowie Zeitbudgetstudien, wurden durchgeführt. [132]

Wissen über Gesellschaft war eine von Ideologie überfrachtete Angelegenheit, gleich ob wissenschaftlich begründet oder nicht. Michael David-Fox konstatiert für die 1920er Jahre eine zunehmende Verwischung von Grenzen zwischen Wissenschaft, Publizistik und *agitprop* (Agitation und Propaganda):

"Marxist social science as an enterprise in the 1920s was balanced at a delicate juncture between the reconstructed academy, mass dissemination and the party state. Put another way, within the Bolshevik camp a distinctive place for high scholarship in the social sciences, separate from other genres of disseminated Marxism was demarcated both cognitively and institutionally in the 1920s; nevertheless, the environment that emerged around 1921 set the stage for blurring the distinctions between nauka [Wissenschaft, TG] and what party intellectuals tended to consider 'lower' genres, such as agitprop." [133]

Programmatische Schriften über die Frau und ihre Situation in der neuen Gesellschaft wurden von Politikerinnen wie etwa Alexandra Kollontaj verfasst. [134] Auf der Grundlage von Werken der Klassiker August Bebel, Karl Marx und

---

[130] Krementsov, *Stalinist Science*, 1997, S. 24.

[131] Krementsov zitiert aus dem Editorial der ersten Ausgabe dieses Journals: „We are not investigators who observe and study from a distance the development of ideas, the struggle of social and class forces and tendencies in our society. We are fighters, our journal is a journal fighting for the materialist worldview, our periodical is a periodical for debate.", Krementsov, *Stalinist Science*, 1997, S. 25.

[132] Siehe dazu Tschernych, „Macht", 1995, S. 156f. Auf eine Reihe von Untersuchungen aus den 1920er Jahren, die sich mit der Situation von Frauen beschäftigen, verweist Ol'ga Maslova und regt zu deren sekundärer Analyse an, siehe Maslova, „Vosprijatie", 1996, S. 37.

[133] David-Fox, „Agitprop", 1996, S. 348.

[134] Siehe Kollontaj, *Osnovy*, 1909, Dies., *Sem'ja*, 1918 sowie Dies., *Moral'*, 1919.

Friedrich Engels stellten sie Überlegungen an, worin die Befreiung der Frau bestehen sollte, beginnend mit gesetzlichen Regelungen, darüber hinaus aber auch in Reformen in der privaten Sphäre (Hausarbeit, Sexualität, Kindererziehung). Diese Texte entstanden überwiegend außerhalb akademischer Zusammenhänge und sind auf dem von David-Fox geschilderten Spektrum wohl eher innerhalb der „Aufklärung" (*prosveščenie*) anzusiedeln, die zwischen Wissenschaft und Agitprop liegt. Kollontajs Ansichten zur Frauenfrage wurden im Lauf der 1920er Jahre zunehmend als zu partikularistisch und zu bourgeois kritisiert und zurückgewiesen. [135]

Es hatte keinerlei gesetzlichen Erlass über die Abschaffung der Soziologie gegeben, aber in den 1930er Jahren verschwand sie aus der Forschung und Lehre. Einen Wendepunkt dürfte, so René Ahlberg, die Zweite Allunionskonferenz der marxistisch-leninistischen Forschungsanstalten im April 1929 dargestellt haben. Bei dieser Gelegenheit setzten sich die VertreterInnen des historischen und dialektischen Materialismus (im Sinne einer theoretisch ausgerichteten Universalwissenschaft) gegenüber den stärker empirisch ausgerichteten SoziologInnen durch. [136] Soziologie galt nunmehr als marxismusfeindliche bourgeoise Pseudowissenschaft. Anstelle der kritischen Auseinandersetzung mit dem Marxismus, wie sie in den 1920er Jahren vorgeherrscht hatte, trat eine Einengung des theoretischen Kanons auf wenige Schriften, wie etwa Stalins 1938 erschienenen Text „Über den dialektischen und historischen Materialismus". [137] Veränderungen fanden auch auf personeller Ebene statt: Politisch unliebsame SozialwissenschafterInnen fielen den Säuberungen zum Opfer. [138] An ihre Stelle trat eine neue Generation loyaler jüngerer WissenschafterInnen, AbsolventInnen der seit Anfang der 1920er Jahre von der Partei kontrollierten Universitäten und Hochschulen. Die Kommunistische Akademie wurde 1936 geschlossen, die Akademie der Wissenschaften der Sowjetunion war nunmehr, mit ausgetauschtem Personal, konkurrenzlos die einflussreichste wissenschaftliche Institution. [139]

---

[135] Siehe dazu Osipovič, „Kollontaj", 1993.

[136] Ahlberg, *Soziologie*, S. 14.

[137] Stalin, *Materialismus*, 1957.

[138] Einer der prominentesten unter den SozialwissenschafterInnen, die in den 1930er Jahren im Zuge der stalinistischen Säuberungen hingerichtet wurden, war Nikolaj Ivanovič Bucharin, der den historischen Materialismus als marxistische Soziologie propagiert hatte.

[139] Zdravomyslov, „Sociologija", 1997, S. 40.

Während die sowjetischen Naturwissenschaften in der Zwischenkriegszeit eine beachtliche Entwicklung erlebten, [140] gilt diese Feststellung allerdings nicht für die Soziologie, die bis Mitte der 1950er Jahre in der Sowjetunion de facto nicht existierte. [141] Die Gesellschaftswissenschaften, die sich nunmehr auf das Theoretisieren über Gesellschaft in engem Rahmen beschränkten, wurden im Übrigen streng von Kontakten mit ausländischen Kollegen und Theorien abgeschottet. Selbst die Kenntnis von Fremdsprachen galt nicht als Qualifikation, sondern eher als etwas, das WissenschafterInnen verdächtig machte. [142]

Erst in der zweiten Hälfte der 1950er Jahre, in der Regierungszeit Chruščevs, der so genannten Tauwetterphase, begann eine neue Etappe in der Geschichte der sowjetischen Soziologie. Vladimir Shlapentokh betont, dass trotz der Rolle, die die Soziologie vor der Revolution und noch in den 1920er Jahren gespielt hatte, die Unterbrechung so scharf war, dass diese Disziplin inzwischen aus sowjetischer Sicht etwas ganz Neues, ja Westliches, war. [143] Soziologie existierte offiziell wieder, Diskussionen über ihre Definition und Aufgaben wurden geführt, und nach und nach wurde sie in verschiedenen Bereichen des sowjetischen Wissenschaftssystems institutionalisiert. [144]

---

[140] „Between the two world wars, Russia was transformed from a modest province of world science into one of its great centers, arousing the admiration and envy of scientists throughout the world.", Krementsov, *Stalinist Science*, 1997, S. 3.

[141] Gegen die Ansicht, es hätte zwischen den 1930er und späten 1950er Jahren keine sowjetische Soziologie gegeben, die sich in den meisten wissenschaftsgeschichtlichen Darstellungen der sowjetischen Soziologie findet, wendet sich Gennadij Batygin. Er fordert, dass in der Wissenschaftsgeschichte eine schwarzweiß malerische Gegenüberstellung von „guter" Soziologie und „schlechter" Ideologie aufgegeben werden soll. Außerdem gibt er zu bedenken, dass es von den 1930er bis zu den 1950er Jahren wohl keine öffentlich zugänglichen sozialwissenschaftlichen empirischen Forschungen zur sowjetischen Gesellschaft gegeben hätte, dass aber Institutionen wie die Geheimpolizei (*Vsesojuznaja Čresvičajnaja Komissija/Ob'edinennoe Gosudarstvennoe Politčeskoe Upravlenie*) durchaus empirisches Material gesammelt hätten. Siehe dazu Batygin, „Preemstvennost", 1998, S. 31f. Eine sehr aufschlussreiche Diskussion über die Rolle der sowjetischen Soziologie der 1960er Jahre wurde von ProtagonistInnen dieser Soziologie bei einem Symposium im März 1994 geführt, das von der deutschen Gesellschaft für Soziologie und der Redaktion der „Zeitschrift für Soziologie" veranstaltet wurde. Eine ins Deutsche übersetzte Transkription der Diskussion findet man unter dem Titel „Die russische Tradition der Soziologie der sechziger Jahre und der Gegenwart" in: Best/Becker, „Tradition", 1995.

[142] Siehe Zdravomyslov, „Sociologija", 1997, S. 40 sowie Füllsack, „Zwang", 2000.

[143] Shlapentokh, *Politics*, 1987, S. 14ff.

[144] René Ahlberg nennt als einen wirtschaftlichen Faktor, der die Einrichtung einer empiri-

Vladimir Shlapentokh, der gemeinsam mit Vladimir Jadov, Igor, Kon, Jurij Levada, Tat'jana Zaslavskaja und Andrej Zdravomyslov zu den GründerInnen der neuen sowjetischen Soziologie zählt, stellt in „The Politics of Sociology in the Soviet Union" eine fünfteilige Periodisierung der Geschichte der
Soziologie von 1958 bis 1987 auf. [145]

Die erste, „embryonisch" genannte, dauerte ihm zufolge etwa von 1958
bis 1965. Einen Anfangspunkt bildete die Gründung der Assoziation sowjetischer Soziologen im Jahr 1958. Dies war die Voraussetzung dafür, Teil der
International Sociological Association werden zu können. Auf Austausch mit
der internationalen *scientific community* wurde nunmehr wieder großer Wert
gelegt. [146] In verschiedenen Städten der Sowjetunion (Moskau, Leningrad, Novosibirsk, Sverdlovsk u. a.) wurden soziologische Forschungszentren eingerichtet, zumeist in Form von Laboratorien innerhalb philosophischer Fakultäten
der Universitäten. An den Universitäten wurden *speckursy* (in etwa: Wahlpflichtfächer) über Soziologie eingeführt, außerdem wurden Lehrbücher verfasst. El'sukov attestiert der soziologischen Forschung der 1960er Jahre Män-
gel in der Verbindung von Theorie und Empirie, was angesichts von zwei
Jahrzehnten, in denen keine empirischen Forschungen durchgeführt werden
durften und sich die Theorie auf eine sehr schmale Textbasis stützte, wenig
verwunderlich ist. [147] Aufgrund des mangelnden Theorieangebots kam es zu
einer verstärkten Rezeption vor allem amerikanischer Theoretiker, für deren
Publikation man sich durchaus einiger Tricks bedienen musste:

"In any case, non-Marxian Western sociology has been of vital importance to the
development of the discipline in the Soviet Union. While much of the writing on
Western sociology in the USSR in the 1960s was harshly critical [...], it still served
as an important means of familiarizing researchers with the most recent advances

---

schen Sozialwissenschaft beförderte, die Notwendigkeit der Erklärung und Regulierung der
Arbeitskräftefluktuation: 1956 war die 1940 abgeschaffte Freizügigkeit bei der Wahl des
Arbeitsplatzes wieder eingeführt worden und in der Folge entstanden durch die neue Mo-
bilität von Arbeitskräften Probleme und Verluste für die sowjetische Wirtschaft. Siehe dazu
Ahlberg, „Einleitung", 1969, S. 20ff. ·

[145] Shlapentokh, *Politics*, 1987, S. 13.

[146] Sowjetische SoziologInnen nahmen 1958 zum ersten Mal am Weltkongress für Soziologie
teil. Waren es zunächst nur zehn Personen, so fuhren zum Weltkongress von 1966 bereits
83 ProtagonistInnen der sowjetischen Sozialwissenschaft. Siehe dazu Ahlberg, „Einleitung",
1969, S. 26f.

[147] El'sukov, *Istorija*, 1997, S. 353.

in methodology. In fact, in many cases such works were written for the purpose of disseminating this information, employing a critical orientation as a cover to obtain consent for publication." [148]

Von 1965 bis etwa 1972 setzt Shlapentokh die zweite Periode, die „goldenen Jahre" der sowjetischen Soziologie, an. Die Aufbruchsstimmung in den 1960er Jahren, die sich nicht nur auf die Sozialwissenschaften beschränkte, prägte diese Generation von Intellektuellen, die sich – auch als Reminiszenz an die kritische Intelligenz des 19. Jahrhunderts – als *šestidesjatniki* („Sechziger") bezeichneten. An der Akademie der Wissenschaften der Sowjetunion entstand zunächst ein Laboratorium für soziologische Forschungen im Rahmen des Instituts für Philosophie, das die Basis für das 1969 eingerichtete Institut für konkrete soziologische Forschungen (ab 1974: Institut für soziologische Forschungen, ab 1988: Institut für Soziologie) bildete. Der theoretische Rahmen für soziologische Forschungen war und blieb historisch-materialistisch, die Auseinandersetzung damit konnte aber differenzierter geführt werden. Zudem war Kommunikation mit ausländischen KollegInnen wieder möglich und somit auch eine Auseinandersetzung mit westlichen Theorien. [149] In dieser Periode entstand eine Reihe von empirischen Studien (Zeitbudgetstudien, Erhebungen über Lebensqualität).

Die 1960er Jahre waren trotz aller methodologischen und methodischen Probleme eine sehr produktive Phase. Einschränkungen bestanden jedoch im Hinblick auf die Verbreitung der Forschungsergebnisse. Wenn nunmehr empirische Studien durchgeführt werden konnten, so war es durchaus nicht garantiert, dass die Ergebnisse auch publiziert werden durften. Die Direktorin des Instituts für sozioökonomische Bevölkerungsprobleme der Russischen Akademie der Wissenschaften, Natalija Rimaševskaja, beschreibt das Schicksal der Ergebnisse einer Langzeitstudie über den Lebensstandard der Bevölkerung von Taganrog, einer südrussischen Stadt. Die erste Untersuchung fand 1968/69

---

[148] Shlapentokh, *Politics*, 1987, S. 16.

[149] Dabei muss angemerkt werden, dass Kontakte zu ausländischen KollegInnen, etwa bei Soziologiekonferenzen nur einzelnen sowjetischen WissenschafterInnen gestattet waren, von denen anzunehmen war, dass sie eine positive Haltung zur Sowjetunion vertraten. Alexander Bikbov schreibt dazu: „Eine Liste von Soziologen, die zu internationalen Kongressen fahren und sich im Land mit ausländischen Kollegen treffen durften oder sich am internationalen Buchaustausch beteiligen konnten, befand sich im direkten Zugriff der Ideologieabteilung des ZK.", Bikbov, „Autonomie", 2005, S. 314.

statt und zeigte etwa, dass Frauen, sobald sie Kinder hatten, zu tendenziell niedriger qualifizierten Arbeitskräften wurden und deutlich weniger verdienten als Männer. [150] Diese Ergebnisse widersprachen der offiziellen Doktrin der Gleichberechtigung von Männern und Frauen und so wurden sie nicht vor Ende der 1980er Jahre veröffentlicht. Ol'ga Maslova, eine Mitarbeiterin des Instituts für Soziologie der Russischen Akademie der Wissenschaften, erwähnte in einem Vortrag im Jahr 1996 ohne konkrete Zitate eine große Anzahl von Studien aus den 1960er Jahren, die speziell die Situation von Frauen zum Thema hatten. [151] Sie empfahl eine sekundäre Analyse dieser Ergebnisse, um sie für die zeitgenössische russische Frauen- und Geschlechterforschung fruchtbar zu machen.

Shlapentokh nennt die dritte Phase seiner Einteilung, die Jahre von 1973 bis 1975, „Zeit der Säuberungen". Die 1970er Jahre bedeuteten zwar eine Ausweitung der Soziologie im Hinblick auf Mittel und Institutionen. Auch hatte sich, wie Zdravomyslov angibt, eine disziplinäre Trennung zwischen angewandter Soziologie (also empirischer Forschung) und theoretischer Soziologie (in Form von „wissenschaftlichem Kommunismus" und historischem Materialismus) gebildet. [152] Die Ausweitung betraf aber nicht das kritische Potenzial der Soziologie, wie es im Jahrzehnt davor ansatzweise entstanden war. Die Regierung Brežnev entwickelte eine spezielle Politik in Bezug auf die Intellektuellen: Zum ersten Mal in der Geschichte der Sowjetunion wurde offiziell erklärt, dass offene Loyalität der Partei gegenüber eine Bedingung für die Karriere im Rahmen intellektueller Arbeit darstellte. [153] WissenschafterInnen und KünstlerInnen sollten verstärkt in die Partei eingebunden werden, ideologisch und propagandistisch tätig sein und direkt mit dem KGB kooperieren. Intellektuellen wurden im Austausch gegen ihre aktive Loyalität sichere Karrieren (unabhängig von Leistungen oder Fehlleistungen), Auslandsreisen und andere Privilegien geboten. In der Folge wurden kritische SoziologInnen, wie Jurij Levada oder Vladimir Jadov, die in den 1960er Jahren prominent geworden waren und Institute leiteten, an unbedeutendere Arbeitsplätze versetzt, weil sie auf das „Angebot" der kommunistischen Führung nicht eingehen wollten. [154]

---

[150] Rimaševskaja, „Perechod", 1996, S. 26.

[151] Maslova, „Vosprijatie", 1996, S. 37.

[152] Zdravomyslov, „Sociologija", 1997, S. 45.

[153] Shlapentokh, *Intellectuals*, 1990, S. 178.

[154] Säuberungen (purges) ist in diesem Kontext ein etwas unverhältnismäßiger Begriff, ver-

1974 wurde die Zeitschrift *Sociologičeskie issledovanija* (Soziologische For-schungen) gegründet, die bis heute herausgegeben wird[155] und deren erster Herausgeber der Familiensoziologe Anatolij Charčev war. Von der Mitte der 1970er Jahre bis zur Mitte des folgenden Jahrzehnts befand sich die Soziolo-gie – Shlapentokh zufolge – in einer „grauen" Phase.[156] Nach den erwähnten Personalrochaden kam es zu keinen Versetzungen von SoziologInnen mehr, die Qualität der Forschung verschlechterte sich aber, da Regimetreue ein wichtige-res Kriterium geworden war als Fachkenntnis. Die Soziologin Irina Boutenko schreibt über die sowjetische Soziologie in den 1970er Jahren:

"Through all these years empirical research was treated as creating illicit channels of communication pretending to reveal deficiencies of the system. Newspapers published approved uncritically optimistic sociological findings. Formally sociology existed, but was subject to political control: even field research documents had to be approved by party heads, and access to respondents was only possible with the direct support of party committees. Sociologists were treated first and foremost as ideological work-ers."[157]

Die frühen 1980er Jahre standen noch ganz im Zeichen der so genannten Sta-gnationszeit (*epocha zastoja*). Marina Malyševa, Soziologin und Mitarbeiterin des MCGI, beschreibt die Situation zu dieser Zeit folgendermaßen:

„Über der Soziologie stand die Theorie des historischen Materialismus als höchs-tes und wissenschaftlichstes Niveau der Verallgemeinerung. Alle Konzeptionen und Theorien, die von Forschern angewendet wurden, mussten von dort übernommen werden"[158].

Die fünfte Phase in Shlapentokhs Periodisierung fällt in die Zeit der politi-schen Veränderungen der 1980er Jahre. Mit der Machtübernahme durch Gor-

---

glichen etwa mit den stalinistischen Säuberungen. Alexander Bikbov formuliert weniger spektakulär: „Zwischenzeitlich mussten sie [die SoziologInnen, welche seit den 1960ern wissenschaftlich arbeiteten und in den 1990ern sehr prominent waren, TG] in den 1970ern und 1980er Jahren [sic!], verbunden mit größeren oder kleineren Erschütterungen, Wen-depunkte in ihrer Karriere hinnehmen.", Bibkov, „Autonomie", 2005, S. 311.

[155] Teile dieser Zeitschrift erscheinen auch in englischer Sprache, und zwar zuerst unter dem Titel „Soviet Sociology" und ab 1992 als „Sociological Studies".

[156] Shlapentokh, *Politics*, 1987, S. 57.

[157] Boutenko, „Association", 2002, S. 240.

[158] MCGI, *Moskovskij Centr*, 1995, S. 44, aus dem Russischen von TG.

bačev bekamen die Sozial- und Wirtschaftswissenschaften wie bereits erwähnt eine neue Aufgabe: Im Sinne von Glasnost, und Perestrojka sollten ungeschönte Informationen über die Probleme der sowjetischen Gesellschaft erhoben werden, um effiziente Lösungen finden zu können. [159] Shlapentokh würdigt besonders Tat'jana Zaslavskaja, die 1983, also unter dem Regime Jurij Andropovs, vor Einsetzen von Glasnost, und Perestrojka, bei einem Seminar in Novosibirsk einen Vortrag mit dem Titel „Vervollkommnung der Produktionsverhältnisse des Sozialismus und die Aufgaben der ökonomischen Soziologie" (*Soveršenstvovanie proizvodstvennych otnošenij socializma i zadači ekonomičeskoj sociologii*) hielt. Darin kritisierte sie die Diskrepanzen zwischen offiziellen und realen Verhältnissen in der Wirtschaft, die Ineffizienz der Planwirtschaft und die Bürokratie, was eine Vorwegnahme von Gorbačevs Reformideen bedeutete. Eine schriftliche Fassung dieses Vortrags wurde an die westliche Presse weitergegeben und erschien in US-amerikanischen und deutschen Medien, was eine „entsprechende Sensation hervorrief" [160].

Der größere Stellenwert, der den Sozial- und Wirtschaftswissenschaften zukam, wurde deutlich durch das Zugeständnis von mehr Autonomie sowie massive Investitionen in Forschung und Entwicklung. [161] Es wurden einige soziologische Forschungszentren, die vor allem Meinungsforschung betrieben, eingerichtet und deren Ergebnisse regelmäßig in Massenmedien publiziert. Außerdem entstand eine Reihe neuer soziologischer Fachzeitschriften in verschiedenen Städten Russlands. Im Laufe der 1980er Jahre nahmen die „Sechziger", die durchwegs Gorbačevs Reformen unterstützten, einflussreiche Positionen ein: Tatjana Zaslavskaja wurde Leiterin des 1987 gegründeten Allunionszentrums (seit 1992 Allrussisches Zentrum) der Meinungsforschung (*Vsesojuznyj* beziehungsweise *Vserossijskij Centr Izučenija Obščestvennogo Mnenija*, VCIOM), Vladimir Jadov wurde Vorstand des Instituts für Soziologie der Akademie der Wissenschaften der Sowjetunion. Im Gegenzug verschwanden die Brežnev-treuen SoziologInnen wieder aus der publizistischen Öffentlichkeit.

---

[159] Inwiefern es eine Rolle spielte, dass Raisa Gorbačeva Soziologin war, ist nicht gewiss. Vladimir Shlapentokh bemerkt: „Sociologists could only see a good sign in the fact, that Raisa Gorbachev, wife of the leader, could consider herself as belonging to their trade.", Shlapentokh, Politics, 1987, S. 267.

[160] Zdravomyslov, „Sociologija", 1997, S. 46, aus dem Russischen von TG.

[161] Schimank/Lange, „Wissenschaft", 1998, S. 114.

Erst im Jahr 1988 wurde aufgrund eines Beschlusses des Politbüros des Zentralkomitees der Kommunistischen Partei Soziologie als selbstständiges Studienfach eingeführt. [162] An den Universitäten entstanden dementsprechend eigene soziologische Fakultäten, Lehrbücher wurden verfasst [163] oder übersetzt (zum Beispiel *Sociology* von Anthony Giddens).

Die Popularität der Soziologie in der Sowjetunion erlebte ihren Höhepunkt in den Jahren 1988 bis 1990. Irina Boutenko beschreibt diese Popularität wie folgt:

"A new day had dawned for sociology. At last it had acquired a status equal to other disciplines and, to boot, had become extremely fashionable: the competition for student places in new sociological faculties and departments had become brisk; sociologists were sought after as advisers; they were popular with the mass media. The popularity of sociology and the sociological activism in this period were a consequence of the fact that the evolution of public consciousness outpaced the development of the available official institutes, and that public opinion had partly replaced legislative and executive authority itself." [164]

Nach den für die Sozialwissenschaften vorteilhaften Jahren von Glasnost, und Perestrojka musste das gesamte Wissenschaftssystem einschneidende Kürzungen hinnehmen. Dabei muss beachtet werden, dass wissenschaftliche Berufe im Vergleich mit anderen niedriger entlohnt wurden und werden. [165] Die Wirtschaftskrise, die der 1992 von der Regierung Jelzin/Gajdar propagierten ökonomischen Schocktherapie folgte, machte die Wissenschaft und Forschung zu Sektoren mit niedriger Priorität. Die staatliche Unterstützung für Wissenschaft sank zwischen 1994 und 1997 um etwa 75 Prozent und blieb – aus der Sicht des Jahres 1999 – auf diesem Level. [166] Wiewohl die Zahl der Institute und Lehrstühle für Soziologie in den 1990er Jahren anstieg – zum Teil

---

[162] Zdravomyslov, „Sociologija", 1997, S. 47.

[163] Viele dieser Lehrbücher wurden von den prominenten „Sechzigern" verfasst, manche der Lehrbücher haben sich inhaltlich seit den 1970er Jahren kaum geändert, wie Alexander Bikbov kritisch anmerkt, siehe Bikbov, „Autonomie", 2005, S. 324.

[164] Boutenko, „Association", 2002, S. 242.

[165] „Das Arbeitseinkommen der Wissenschaftler, Ingenieure, der Vertreter der schöpferischen Berufe, die im staatlichen Sektor der Ökonomie, der Kultur und Bildung tätig sind, bleibt nach wie vor hinter dem des Arbeiters zurück. Der Staat schätzt physische Arbeit immer noch höher als intellektuelle. Eine Ausnahme bilden lediglich die Angestellten im Staatsapparat.", siehe Firsow, „Intelligenz", 2001, S. 205.

[166] Mindeli/Gochberg, Nauka, 1999, S. 44. Bezeichnend ist dazu ein Statement von Vladimir

weil frühere Lehrstühle für Marxismus-Leninismus entsprechend umgewidmet wurden –, brachte das nicht mehr finanzielle Mittel mit sich. Es kann auch eine Feminisierung der Wissenschaft festgestellt werden. [167] Irina Boutenko beschreibt nach einem Rückgang der Studierendenzahlen zu Anfang der 1990er Jahre einen Wiederanstieg zu Ende dieser Dekade. Sie merkt dazu an, dass Abschlüsse in Soziologie für Angehörige politischer Eliten in Mode waren. Gründe für die generell wachsenden Studierendenzahlen waren Boutenkos Einschätzung zufolge zu dieser Zeit die Jugendarbeitslosigkeit und für junge Männer der Versuch, durch ein Studium den Militärdienst aufschieben oder gar verhindern zu können. [168]

Andrej Zdravomyslov schreibt in einem 1997 erschienenen Artikel über postsowjetische SoziologInnen (zu denen er selbst gehört), dass deren politische Einstellungen ihre Forschungsprogramme ebenso wie die Interpretation der Ergebnisse offensichtlich beeinflussten. Anhand zweier Extrempunkte eines Spektrums wird dies gezeigt: Einerseits seien da jene, die die Politik des Präsidenten Boris Jelzin ablehnen und den eingeschlagenen Kurs als Ursache für sinkende Lebensqualität und Geburtenraten, Nationalitätenkonflikte, Verbrechen und sonstige soziale Übel betrachten. Infolgedessen werden Katastrophenszenarien prognostiziert. Die andere Seite sehe die genannten Probleme als notwendige Begleiterscheinungen des Übergangs der russischen Gesellschaft zur Demokratie und beurteilt die allzu pessimistischen Prognosen als Versuch, die Bevölkerung zu verängstigen und den Reformkräften entgegenzuwirken. [169] Diese Einschätzung zeigt deutlich, wie unmittelbar russische

---

Jadov, der ein Interrview mit einem Witz einleitete: „Once the Minister of Finance came to the Prime Minister Chernomyrdin and addressed him: We don't pay our scientists (at the Academy) but nonetheless they still go to their institutes, laboratories and so on. What should we do? The Prime Minister answered: Take money for entrance.' So, some scholars are deeply involved in their research, in the subject they do and they have just intrinsic motives to keep working. Speaking seriously about the situation, grants are probably the most important source for conducting their studies.", siehe Jadov, „Interview", 1996, o. S.

[167] Boutenko, „Association", 2002, S. 244. Eine Feminisierung – also einen zunehmenden Frauenanteil an den Beschäftigten bei zugleich sinkendem Einkommen und Prestige – der universitären Wissenschaften im Allgemeinen konstatieren Irina Gorškova und Galina Beljaeva auf Basis einer Studie aus dem Jahr 1998, siehe Gorškova/Beljaeva, „Samočuvstvie", 1999. Über ähnliche Tendenzen berichten Elena Mirskaja und Elena Martynova bereits 1993, siehe Mirskaja/Martynova, „Ženščiny", 1993.

[168] Boutenko, „Association", 2002, S. 244.

[169] Zdravomyslov, „Sociologija", 1997, S. 48f.

SoziologInnen sich (als PrognostikerInnen, ProphetInnen und Kommentato-rInnen) an aktuellen politischen Problemen abarbeiten.

Generell war die Situation der Soziologie in den 1990er Jahren, wie der russischen Wissenschaft im Ganzen, nicht besonders vorteilhaft. So heißt es im Vorwort zu dem Buch *Sociologija i vlast,* (Die Soziologie und die Macht):

„Eine theoretische Soziologie hingegen, die die fundamentalen Probleme der Gesell-schaft erforscht, hat immer noch nicht die gebührende, umfassende Entwicklung und die notwendige Unterstützung [...] erfahren. Ein bedeutender Teil der Sozio-logen begann, sich infolge der Kommerzialisierung der Wissenschaft hauptsächlich mit Meinungsumfragen zu befassen, die natürlich nützlich sind, aber nicht das ganze Spektrum soziologischen Wissens vorstellen können. Ein gewaltiges ideelles, kritisches und konstruktives Potenzial der Soziologie wird neuerlich nicht gebraucht. Eine ech-te soziologische Wissenschaft, die im Stande ist, die reale Sachlage in einem Land zu erklären und zu zeigen, den wahren Sinn der ablaufenden Prozesse aufzudecken und die wahrscheinlichsten Perspektiven ihrer Entwicklung zu prognostizieren, wird weiterhin vernachlässigt."[170]

Dieses Statement zeigt deutlich den Statusverlust der Soziologie, der nur schwer verschmerzt wurde und wird. Eine Disziplin, die stets politisch re-guliert und instrumentalisiert war, und an die infolge der politischen Ver-hältnisse in den 1980er Jahren sehr große Erwartungen herangetragen wur-den, verlor nach dem Zusammenbruch der Sowjetunion ihren wichtigsten Auftraggeber.[171] Alexander Bikbov attestiert der postsowjetischen russischen Soziologie trotz teils massiver kontextueller Veränderungen eine klare perso-nelle Kontinuität seit den 1960er Jahren, deren Konsequenzen methodische Unbeweglichkeit und schwache Autonomie gegenüber der Politik sind. Das kann etwa daran festgemacht werden, dass soziale Probleme unmittelbar mit soziologischen Problemstellungen gleichgesetzt werden. Bikbov bringt als Bei-spiele etwa die Themen, die beim Allrussischen Soziologenkongress im Jahr 2000 behandelt wurden („Die Soziologie und Leitung der gegenwärtigen rus-sischen Gesellschaft"), oder die für Abschlussarbeiten an der Moskauer Staat-lichen Universität empfohlenen Fragestellungen und konstatiert:

„Das, was früher die Berufspflicht des Soziologen war, erweist sich unter den neuen Bedingungen als sein berufliches Interesse, das aus der Not resultiert, professionelle

---

[170] Moskvičev, *Vlast'*, 1997, S. 6f., aus dem Russischen von TG.
[171] Siehe dazu auch Füllsack, „Zwang", 2000.

Dienste für den bezahlten Bedarf anzubieten. Durch dieses Prisma gesehen nähert sich die gesamte begrenzte soziale Welt einer Summe offiziell anerkannter Symptome gesellschaftlicher Dysfunktion an, die der Soziologe mit fertigen Instrumenten aus seinem vorhandenen Arsenal bearbeitet."[172]

Wenn die Soziologie und ihre Nachbardisziplinen innerhalb der neuen russischen Frauen- und Geschlechterforschung relativ viel Einfluss haben, so ist Vergleichbares umgekehrt nicht der Fall. Natalija Kozlova kommt in einer Analyse von russischen Soziologielehrbüchern aus den 1990er Jahren zu dem Schluss, dass die Mehrzahl konservative Geschlechterstereotypen reproduziere, in androzentrischer Weise Mann und Mensch gleichsetze und keinerlei Bezug auf die russische Genderforschung nehme.[173] Sie zitiert aus einem der Lehrbücher:

„Zum traditionellen ökonomischen Status der Frau als Hausfrau fügte die industrielle Epoche noch einen weiteren hinzu: den der Arbeiterin. Der alte und der neue Status standen aber im Widerspruch zueinander, denn es ist unmöglich, gleichermaßen effektiv und beinahe gleichzeitig beide Rollen auszufüllen. Jede von beiden verlangte eine Menge Zeit und viel Qualifikation. Und dennoch gelang es, beide zu vereinbaren. Viel schwieriger noch ist es, die Statusrolle der guten Mutter und der effektiven Arbeiterin zu vereinbaren ebenso wie die der guten Ehefrau und der effektiven Arbeiterin. Eine ermüdete Frau ist bei Weitem nicht die beste Sexualpartnerin. Und die Zeit, die dafür notwendig ist, wird für die Erziehung der Kinder abgezweigt. Somit geriet der neue Status ‚Arbeiterin' in Widerspruch mit den drei alten: Hausfrau, Mutter, Ehefrau."[174]

Kozlova kommentiert diese Textstelle mit der Bemerkung, dass der Autor sich bedauerlicherweise keine Gedanken über die Vereinbarkeit der Rollen Arbeiter, Hausmann, Vater und Sexualpartner bei Männern gemacht hat.

Kontext: Gendernye issledovanija ante verbum in der Sowjetunion?

Frauen- und Geschlechterforschung wurde unter der Bezeichnung *gendernye issledovanija* um 1990 in der Sowjetunion in vielerlei Hinsicht neu etabliert. Damit ist aber nicht gesagt, dass es davor in den sowjetischen Wissen-

---

[172]　Bikbov, „Autonomie", 2005, S. 324.
[173]　Kozlova, „Analiz", 2004, o. S.
[174]　Kravčenko, *Sociologija*, 1998, S. 97f., aus dem Russischen von TG.

schaften keine Auseinandersetzung mit Geschlecht, Geschlechterrollen und -verhältnissen gegeben hätte. Dies wird von den PionierInnen der neuen Frauen- und Geschlechterforschung im Allgemeinen auch nicht behauptet. Es wird aber einschränkend bemerkt, dass Arbeiten zur Frauenfrage, zur Stellung der Frau in der sowjetischen Gesellschaft oder zu ähnlich betitelten Agenden ideologisch überfrachtet oder gar biodeterministisch waren. Anastasia Posadskaja trifft folgende Unterscheidung:

"One of the primary tasks of feminist scholarship in Russia was and still is to distinguish between traditional 'research on women' which was mostly biodeterministic and instrumental, and women's studies as a research and educational field, which rejects biodeterminism as an explanation of differences between women and men in society and claims a noninstrumental approach when considering women's issues – which reveals gender as a dimension of all spheres of social life and which questions the methodology, methods and results of traditional scholarship." [175]

Dagegen wendet die Philosophin Tat'jana Klimenkova, eine Mitarbeiterin des MCGI, ein:

„Man kann nicht sagen, dass das Frauenthema als solches im Sozialismus verboten war. Bestimmte Forschungen wurden zu Fragen wie Arbeitsverhältnissen, reproduktiver Gesundheit, Mutterschaft u. a. durchgeführt. Manche Autoren befinden, dass all diese Forschungen aus der Position des Biodeterminismus heraus vollführt wurden. [...] Meiner Ansicht nach sind zumindest nicht alle Arbeiten dieser Periode mit dem Stempel des Biodeterminismus versehen. Das waren Forschungen, die im allgemeinen unter Anwendung des marxistischen Zugangs ausgeführt wurden, folglich musste die Kritik des Biodeterminismus im Zuge des marxstoiden Paradigmas bleiben (denn Marxisten lehnen bekanntlich den Biodeterminismus ab), das heißt, meiner Ansicht nach gab es dort häufig Kritik am Biodeterminismus, die aber nicht bewusst im Sinne der Gender Studies war [*no ona ne nosila osoznanno gendernogo charaktera*]." [176]

Im Hinblick auf die Frage nach Frauen- und Geschlechterforschung vor *gendernye issledovanija* sind auch Statements der RespondentInnen der vorliegenden Studie zu beachten: Gefragt, wie lange sie sich schon mit Frauen- und Geschlechterforschung befassten, gaben immerhin vier von ihnen an, schon seit den 1970er Jahren oder sogar länger Interesse daran zu haben. Es lässt sich

---

[175] Posadskaya, „Women's Studies", 1994, S. 158.
[176] Klimenkova, „Perechod", 1996, S. 17.

dagegen eher selten beobachten, dass in der russischen Frauen- und Geschlechterforschung explizit Kontinuitäten zu Forschung über Frauen in sowjetischen Zeiten hergestellt werden. Natalija Rimaševskaja sieht ihre Forschungen über Lebensstandards in Taganrog in den späten 1960er Jahren als Vorläuferinnen der späteren *gendernye issledovanija*. [177] Ein weiteres Beispiel wäre Natalija Puškarevas Feststellung einer in etwa parallel verlaufenden Entwicklung von *social'naja feminologija* in russischsprachigen Kontexten und *women's studies* anderswo seit den späten 1970er- beziehungsweise frühen 1980er Jahren. [178]

„Viele russische Wissenschaftler [...] hatten jahrelang geforscht, ohne das als ‚Genderforschung' zu bezeichnen und erarbeiteten bisweilen selbständig neue Analysemethoden, nicht wissend, daß man hinter dem ‚Eisernen Vorhang' ungefähr das Gleiche tat." [179]

Die Moskauer Historikerin Galina Zvereva kritisiert diese von Puškareva behauptete Parallelisierung als zu vereinfachend, weil die Kontexte der wissenschaftlichen Praxis (dies- und jenseits des Eisernen Vorhangs) zu unterschiedlich gewesen seien:

„Zu glauben, daß man es im sowjetischen Wissenschaftssystem ‚fertig bringen' konnte, die ‚Frauenforschung' in den ‚Kontext der dogmatisierten historischen Wissenschaft' einzuschreiben und dabei ‚ungefähr das Gleiche zu tun', was die Kollegen aus Westeuropa und den USA taten – bedeutet nichts anderes, als zu versuchen, einer Auseinandersetzung mit dem Allgemeinen und Spezifischen in der gegenwärtigen internationalen Erkenntnistheorie und -praxis auszuweichen." [180]

Am wenigsten Kontinuität scheint in den Disziplinen Pädagogik und Psychologie zu bestehen. Dafür, dass in diesen Fächern zumindest fallweise sehr pointierte Auseinandersetzungen über Männer und Frauen in der sowjetischen Gesellschaft geführt wurden, sind sie in der Moskauer Frauen- und Geschlechterforschung der 1990er Jahre relativ schwach vertreten. Man könnte argumentieren, dass die überwiegend essenzialistischen Zugänge der eher konstruktivistisch ausgerichteten Programmatik von *gendernye issledovanija* widerspre-

---

[177] Rimaševskaja, „Ėkonomičeskij perechod", 1996.

[178] Puškareva, „Ėpistemologija", S. 221.

[179] Puškareva, „Gendernye issledovanija", 1999, S. 23f., aus dem Russischen von Carolyn Heyder und Katrin Chachanidze.

[180] Zvereva, „Das Fremde", 2002, S. 82.

chen. Allerdings gibt es in den 1990er Jahren keine allgemein verbindliche Bestimmung dessen, wie im Rahmen von *gendernye issledovanija* Geschlecht und Geschlechterverhältnisse zu konzipieren sind, und dementsprechend groß ist die Spannweite von möglichen Zugängen. Politikwissenschaft stellt im postsowjetischen Russland eine der jüngsten Disziplinen dar, sodass die Frage nach Kontinuitäten hier wenig Sinn ergibt. [181]

Im Folgenden soll ein kurzer Überblick gegeben werden, in welchen Fächern und mit welchen Fragestellungen und Zugängen die Themen Geschlecht und Geschlechterverhältnisse in den sowjetischen Wissenschaften bearbeitet wurden. Nicht zuletzt kann so deutlicher gemacht werden, welche Kontinuitäten und Diskontinuitäten hergestellt werden und worauf in zustimmender oder ablehnender Weise Bezug genommen wird – oder überhaupt nicht Bezug genommen wird.

Geschichtswissenschaft

Natalija Puškareva legte im Jahr 2002 eine umfangreiche kommentierte Bibliografie vor, die eine annähernde Erfassung aller historischen Arbeiten der letzten 200 Jahre über Frauen in Russland, die in russischer, englischer, deutscher, französischer und polnischer Sprache erschienen sind, darstellen soll. Vor die eigentliche Bibliografie, die nach dem Alphabet und nach Schlagwörtern gegliedert ist, hat die Autorin Überblicke über die Entwicklung von Frauengeschichte im westlichen Ausland und in Russland/der Sowjetunion gestellt.

Diese Angaben, auf die sich der nun folgende Überblick hauptsächlich bezieht, erlauben nur wenige Rückschlüsse auf die jeweils zeitgenössische Rezeption der genannten Forschungsarbeiten. Auch zwischen journalistischen und wissenschaftlichen Arbeiten wurde nicht konsequent unterschieden. Jedenfalls bietet Puškarevas Bibliografie, ein Nebenprodukt von über 25 Jahren historischer Forschung, eine Einführung in die beeindruckende Vielfalt von wissenschaftlichen und anderen Arbeiten zu unterschiedlichsten Aspekten der Geschichte russischer Frauen sowie zu den Quellen für deren Erforschung.

Anfänge der Erforschung des „Frauenthemas" in der russischen Historiografie sieht Puškareva in ethnografischen Beschreibungen des bäuerlichen Lebens in Sibirien Ende des 18. und Anfang des 19. Jahrhunderts. Diese For-

---

[181] Siehe Mills, „Opportunities", 1992.

schungen ebenso wie diverse weitere Arbeiten zu Frauenleben im alten Russland sieht sie im Konnex zum Vaterländischen Krieg, insofern als hier vorwiegend slawophile Historiker und Ethnografen affirmativ russische Folklore beschreiben. [182] In den 1860er Jahren zeigte die Geschichtswissenschaft spezielles Interesse an der so genannten Frauenfrage. Es bestand Nachfrage nach Wissen über die Geschichte der Frauen, aber auch nach Reflexionen über zeitgenössische Diskussionen und Entwürfe von möglichen Antworten auf diese Frauenfrage. [183] Es finden sich auch zelebratorische Arbeiten zu großen Frauen der russischen Geschichte, insbesondere um die Jahrhundertwende. [184] Die Sankt Petersburger Historikerin Irina Jukina bezeichnet die bürgerliche Frauenbewegung des beginnenden 20. Jahrhunderts als „sozialen Auftraggeber" in direkter und indirekter Weise für frauengeschichtliche Arbeiten. [185] Bevorzugte Themen waren beispielsweise Frauen und Erwerbstätigkeit, Frauen und Bildung sowie der rechtliche Status von Frauen.

Zur Zäsur, die die neuen Machtverhältnisse ab 1917 darstellten, schreibt Puškareva:

„Die im Oktober 1917 an die Macht gekommenen Bol'ševiki schafften erstens, nicht ohne Spott, die Tätigkeit ‚bourgeoiser' Frauenorganisationen ab. Zweitens gab es die unausgesprochene Übereinkunft, dass nur die Frage nach dem ‚weiblichen Ferment' (K. Marx' Ausdruck) in der Geschichte der bolschewistischen Partei und der Arbeiterbewegung ein wissenschaftliches Interesse darstelle. Frauen stellten keine Klasse dar, folglich erschienen ihr Status und ihre Bestrebungen als soziale Gruppe, die durch andere als klassenspezifische Interessen geeint wurde, als Hirngespinst, als Fiktion. Die Möglichkeit, eine fundamentale Forschungsarbeit zur Geschichte der Frauen in Russland vom 10. bis zum 19. Jahrhundert zu schaffen, die ihre sozial-ökonomischen, historisch-rechtlichen und religiös-ideologischen Seiten erläutern würde, war auf lange Zeit ausgeschlossen." [186]

Für die nachrevolutionären Jahre konstatiert Puškareva als häufigste Themen Frauenarbeit ebenso wie die Befreiung der Frau. Relativ wenige dieser Studien

---

[182] Beispielsweise Platonov, *Braki*, 1831, zit. in Puškareva, *Russkaja Ženščina*, 2002, S. 12.

[183] Puškareva, *Russkaja Ženščina*, 2002, S. 21.

[184] Vgl. dazu Natalie Zemon Davis' Beobachtung, dass bis zum Anfang des 20. Jahrhunderts Frauengeschichte hauptsächlich die Geschichte bedeutender Frauen war, vgl. Davis, „Gesellschaft", 1986.

[185] Jukina, *Istoria*, 2003, S. 20.

[186] Puškareva, *Russkaja Ženščina*, 2002, S. 22f., aus dem Russischen von TG.

behandelten die vorrevolutionäre Zeit. Eine Ausnahme stellten hier Kunstge-
schichte, Literaturwissenschaft und -geschichte sowie Ethnologie dar, die in einer „anderen Dimension" [187] als die Geschichtswissenschaft verortet waren. In
den 1930er Jahren überwog in frauengeschichtlichen Forschungsarbeiten die
Tendenz zur Kontrastierung der schlimmen Vergangenheit der Unterdrückung
mit der positiven Gegenwart. Studien zur Geschichte der „Lösung der Frauenfrage" in den darauf folgenden 20 Jahren litten durchwegs an denselben
Schwächen: Die erfolgreiche Erledigung der Frauenfrage war Ausgangspositi-
on und Ergebnis zugleich und die Quellenbasis war begrenzt. Als rühmliche
Ausnahme davon nennt Puškareva eine originelle Arbeit über das Alltagsleben
unterschiedlichster sozialer Gruppen im Russland des 11. bis 13. Jahrhunderts. [188] Ende der 1950er- und Anfang der 1960er Jahre konstatiert Puškareva
ein zunehmendes Interesse an lebensgeschichtlichen Interviews mit Personen,
die noch das Regime des Zaren erlebt hatten. [189] Die Studien aus den 1960er-
und 1970er Jahren über die Befreiung der Frau durch die neue sowjetische Gesellschaft, insbesondere solche von EthnologInnen und EthnosoziologInnen,
berichten nicht nur von Erfolgen, sondern durchaus auch von Fehlschlägen in
dieser Befreiung. Der Generation der *šestidesjatniki*, also der Personen, die in
den 1960er Jahren wissenschaftlich aktiv waren, attestiert Puškareva ein starkes Interesse an den ProtagonistInnen der Emanzipationsbestrebungen in den
1860er Jahren, zu denen auch FrauenrechtlerInnen gehörten. Die spätere bürgerliche erste russische Frauenbewegung dagegen war ein weniger beforschtes
Thema. Die britische Historikerin Linda Edmondson bemerkte zu Anfang der
1980er Jahre: „While memories of the ‚women of the sixties' were produced in
the Soviet Union with relative freedom, one has to scour the bookshelves for
more than the baldest account of non-revolutionary women after 1880." [190]
Die erste russische Frauenbewegung griffen in den 1980er Jahren HistorikerInnen wie Grigorij Tiškin, Ėleonora Pavljučenko oder Ol'ga Chasbulatova
als Forschungsgegenstand auf, und sie wurde zu einem zunehmend populären
Thema im Rahmen der postsowjetischen *feminologija* und *gendernye issledovanija*. [191]

---

[187] Ebd., S. 27.

[188] Romanov, *Ljudi*, 1947, zit. in Puškareva, *Russkaja Ženščina*, 2002, S. 29.

[189] Institut Ėtnografii, *Virjatino*, 1958, zit. in Puškareva, *Russkaja Ženščina*, 2002, S. 29.

[190] Edmondson, *Feminism*, 1984, S. 174.

[191] Siehe Tiškin, *Ženskij vopros*, 1984; Pavljučenko, *Osvoboditel'noe Dviženie*, 1998.

Linguistik

Alla Kirilina konstatiert, dass in neueren Arbeiten vielfach behauptet wurde, die russische linguistische Geschlechterforschung sei erst in den 1990er Jahren entstanden. Sie stimmt dem nur insofern zu, als dass feministische Linguistik in der Sowjetunion keinerlei Rolle gespielt habe. Kirilina erwähnt hingegen einige Arbeiten aus der Sozio- und Psycholinguistik, beginnend in der Mitte der 1970er Jahre, die als Vorläuferinnen der postsowjetischen linguistischen Genderforschung betrachtet werden können. Diese Forschungen befassten sich etwa mit der vergleichenden Analyse von Texten, die Männer und Frauen verfasst hatten, oder mit dem Einfluss von Alter und Geschlecht auf das Sprechverhalten. [192]

Psychologie und Pädagogik

Auch in diesen beiden Fächern findet man ein anhaltendes Interesse an Geschlecht und Geschlechterverhältnissen. Lynne Attwoods Studie über „The new Soviet men and women" bietet einen Einblick in sowjetische wissenschaftliche und populärwissenschaftliche Diskussionen über Geschlechterrollen, Sozialisation, Familienleben und Ähnliches mehr.

Im Zentrum des Interesses der nachrevolutionären Psychologie und Pädagogik stand der Sowjetmensch: „[...] a high-principled personality, placing the social, the public first, and sharing the aims and principles of the communist ideology" [193]. Der Sowjetmensch sollte eine vielseitige Persönlichkeit mit voll entwickelten Potenzialen sein. [194] Aufgabe der Psychologie war es, daran zu arbeiten, die Entwicklung dieser neuen Menschen zu fördern und zu untersuchen. Eine zentrale Frage war dabei jene nach der Gegebenheit oder Formbarkeit der Persönlichkeit. Dabei legte ein theoretisch-marxistischer Rahmen eindeutig nahe, die Veränderbarkeit einer Persönlichkeit zu betonen. Die Ideen Sigmund Freuds wurden dementsprechend als zu deterministisch abgelehnt.

Die zunächst vorherrschende Zwei-Faktoren-Theorie – die Persönlichkeit ist das Ergebnis von Ererbtem und Umwelteinflüssen – wurde ab den 1930er Jahren von einer Vier-Faktoren-Theorie abgelöst: Zu Vererbung und Umwelt

---

[192] Siehe Kirilina, *Gender*, 1999, S. 55f.
[193] Smirnov, *Soviet Man*, 1973, zit. in Attwood, *Soviet Man and Woman*, 1990, S. 33.
[194] Ebd.

kommen noch Training und Selbsttraining. Attwood schildert die sowjetische Psychologie als überwiegend „geschlechtsneutral" arbeitend, bringt aber vereinzelte Beispiele für Forschungen, die Unterschiede zwischen Frauen und Männern beziehungsweise Mädchen und Jungen in Betracht ziehen. In diesen Fällen wird zumeist implizit oder explizit davon ausgegangen, dass diese Unterscheidungen von der Natur oder auf andere Weise vorgegeben sind. [195]

Ein eigenes Kapitel ist dem bis heute aktiven Sozialpsychologen, Sexologen, Soziologen und Historiker Igor' Semenovič Kon gewidmet, der auch einem westlichen Publikum durch seine Forschungen zu Sexualität in der Sowjetunion und Russland bekannt ist. Die Forschungsarbeiten von Kon zeichneten sich durch Originalität und Bezugnahme auf westliche Ansätze aus. Attwood attestiert seinen Arbeiten gewisse Inkonsistenzen im Hinblick auf die Formbarkeit respektive biologische Gegebenheit von Geschlechterverhältnissen. Sie begründet dies damit, dass Kon, der immer in der Sowjetunion und Russland gearbeitet hatte, nicht nur wissenschaftlichen, sondern auch politischen Vorgaben gerecht werden musste.

Weiters berichtet Attwood über den Neuroendokrinologen A. I. Bel'kin, der sich auf die Betreuung und Behandlung von Hermaphroditen spezialisierte. Neben operativen und hormonellen Behandlungen erhielten Personen, die ihr Geschlecht wechseln wollten, auch ein dreistufiges soziales Lernprogramm, um mit der neuen Geschlechtsidentität zurande zu kommen. Die erste Stufe, genannt „Anpassung", besteht darin, sich auf Basis realer Personen eine ideale Männlichkeit oder Weiblichkeit zu entwerfen. In der zweiten Phase, jener der „Imitation", lernen und üben die Personen, wie man sich als VertreterIn des angestrebten Geschlechts bewegt, kleidet, verhält und nicht zuletzt wie man spricht. [196] Die letzte Phase nennt Bel'kin „Transformation". Hier sollte das bisher nur Imitierte in Fleisch und Blut übergehen, das Verhalten entsprechend der neuen Geschlechtsidentität also selbstverständlich geworden sein. Der ganze Prozess sollte etwa sechs Monate dauern. [197] Brian Dark, ein Mit-

---

[195] Siehe Attwood, *Soviet Man and Woman*, 1990, Kapitel III.

[196] Das Russische unterscheidet sich sehr deutlich, je nachdem, ob die sprechende Person weiblich oder männlich ist (Pronomina, Adjektivendungen, Partizipien). Die Notwendigkeit, dies in beinahe jedem Satz zu beachten, stellt eine spezifische Herausforderung für russisch sprechende Personen dar, die eine neue Geschlechtsidentität annehmen wollen.

[197] Bel'kin, „Faktory", 1975, o. S., zit. in Attwood, *Soviet Man and Woman*, S. 107f. Siehe dazu auch Hoerning/Reuter, „Kultur", 2005.

arbeiter des Moskauer Zentrums *ja+ja* (ich + ich, englischer Name des Zentrums: *Together*) für Lesben, Schwule, Bi- und Transsexuelle, bemerkte 2005 in einem Vortrag beim First European TransGenderCouncil in Wien, dass Transsexualität in Russland gegenwärtig als rein medizinisches (nicht als soziales oder kulturelles) Problem behandelt werde. [198] Das erscheint angesichts der Schilderungen von Bel'kins Bemühungen in den 1970er Jahren als eine Perspektivenverengung.

---

[198] Dark, „Transphobia", 2005.

Laurie Essig berichtet, dass einvernehmliche sexuelle Handlungen zwischen Männern bis zum Jahr 1993 strafbar waren. Das entsprechende Delikt hieß *muželožstvo*, was in etwa „Beisammenliegen von Männern" bedeutet. Weibliche Homosexualität war lange Zeit gewissermaßen nicht existent, konnte aber hinter Diagnosen wie *vjalotekuščaja šizofrenija* (etwa: schleichende Schizophrenie) stehen. Eine solche „Krankheit" sollte durch psychiatrische Behandlung „geheilt " werden. [199] Die Forschung zu Homo- und Transsexualitäten machten meines Wissens keinen substanziellen Teil der russischen Frauen- und Geschlechterforschung der 1990er Jahre aus. Das Interesse ausländischer ForscherInnen an diesem Thema ist offenbar größer als das der russischen KollegInnen. [200]

Soziologie und Demografie

In der Soziologie war es vor allem die Familiensoziologie, in deren Rahmen erörtert wurde, wie Männer und Frauen in der Sowjetunion leben und leben sollten; was ihre Aufgaben, Stärken und Schwächen seien. Attwood gibt an, dass sich dieses Interesse in den 1960er Jahren mit dem Wiederaufkommen der Soziologie in der nachstalinistischen Tauwetterphase manifestierte und dass in dieser Disziplin vorsichtige Zweifel an der seit den 1930er Jahren proklamierten endgültigen Gelöstheit der Frauenfrage formuliert wurden. Ungelöste Probleme innerhalb des entwickelten Sozialismus wurden als nicht antagonistische Widersprüche bezeichnet, und die ungleichen Möglichkeiten von sowjetischen Männern und Frauen waren einer davon. Mary Buckley skizziert die Diskussionen von SozialwissenschafterInnen der 1960er- und 1970er Jahre und konstatiert eine verstärkte terminologische Unterscheidung von Gleichberechtigung (*ravnopravie*) und Gleichheit (*ravenstvo*) zwischen Männern und Frauen. [201] Während der erste Begriff eher formal (im Zusammenhang mit Gleichberechtigung nach dem Gesetz) verwendet wurde, war *ravenstvo* umfassender und bezog sich auch auf konkretes Verhalten und auf Einstellungen. Hinderlich bei der Erreichung dieser umfassenden Gleichheit seien dauerhafte

---

[199] Siehe dazu Essig, *Queer*, 1999.

[200] Russische Forschungsarbeiten zu Homosexualität wurden überwiegend von ForscherInnen aus Sankt Petersburg (nicht aber aus Moskau, dem Schwerpunkt dieses Buchs) verfasst. Vgl. Žuk, „Subculture", 1994, Nartova, „Lesbians", 2004.

[201] Buckley, *Ideology*, 1989, S. 164ff.

Überreste der früheren, vorrevolutionären Ungleichheit (*ostatki neravenstvo*). ÖkonomInnen, SoziologInnen und DemografInnen begannen, sich seit den späten 1960er Jahren für frauenbezogene Themen zu interessieren.[202]

Zwei Forschungsthemen, in engem Zusammenhang mit gesellschaftlichen und ökonomischen Problemen der Sowjetunion, waren besonders prominent: Zum einen ging es um die Frau als Arbeitskraft. Studien hatten gezeigt, dass Frauen überwiegend weniger spezialisierte und qualifizierte Positionen einnahmen, sich weniger weiterbildeten und auch weniger verdienten als Männer. Um die Produktivität weiblicher Arbeitskraft zu steigern, wurden Fortbildungsmaßnahmen und Mechanisierung ebenso empfohlen wie die verstärkte Entlastung der Frauen von ihren Haushalts- und Kindererziehungspflichten. Diese Entlastung sollte durch die Bereitstellung von Kinderbetreuungseinrichtungen und öffentlichen Wäschereien und Kantinen erreicht werden. Tat'jana Gur'ko betont auch, dass zumindest manche FamiliensoziologInnen die starke Belastung von Frauen thematisierten und eine gerechtere Verteilung der Familien- und Haushaltsarbeit zwischen Männern und Frauen empfahlen.[203] Kontrovers diskutiert wurde auch die Möglichkeit von Teilzeitarbeit für Frauen mit (kleinen) Kindern.[204]

Zum anderen gab die demografische Entwicklung im europäischen Teil der Sowjetunion Anlass zur Besorgnis und so wurde zunehmend danach gefragt, wie Frauen am besten produktive und reproduktive Arbeit vereinbaren könnten. Hier trafen sich Familiensoziologie und Demografie. Der überwiegende Teil der Empfehlungen für harmonische (und idealerweise auch kinderreiche) Familien betraf die Verstärkung der Unterschiede zwischen Männern und Frauen in einem sehr traditionellen Sinn. Diese Unterschiede sollten schon in der Erziehung betont werden. Im Jahr 1984 wurde das Fach „Ethik und Psychologie des Familienlebens" (*Ètika i psichologija semejnoj žizni*) für

---

[202] Tat'jana Gur'ko spricht sogar davon, dass frauenbezogene Themen in den neu entstehenden Sozialwissenschaften von Anfang an eine wichtige Rolle spielten, vgl. Gur'ko, „Sociologija Pola", 1998, S. 179.

[203] Ebd., S. 180. Andere Arbeiten, wie etwa Zoja Jankovas soziales Porträt der Sowjetfrau, zeichnen das Bild einer Person, die nicht immer problemlos, aber letzten Endes bravourös Erwerbsarbeit, Haushalt, Kindererziehung, Partnerschaft und öffentliches Engagement vereinen kann. Siehe Jankova, *Portret*, 1978.

[204] Sehr aufschlussreich sind dazu die Interviews, die Mary Buckley in den 1980er Jahren mit (anonymisierten) sowjetischen SozialwissenschafterInnen geführt hat, siehe Buckley, *Social Scientists*, 1986.

die neunte und zehnte Schulstufe eingeführt. Ziel dieses Unterrichts war es, den SchülerInnen die Wichtigkeit der Familie und die speziellen Rollen von Frauen und Männern näherzubringen. Das Unterrichtsfach wurde nach dem Zusammenbruch der Sowjetunion wieder eingestellt. [205] Lynne Attwood zitiert den Familiensoziologen Anatolij Charčev, der festhielt, dass es für SoziologInnen nicht wichtig sei, zu wissen, warum Männer und Frauen unterschiedlich sind. Dass Männer und Frauen sich grundlegend voneinander unterschieden, stand aber außer Frage. Aufgabe der FamiliensoziologInnen war es, herauszufinden, welche Konsequenzen diese Unterschiede für das sowjetische Familienleben hätten. [206]

Sonstige Foren der Auseinandersetzung mit Geschlechterverhältnissen

Neben und in Überschneidung mit den Diskussionen in den genannten Fächern gab es auch verstärkte Thematisierung von Geschlechterfragen in Massenmedien, in populärwissenschaftlichen Schriften und in literarischen Werken. Anna Köbberling zitiert etwa die Soziologin Zoja Jankova, die folgende Vorgaben aufzählt: „Weichheit, Emotionalität, die Sorge um andere, Aufmerksamkeit, Feinfühligkeit, Takt, Eleganz, Charme, Fähigkeit, zu gefallen und Liebreiz". [207] Zur sowjetischen Weiblichkeitskonzeption der Brežnev-Ära gehörten aber auch die Berufstätigkeit, die Mutterrolle und die tadellose Erledigung des Haushalts. „Die Tendenz, in erster Linie die Frau (oder sogar sie allein) für die häusliche Ordnung, ein friedvolles Heim und eine ordentliche Erziehung verantwortlich zu machen, fand sich bei allen untersuchten Autorinnen und Autoren der Brežnevzeit." [208] Köbberling gibt einen ausführlichen Überblick über die umfangreichen Publikationen von PädagogInnen, PsychologInnen und SoziologInnen aus den 1970er Jahren, die nicht für ein Fachpublikum gedacht waren, sondern einer breiteren Öffentlichkeit Orientierung über „wahre" Weiblichkeit bieten sollten. Die entsprechende ideale Männlichkeit impliziere Mut, Ritterlichkeit, Stärke und Verantwortungsbewusstsein. [209] Diese polarisierende Ausrichtung hatte, wie schon erwähnt, greifbare

---

[205] Siehe Attwood, *Soviet Man and Woman*, S. 184ff.

[206] Charčev, *Sem'ja*, 1979, S. 314.

[207] Köbberling, *Klischee*, 1997, S. 144.

[208] Ebd., S. 151.

[209] Suchomlinskij, *Kniga*, 1983; Asarow, *Glück*, 1982, beide zit. in Köbberling, *Klischee*, 1997, S. 137f.

Ursachen: Die befürchtete demografische Krise brachte SozialwissenschafterInnen dazu, Wege zu suchen, Mehrkindfamilien populär zu machen. Es ist interessant, diese Diskurse mit den Aufsätzen der bereits erwähnten Leningrader Dissidentinnen zu kontrastieren. Tat'jana Goričeva schreibt 1980 in der christlich-feministischen Zeitschrift *Marija*, die sowjetische Gesellschaft sei keine von Männern und Frauen, „sondern eine Gesellschaft von Hermaphroditen" [210]. Die *femina sovietica* sei hart, unmenschlich, ja dämonisch. In derselben Ausgabe schreibt Sof'ja Sokolova über die sowjetischen Männer als das schwache Geschlecht. [211]

Die real existierenden Frauen und Männer konnten den populärwissenschaftlichen Idealvorstellungen allerdings kaum entsprechen. Die bereits 1969 publizierte Erzählung in Tagebuchform *Nedel'ja kak nedel'ja* der Schriftstellerin Natalija Baranskaja schildert eindrucksvoll die Schwierigkeiten einer jungen Wissenschafterin, Beruf, Familie und Hausarbeit zu bewältigen. [212] In den 1970er- und 1980er Jahren fanden sich in der sowjetischen Politik und Presse verstärkt pronatalistische Stellungnahmen sowie solche, die traditionelle Geschlechterverhältnisse propagierten. Auf diese wie auf fachwissenschaftliche Diskussionen nahmen die ersten Vertreterinnen der russischen Frauen- und Geschlechterforschung Bezug. [213]

Etabliertheit in der akademischen Wissenschaft: Dominanz in der zweiten Dimension

Auch für die zweite Dimension wird das Strukturprinzip herausgearbeitet, das sich aus der Verteilung der Merkmale ergibt, beginnend mit den am extremsten positionierten Merkmalen der dominanten Variationsrichtung: Frauen- und Geschlechterforschung als starke Etabliertheit in der akademischen Wissenschaft (siehe Grafik 5).

Die dominante Variationsrichtung ist charakterisiert durch ausgeprägte akademisch-wissenschaftliche Etabliertheit, in Form von akademischen Titeln,

---

[210] Goričeva, „Ved'mi", 1980, S. 10.

[211] Sokolova, „Slabyj pol", 1980.

[212] Baranskaja, *Nedel'ja*, 1969.

[213] Siehe Voronina, „Ženščina", 1988; Zacharova u. a., „ Ženskij Vopros", 1989 sowie Kapitel II. 1. dieses Buchs.

```
cpf-Wert (min. 0,4)
2.4+
   |                                                                    |
   |                                                                    |
   |                                                                    |
   |                                                                    |
   |                                                                    |
   |Akademiemitgliedschaft_wichtig (deckungsgleich Titel_Doktor_wichtig)|
   |                                                                    |
1.8+     Institutsleiterin                                              |
   |                                                                    |
   |         Politikberatung_auf_Regierungsebene                        |
   |                                                                    |
   |                          Interview_persönlich_geführt              |
   |                                                                    |
   |           Alter_>_55Jahre                                          |
   |                                                                    |
   |Finanzakademie         Störungen_bei_Interview                      |
   |absolviert                                                          |
   |                                                                    |
   |                                                                    |
1.2+               Doktor                                               |
   |                         Arbeitsplatz_Universität_wichtig           |
   |                    Ökonomie Lehre_im_Ausland |Betreuung_Dipl/Diss  |
   |                        Berufsorganisation|aus_Gendernye_issledovanija
   |                    Professor kA_Familienstand                      |
   |                    Überuniversitäre_akad._Kommissionen             |
   |    |kA_HerausgeberInnen-          |Übersetzungen_eigener           |
   |    |Co-AutorInnenschaft           |Werke_wichtig                  |
   |             verheiratet_wichtig|Kandidat_wichtig                   |
   |    Beruf_Mutter_Landwirtschaft|Kind_wichtig|1_Monographie          |
   |     |kA_polit.  Arbeitsplatz_Inst._Kanada_USA Artikel_in_ausländ._ZS|
   |     |Einstellung|kA_mit_wem_aufgew.|Artikel_wiss._ZS|51_-_55Jahre  |
.6+      |leitende |univ._Kommissionen  Arbeitsplatz_RAN_wichtig      |
   |     |wiss._Mitarbeiterin|kA_Kontakt_w  Beruf_Gatte_Wissenschafter  |
   |    *|Arbeitsplatz  Int_GI_1H80er|mehrere_Frauenorganisationen      |
   |     |Finanz-    |Einfluss    kA_Konfession|Arbeitsplatz_ISEPN       |
   |     |akademie   |westl._Fem._irrelevant|Printmedien|keine_Literatur|
   |          |Kon-    lebt_allein|Soziologie|ka_Publikationen_wichtig|**
.4 |          |sultant  2_od._mehr_Monographien|kA_Alter |Hindernisse|
   |          |Dipl/Diss      Int_GI_70er betreut_Dipl./Diss. 1_Kind |
___|_____
     -2.0           -1.5            -1.0           -.5          .0
                                               Koordinaten 2. Dimension
```

*	deckungsgleich mit den Merkmalen Technische Universität absolviert, Beruf des Gatten Diplomat, politische Einstellung kommunistisch.
**	deckungsgleich mit den Merkmalen: keine Angabe, ob es für eine Person, die sich mit Frauen- und Geschlechterforschung beschäftigt, wichtig sei Mitglied der Akademie der Wissenschaften zu sein, Werke westlicher feministischer Autorinnen gelesen zu haben, Mitglied einer politischen Partei zu sein, politische Entscheidungen zu beeinflussen, Kontakt zu ausländischen wissenschaftlichen Institutionen zu haben, dass ihre Werke übersetzt werden
RAN	Rossijskaja Akademija Nauk (Russische Akademie der Wissenschaften)
aufgew.	aufgewachsen
Dipl/Diss	Diplomarbeiten/Dissertationen
Inst.	Institut der Russischen Akademie der Wissenschaften
Int_GI_1H80er	Interesse an Frauen- und Geschlechterforschung seit 1. Hälfte 1980er
Int_GI_70er	Interesse an Frauen- und Geschlechterforschung seit 1970er Jahren und früher
ISEPN	Institut für Sozio-Ökonomische Bevölkerungsprobleme der Russischen Akademie der Wissenschaften
kA_Kontakt_w	keine Angabe, ob es für eine Person, die sich mit Frauen- und Geschlechterforschung beschäftigt, wichtig sei, Kontakte zu Frauenorganisationen im Ausland zu haben.
keine Literatur	Es gab keine Literatur, die ausschlaggebend für die Beschäftigung mit Frauen- und Geschlechterforschung war.
polit.	politisch
univ.	universitär
westl._Fem	westlicher Feminismus
wiss.	wissenschaftlich
ZS	Zeitschriften

Grafik 5: Etabliertheit in der akademischen Wissenschaft: 2. Dimension, Dominante Variationsrichtung

prestigereichen Stellen und höherem Alter. Dazu gehört auch die Überzeugung, dass akademische Exzellenz etwas Erstrebenswertes ist.

Deutlich wird die Wichtigkeit dessen, wie lange sich die befragten Personen schon mit Frauen- und Geschlechterforschung beschäftigen: Auf der Seite der tendenziell geringeren Etabliertheit beginnt die Beschäftigung mit Genderforschung in der ersten oder sogar erst in der zweiten Hälfte der 1990er Jahre, während in der Richtung der zunehmenden Etabliertheit die Merkmale ‚Interesse seit den frühen 1980er-‘ oder sogar ‚1970er Jahren‘ platziert sind. [214] Die Etablierung von Frauen- und Geschlechterforschung hat sich auch je nach disziplinärem Kontext unterschiedlich gestaltet.

Die extremsten Ausprägungen der dominanten Seite der zweiten Dimension stellt das Maximum der erhobenen akademischen Errungenschaften dar. Hier versammeln sich die Merkmale Beruf ‚Institutsleiterin‘ (-1,76|1,8), die Titel ‚Doktor‘ (-1,47|1,2) und ‚Professor‘ (-1,31|1,0) sowie ‚Alter über 55‘ (-1,61|1,5) – das ist die höchste Alterskategorie dieser Erhebung. Die zweit-höchste ‚51-55 Jahre‘ findet sich auch in dieser Variationsrichtung an weniger extremer Stelle (-0,55|0,7). Am stärksten trägt zur Variation des zweiten Faktors auf dieser Seite die Einschätzung, ‚Titel Doktor‘ und ‚Mitgliedschaft in der Russischen Akademie der Wissenschaften seien wichtig für eine Person, die sich mit Frauen- und Geschlechterforschung befasst‘ (beide: -1,29|1,9). Somit zeichnet sich auch hier eine Übereinstimmung zwischen der eigenen Position und den Anforderungen an GeschlechterforscherInnen ab. Weitere zustimmende Antworten zu Fragen dieses Blocks finden sich mit abnehmend dominanter Positionierung und abnehmendem Beitrag zur Variation des Faktors: Zum einen wird der Wichtigkeit akademisch-beruflicher Aspekte zugestimmt, wie etwa dem ‚Arbeitsplatz Universität‘ (0,69|1,1), dem Vorliegen von ‚Übersetzungen eigener Werke‘ (-0,43|0,9) oder dem akademischen Titel ‚Kandidat der Wissenschaften‘ (-0,64|0,8). Die gelebte akademische Exzellenz wird also auch explizit bejaht: Für eine Person, die sich mit Frauen- und Geschlechterforschung beschäftigt, ist das wichtig, was der/die jeweilige RespondentIn selbst ist und tut. Zum anderen findet sich hier auch die Meinung, dass es wichtig für eine mit Frauen- und Geschlechterforschung beschäftigte Person

---

[214] Vgl. dazu die Kritik von Galina Zvereva an Behauptungen, Frauen- und Geschlechterforschung habe es in der Sowjetunion in den 1970er Jahren bereits gegeben, Zvereva, „Das Fremde“, 2002.

sei, ‚verheiratet' (-1,21|0,8) zu sein und ‚Kinder' (-0,82|0,8) zu haben. Diese beiden Merkmale können (ausgehend davon, dass die meisten Moskauer GenderforscherInnen in den 1990er Jahren Frauen waren) als Indikator für ein normales oder zumindest erstrebenswertes Frauenleben in Russland verstanden werden [215] – ein/e akademisch erfolgreiche/r GenderforscherIn pflegt also nicht notwendigerweise einen alternativen Lebensstil im Hinblick auf die Gestaltung seines/ihres Beziehungs- und Familienlebens.

Die ‚Moskauer Finanzakademie' als Universität, welche die befragte Person absolviert hat, nimmt eine sehr exponierte Position ein (-2,2|1,4). Diese seit 1946 bestehende Einrichtung [216] galt und gilt als prestigereiche Kaderschmiede.

Bezeichnenderweise spielt der Umstand eine große Rolle, dass das ‚Interview persönlich durchgeführt' (-0,78|0,6) wurde (im Gegensatz zu jenen, bei denen die RespondentInnen den Fragebogen selbst ausgefüllt haben) und ebenso, dass die ‚Durchführung des Interviews mit Schwierigkeiten' (-1,08|1,4) verbunden war. Diese Merkmale befinden sich nahe bei dem akademischen Titel ‚Doktor der Wissenschaften' und dem beruflichen Rang ‚Professor' sowie höherem Alter. Das zeigt, dass ich bei der Erhebung tendenziell mehr Aufmerksamkeit und Mühe für akademisch höherrangige Personen aufgewendet habe oder, anders ausgedrückt: Es war allgemein schwieriger, Kontakt zu solchen höherrangigen Personen herzustellen und sie zu interviewen.

---

[215] In Gesprächen mit Moskauer Genderforscherinnen und anderen russischen Frauen fiel mir immer wieder auf, dass es als selbstverständlich, ja wichtig, angesehen wird, dass eine Frau Kinder hat, bzw. umgekehrt, dass es tragisch oder zumindest seltsam sei, wenn eine Frau keine Kinder hat. Damit korrespondiert Ol'ga Lipovskajas Beobachtung: „A childless or infertile woman was always considered ‚less of a woman'; someone who had not fulfilled the most important task of her life.", Lipovskaya, „Mythology", S. 128. Der Demograf Alexandre Avdeev merkt an, dass in Russland Kinderlosigkeit eher selten sei: „It is possible to say that since the early 1960s, the motto of Russian women with regard to fertility has been ‚Everybody, early, few and quickly'", Avdeev, „One-Child-Family", 2003, S. 147. Zu postsowjetischen Familienmodellen siehe Meshcherkina, „Familie", 2001.

[216] Die Website der Finanzakademie nennt als Vorläuferinstitution das 1919 gegründete Moskauer Finanzwirtschaftliche Institut (*Moskovskij finansovo-ėkonomičeskij institut*), das 1946 mit dem Moskauer Kreditwirtschaftlichen Institut (*Moskovskij kreditno-ėkonomičeskij institut*) zusammengelegt und als Moskauer Finanzinstitut (*Moskovskij finansovyj institut*) weitergeführt wurde. Nach dem Ende der Sowjetunion wurde die Hochschule in Finanzakademie bei der Regierung der Russischen Föderation umbenannt. Siehe „Finansovaja akademija", 2007.

Persönlicher Kontakt während des Interviews bot auch mehr Gelegenheit für die Wahrnehmung von Schwierigkeiten, wie etwa zu wenig Zeit, Unterbrechungen oder die explizite Weigerung, manche Fragen zu beantworten.

Im mittleren bis neutralen Teil der dominanten Variationsrichtung der zweiten Dimension verteilen sich diverse Anzeichen wissenschaftlicher Tätigkeiten und Errungenschaften: Beruf ‚leitende wissenschaftliche Mitarbeiterin‘ (-1,03|0,6), ‚eine Monografie‘ (-0,59|0,8) oder auch ‚mehrere Monografien‘ (-0,59|0,4), ‚Publikationen in ausländischen Zeitschriften‘ (-0,38|0,7), ‚Betreuung von Qualifikationsarbeiten‘ (-0,36|0,4), auch solche aus Frauen- und Geschlechterforschung (-0,58|1,1) oder zumindest ‚Konsultationen‘ bei solchen Qualifikationsarbeiten (-0,82|0,4) sowie ‚Lehre an ausländischen Universitäten‘ (-0,86|1,1). Dazu kommen noch Tätigkeiten, die eine akademische Laufbahn mit sich bringen kann: ‚Mitarbeit in Kommissionen auf Institutsebene‘ (-0,67|0,6) (*učennyj sovet*), aber auch ‚Kommissionen auf überuniversitärer Ebene‘ (-0,92|1,0) – etwa in der Kommission für Gender Studies der Russischen Soziologischen Assoziation. Solche Tätigkeiten implizieren institutionelle Macht, die Möglichkeit, mitzubestimmen, wie *gendernye issledovanija* in die akademische Praxis umgesetzt werden kann. ‚Politikberatung auf Regierungsebene‘ verweist auf etwas, das in Pierre Bourdieus *Homo academicus* als politisches Machtkapital im Rahmen akademischer Zusammenhänge bezeichnet wird. [217] WissenschafterInnen werden hier zu ExpertInnen und AuftragnehmerInnen, die ihr Wissen und ihre Forschungsergebnisse politischen EntscheidungsträgerInnen zur Verfügung stellen und somit auch mittelbar politischen Einfluss ausüben.

Die Verteilung der in dieser Dimension relevanten Disziplinen erweist sich als aufschlussreich: ‚Ökonomie‘ (-1,14|1,1) und ‚Soziologie‘ (-0,69|0,4) befinden sich in der dominanten Variationsrichtung. In diesen beiden Fächern hat sich *gendernye issledovanija* (unter dieser Bezeichnung) in der Sowjetunion zuerst etabliert. Entsprechend sind auch die sozial- und wirtschaftswissenschaftlich geprägten Arbeitsplätze ‚Institut für Sozio-Ökonomische Bevölkerungsprobleme (ISEPN)‘ (-0,54|0,5) und ‚Institut für Amerika- und Kanadastudien‘ (-1,16|0,8) – beide zur Russischen Akademie der Wissenschaften gehörend –sowie die ‚Finanzakademie bei der Regierung der Russischen Föderation‘ (-1,32|0,5) nicht weit entfernt. Wenn eine Person bereits viel Zeit für die

---

[217] Bourdieu, *Homo academicus*, 1992, S. 98.

Beschäftigung mit Frauen- und Geschlechterforschung verwendet hat, wird sie im Umfeld dieses sich entwickelnden akademischen Bereichs einflussreicher sein können als NeuanfängerInnen. Je länger sich dieses Interessensgebiet in einem disziplinären Kontext halten konnte, desto stärker wird es akademisch etabliert sein.

In der dominanten Variationsrichtung sind weiters die Merkmale ‚Mitgliedschaft in Berufsorganisationen' (-0,8|1,1) (wie etwa die der „Frauen an der Moskauer Staatlichen Universität") oder sogar ‚Mitgliedschaft in mehreren Frauenorganisationen' (-0,75|0,5) zu finden. Solche Netzwerke unterstützen und fördern eine Etablierung in der akademischen Wissenschaft.

In der zweiten Dimension wird Wissenschaft als (sozial-)politische Expertise praktiziert. Darauf, dass es primär um Wissenschaft und nicht um politisches Engagement und Bekenntnis geht, verweist die Verweigerung der Angaben zur eigenen politischen Einstellung und zum Religionsbekenntnis ebenso wie zum Familienstand. Allerdings sind die Verweigerungen von Angaben zur Person in dieser Variationsrichtung nicht durchgängig (wie etwa in der unpolitischen, dominierten Richtung der ersten Dimension). So finden sich ziemlich nahe am neutralen Bereich der zweiten Dimension die Merkmale ‚Beruf des Gatten ist Wissenschafter' (-0,46|0,6) und ‚ein Kind' (-0,28|0,4). Die Angabe, man sei mit ‚Hindernissen' (-0,29|0,4) bei der Beschäftigung mit Frauen- und Geschlechterforschung konfrontiert worden, kann als Effekt der zeitlichen Entwicklung verstanden werden, als Begleiterscheinung eines neu zu etablierenden interdisziplinären Fachs.

Das Merkmal, es gab ‚keine Literatur' (-0,37|0,5), die die Entscheidung, sich mit Genderforschung zu beschäftigen, beeinflusste, verweist auf andere Zugänge: durch persönliche Betroffenheit (wie etwa Erfahrungen von Diskriminierung), durch Vorbilder, aber auch aufgrund der Anweisungen von Vorgesetzten. Literatur könnte auch deshalb keine Rolle gespielt haben, weil es noch keinen oder nur sehr eingeschränkten Zugriff auf entsprechende Literatur gegeben hatte oder aber weil entsprechende Arbeiten noch nicht geschrieben worden waren. Eine weitere mögliche Implikation ist das Bestehen auf die Autonomie von „westlicher" Literatur. In der dominanten Variationsrichtung der zweiten Dimension finden sich auch die Angaben, das ‚Interesse an Frauen- und Geschlechterforschung bestehe seit den 1970er-' (-0,61|0,4) oder ‚der ersten Hälfte der 1980er Jahre' (-0,77|0,5).

Wiewohl in dieser Dimension die Nutzung von Massenmedien nicht so viel Gewicht hat wie im ersten, trägt das Merkmal Äußerung der eigenen Meinung in ‚Printmedien' (-0,64|0,5) leicht überdurchschnittlich zur Variation des zweiten Faktors bei. Medienpräsenz ist hier als wissenschaftliche Praxis zu verstehen: Angesehene WissenschafterInnen werden von den Medien als ExpertInnen angefragt.

(Noch) Keine oder wenige akademische Errungenschaften:
Dominiertheit in der zweiten Dimension

Die Beschreibung der dominierten Variationsrichtung beginnt in jenem Bereich (nahe dem Nullkoordinatenpunkt), der im Hinblick auf akademische Etabliertheit neutral ist (siehe Grafik 6).

Eine Reihe von Angaben zur familiären Herkunft und Situation findet sich im zentraleren Koordinatenbereich: ‚Beruf der Mutter: Wissenschafterin' (0,47|0,4), ‚lebt mit Kindern' (0,72|0,5), ‚Beruf des Vaters: Ingenieur' (0,74|0,5), ‚Beruf des Gatten: Unternehmer' (0,82|0,6), ‚keine Kinder' (0,84|1) und ‚ledig' (0,87|0,4). Schon deutlich extremer platziert ist ‚Beruf des Gatten: Student' (1,25|0,9). Es fällt etwas schwer, aus dieser Zusammensetzung eine systematische Interpretation der sozialen Position der Interviewten abzuleiten. Den genannten Berufen der Angehörigen ist (sieht man vom Unternehmer ab) eine implizierte höhere Ausbildung gemeinsam. Außerdem zeigt sich, dass Verweigerungen von Angaben zur Person in dieser Variationsrichtung – anders als in der unpolitischen Variationsrichtung der ersten Dimension – kein wesentliches Differenzierungskriterium sind.

Das Merkmal ‚außeruniversitärer Arbeitsplatz' (0,73|0,5) kann als Zwischenstufe innerhalb ebenso wie als Ausstiegsoption in einer akademischen Laufbahn interpretiert werden. Mit nur durchschnittlichem Beitrag zur Variation des Faktors findet sich das Merkmal ‚unpolitisch' (0,65|0,4) als politische Einstellung, das hier als der Logik akademischer Wissenschaft untergeordnet betrachtet werden kann und nicht wie in der ersten Dimension als polarisierende Stellungnahme.

In der gesamten dominierten Richtung fällt die Häufigkeit von ablehnenden Antworten auf die Frage nach der Wichtigkeit verschiedener Eigenschaften einer Genderforscherin oder eines Genderforschers auf. Es wird – in zunehmend dominierter Variationsrichtung und mit zunehmendem cpf-Wert –

```
cpf-Wert (min 0.49)                        Alter unter 30 Jahre
      |
      |
      |
      |
 3.0  |
      |                          |Übersetzungen
      |                          |eigener Arbeiten    keine Artikel publiziert
      |                          |unwichtig
      |
      |
      |
 2.4  +
      |
      |
      |
      |                   Publikationen unwichtig
      |                     kein akademischer Titel
      |
      |              keine Mediennutzung Lehrerin
 1.8  +                                              Romanistik
      |                                              (=nur Lehre
      |                                              =Arbeitsplatz Privatuniversität
      |
      |
      |         |keine      |keine
      |         |Hindernisse|Sammelbandbeiträge
      |
      |          keine Monographien
 1.2  +          keine Politikberatung
      |
      |      |keine Frauen- russ.&westl. Literatur|Lektüre westl. feministischer
      |      |organisation keine Kinder           |Werke unwichtig
      |     |Mitgliedschaft        |keine     |BerufGatte Student
      |     |Frauenorg. unwichtig |HerausgeberInnen/Co-AutorInnenschaft
      |    Moskauer Ling. Univ. absolviert
      |   |keine akad. Kommissionen* Linguistik/Philologie
      |        |Interesse GI 2.H 90er|          |Beruf
  .6  + betreut keine Dipl/Diss|keine Artikel ausld. ZS|Gatte Unternehmer  Politologie**
      |Arbeitsplatz RAN unw***Beruf Vater Ingenieur
      |  westl. fem. Werke übersetzt|lebt mit Kind
      |      nichtakadem. Arbeitsplatz feministische Organisation
      |Kinder    |Arbeitsplatz|Beruf Mutter kA Publikationen in ausl.ZS
      |unwichtig|Universität |Wissenschafterin
      |             |unwichtig unpolitisch ledig Arbeitsplatz Moskauer Ling. Univ.
      |_____Koordinaten 2. Dimension_
     0.0        .5      1.0       1.5      2.0       2.5       3.0       3.5
```

*	deckungsgleich mit Merkmal Fragebogen selbst ausgefüllt
**	deckungsgleich mit Merkmalen lebt mit Eltern und politische Einstellung: sozialistisch (nicht traditionell)
***	deckungsgleich mit Merkmalen für eine Person, die sich mit Frauen- und Geschlechterforschung beschäftigt, ist es unwichtig, dass sie Akademiemitglied sowie dass sie Mitglied einer politischen Partei ist.
akad.	akademisch
ausl.	ausländisch
Frauenorg.	Frauenorganisationen
Moskauer Ling. Univ.	Moskauer Staatliche Linguistische Universität
RAN	Russische Akademie der Wissenschaften
russ.	russisch
unw.	unwichtig
westl.	westlich
ZS	Zeitschriften

Grafik 6: (Noch) Keine oder wenige akademische Errungenschaften: 2. Dimension, Dominierte Variationsrichtung

als *nicht* wichtig eingeschätzt, ‚Kinder‘ (0,24|0,4) zu haben, seinen ‚Arbeitsplatz an einer Universität‘ (0,31|0,4) oder an der ‚Akademie der Wissenschaften‘ (0.34|0,5) zu haben, ‚Mitglied einer politischen Partei‘ (0,34|0,5) oder ‚Mitglied der Akademie der Wissenschaften‘ (0,31|0,5) zu sein. Auch ‚Mitgliedschaft in Frauenorganisationen‘ (0,57|0,9) und die ‚Lektüre westlicher feministischer Literatur‘ (1,92|1,1) sei nicht ausschlaggebend ebenso wenig wie ‚Publikationen‘ (1,35|2,1) und ‚Übersetzungen der eigenen Werke‘ (1,12|2,9). Diese Einschätzungen entsprechen – wie auch in der dominanten Variationsrichtung der Dimension – überwiegend den Merkmalen der RespondentInnen: Es wird angegeben, ‚keinen akademischen Titel‘ [218] (1,07|2,0) (Doktor oder Kandidat der Wissenschaften) zu führen, ‚keine Monografien‘ (0,56|1,3) publiziert zu haben, ‚keine HerausgeberInnen- und KoautorInnenschaften‘ (0,59|0,9) vorweisen zu können und ‚keine Artikel in ausländischen Zeitschriften‘ (0,49|0,6) publiziert zu haben. Hier befindet sich auch das Merkmal, ‚keine Artikel‘ (2,23|2,9) in russischen Zeitschriften (feministischen ebenso wie disziplinären Fachjournalen) publiziert zu haben. Es gibt hier auch explizit ‚keine Betreuung von Diplomarbeiten und Dissertationen‘ (0,4|0,6). Die einzige Berufsbezeichnung, die in dieser Richtung auftritt, ist ‚Universitätslehrerin‘ (1,49|1,9) (*prepodavatel’*), also die unterste Stufe im russischen universitären Berufsspektrum. [219] Dem entspricht die hier verortete Angabe, ‚nur Lehre‘ (2,54|1,8) und keine Forschung zu betreiben.

Die dominierte Variationsrichtung der zweiten Dimension weist die Fächer ‚Romanistik‘ (2,54|1,8), ‚Politologie‘ (1,5|0,6) und ‚Linguistik/Philologie‘ (0,78|0,7) auf, in denen sich Frauen- und Geschlechterforschung erst im Laufe der 1990er Jahre zu etablieren begonnen hatte, also später

---

[218] Ein Universitätsstudium wurde zum Zeitpunkt der Erhebung mit Diplom abgeschlossen, was noch keinen akademischen Titel mit sich brachte. Alle Befragten haben zumindest ein Universitätsstudium abgeschlossen. Die nächste Stufe, in etwa einem österreichischen Doktorat entsprechend, war Kandidat der Wissenschaften, die darauf folgende, in etwa einer Habilitation entsprechend, war Doktor der Wissenschaften. Im Zuge des Bologna-Prozesses, an dem seit 2003 auch Russland beteiligt ist, wird gegenwärtig auf ein System von Bachelor, Master und Doktorat umgestellt. Studierende wurden im Rahmen dieser Studie nicht befragt.

[219] Die Rangfolge sieht folgendermaßen aus: *prepodavatel’, starŝji prepodavatel’, docent, professor*. Oleg Kouptsov und Yuri Tatur vergleichen diese Positionen mit den angelsächsischen *assistant professor, senior lecturer, associate professor* und *professor*. Siehe Kouptsov/Tatur, „Higher Education“, 2001, S. 36.

als in den sozialwissenschaftlichen Fächern und auch in anderer Form. Dieser späteren Entwicklung entspricht das Merkmal ‚russische *und* westliche Literatur' hätten einen Einfluss auf die Entscheidung für die Beschäftigung mit Frauen- und Geschlechterforschung gehabt, ebenso wie die Information, seit wann man sich für Geschlechterforschung interessiere: In der ‚zweiten Hälfte der 1990er Jahre' (0,72|0,7) war das Angebot an einschlägiger russischer und ausländischer Literatur um einiges reicher als etwa noch in den 1980er Jahren.

Im Hinblick auf Mitgliedschaft(en) in Frauenorganisationen lässt sich beobachten, dass die dominierte Seite die Merkmale ‚keine Mitgliedschaft' (0,67|1,1) ebenso wie ‚Mitgliedschaft in einer feministischen Organisation' (0,97|0,5) aufweist. Das ist kein Widerspruch, denn geringe akademische Errungenschaften können im Rahmen des hier konstruierten Forschungsgegenstands zum einen bedeuten, dass man am Anfang einer akademischen Karriere steht, die sich primär um wissenschaftliches Interesse (und nicht um Politik für Frauen, also auch keine Mitgliedschaft in Organisationen) dreht. Zum anderen kann feministisches Engagement (das oft in Mitgliedschaft in entsprechenden Organisationen Ausdruck findet) dazu dienen, fehlende akademische Meriten auszugleichen.

Die Angabe, es werden ‚keine Medien' (1,04|1,9) zur Äußerung der eigenen Meinung genutzt, korrespondiert mit einer (noch) nicht etablierten Position im akademischen Feld: Wer (noch) keine Expertin oder kein Experte ist, wird nicht um ihre/seine Meinung gefragt. ‚Keine Hindernisse' (0,84|1,4) bei der Beschäftigung mit Frauen- und Geschlechterforschung sind ein Hinweis darauf, dass dieses interdisziplinäre Gebiet in der zweiten Hälfte der 1990er Jahre bereits ein Maß an relativer Etabliertheit erreicht hat, dass man eine Richtung einschlagen konnte, die schon vorhanden war – und nicht etwa erst erkämpft werden musste.

Wie schon in der Einleitung zur zweiten Dimension erwähnt, sind hier zeitliche und somit auch altersbezogene Aspekte von akademischer Etabliertheit sehr wichtig. So findet sich das Merkmal ‚Alter unter dreißig Jahren' (1,99|3,4) an extremer Position mit dem stärksten Beitrag zur Variation dieser Dimension.

Es fällt auf, dass die Differenzierungskriterien der zweiten Dimension sehr viel mit akademischen Gepflogenheiten zu tun haben, aber sehr wenig mit Merkmalen, die spezifisch für Frauen- und Geschlechterforschung sind. Somit könnte genauso gut von irgendeiner anderen (Inter-)Disziplin der Sozial- und Geisteswissenschaften die Rede sein. Während also die erste Dimension verdeutlicht, dass Frauen- und Geschlechterforschung – durch ihren politischen Anspruch und ihre politische Praxis – anders als übliche akademische Wissenschaft ist, geht es in der zweiten darum, dass dieses Fach ganz wesentlich ein akademisches Unternehmen ist und somit in vielerlei Hinsicht genauso funktioniert wie andere akademische Disziplinen oder interdisziplinäre Fächer auch.

IV.3. Berufsausübung: Dritte Dimension

3. Dimension: Berufsausübung
Schematische Darstellung

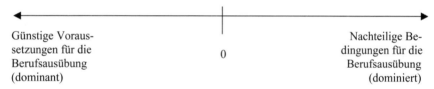

Günstige Voraus-		Nachteilige Be-
setzungen für die	0	dingungen für die
Berufsausübung		Berufsausübung
(dominant)		(dominiert)

Grafik 7: Berufsausübung: 3. Dimension, Schematische Darstellung

Anders als bei den ersten beiden wird die Interpretation der dritten Dimension nur kurz skizziert. In der dritten Dimension (Beitrag zur Gesamtvarianz: 5,88 %) geht es um die Ausübung des Berufs einer Genderforscherin oder eines Genderforschers (siehe Grafik 7). Nicht ein bestimmter Beruf ist damit gemeint – GenderforscherInnen arbeiten als UniversitätsprofessorInnen, LektorInnen oder SozialarbeiterInnen. Vielmehr stellt die Ausübung des Berufs oder die Berufslaufbahn einen Aspekt des vieldimensionalen Gegenstands Frauen- und Geschlechterforschung dar.

In hierarchischer Anordnung finden sich Attribute mehr oder weniger ungestörter und erfolgreicher Berufsausübung, konkret darauf bezogene Merkmale (Titel, Stellen) ebenso wie soziale Ausgangsbedingungen (Geburtsort,

Herkunftsfamilie). Die Themen der ersten beiden Dimensionen (feministisches Engagement, wissenschaftliche Etabliertheit) treten wieder auf, allerdings in neuen Kombinationen. Politisches Engagement, das – zumindest in Form feministischer Aktivitäten – im ersten Faktor als positive, dominante Qualität auftritt, scheint im dritten Faktor ein Hindernis zu sein, das die Berufsausübung stört. Hier charakterisiert es die dominierte Variationsrichtung. In der dominanten Variationsrichtung finden sich anders als in der zweiten Dimension die höchste und die niedrigste Altersgruppe in unmittelbarer Nähe zueinander. Die Merkmale akademisch-wissenschaftlicher Etabliertheit verteilen sich nicht entsprechend einer hierarchischen Ordnung von AnfängerInnen bis zu arrivierten AkademikerInnen. Vielmehr reicht das Spektrum von AnfängerInnen *und* Arrivierten einerseits bis zu beruflich mittelmäßig bis weniger gut Etablierten andererseits. Die Dimension variiert über unterschiedliche Möglichkeiten, den Beruf einer Genderforscherin auszuüben.

Günstige Voraussetzungen für die Berufsausübung:
Dominanz in der dritten Dimension

In der dominanten Variationsrichtung findet sich eine Ansammlung von Merkmalen, die auf vorteilhafte Bedingungen für die Berufsausübung hinweisen (siehe Grafik 8). Startvorteile aufgrund sozialer und regionaler Herkunft sind nahe bei im weiteren Ausbildungs- und Karriereverlauf erworbenen Qualitäten platziert. Zunächst fällt das Merkmal Beherrschung von ‚drei oder mehr Fremdsprachen' (-1,48|3,6) durch seinen sehr starken cpf-Wert bei einigermaßen extremer Positionierung auf. Die Kenntnis mehrerer Fremdsprachen war, so die Historikerin Natalija Puškareva, für sowjetische WissenschafterInnen eher eine Seltenheit. [220] Man ist mit Fremdsprachenkenntnissen in der Lage, nicht russische Bücher zu lesen, was einen Informationsvorsprung gegenüber den weniger sprachkundigen KollegInnen begründen kann. [221] Angesichts des-

---

[220] Puškareva, *Russkaja Ženščina*, 2002, S. 3.

[221] Puškareva schreibt im autobiografisch ausgerichteten Vorwort zu ihrer kommentierten Bibliografie „Die russische Frau: Geschichte und Gegenwart" über ihren Mentor V. T. Pašuto: „Gerade er, der selbst einige Fremdsprachen beherrschte (was für einen sowjetischen Gelehrten dieser Zeit [d. i. Ende der 1970er Jahre, TG], ehrlich gesagt, eine große Seltenheit war) bestand darauf, dass ich mich von Beginn des Studiums an der historischen Fakultät der Moskauer Staatlichen Universität an in der englischen, deutschen und französischen Spra-

sen, dass viele Werke von internationaler Bedeutung aus den Sozial- und Geisteswissenschaften und mithin auch aus den Bereichen feministische Theorie und Genderforschung erst ab der zweiten Hälfte der 1990er Jahre ins Russische übersetzt wurden [222] – und dann oft nur auszugsweise und in mangelhafter Qualität [223] –, impliziert diese Fähigkeit einen Wettbewerbsvorteil. Auch die Kommunikation mit ausländischen KollegInnen wird durch Fremdsprachenkenntnisse erleichtert. Das Merkmal ‚Lehrtätigkeit außerhalb Russlands‘ (-1,07|1,9) – das heißt in Europa oder den USA – ist ebenfalls eines von jenen, die am stärksten zur Variation des dritten Faktors beitragen.

Der Beruf ‚Institutsleiterin‘ (-1,93|2,4) und die Titel ‚Doktor der Wissenschaften‘ (-1,15|0,9) und ‚Professor‘ (-1,72|1,9) verweisen auf eine sehr gute Situierung im akademischen Kontext. In Übereinstimmung mit der beruflichen Position steht die Ansicht, es sei wichtig für eine Person, die Genderforschung betreibt, den ‚Titel Doktor‘ zu haben und sogar ‚Mitglied der Akademie der Wissenschaften‘ (beide: -1,22|1,9) zu sein.

Das Merkmal ‚Mitarbeit in überuniversitären akademischen Kommissionen‘ (-1,20|1,9), also solchen, deren Einfluss über den Wirkungsbereich des eigenen Instituts hinausgeht, ist ein Indikator für institutionell-wissenschaftspolitische Macht aufgrund von Möglichkeiten zur Mitgestaltung des eigenen Forschungsbereichs, etwa im Hinblick auf die Entwicklung von Curricula für Gender Studies.

Politische Einflussnahme in einem gesellschaftlich allgemeineren Sinne wird dagegen offenbar abgelehnt. Darauf deutet die Negation der Wichtigkeit ‚politischer Einflussnahme‘ (-0,45|1,0) für (oder durch) eine/n GenderforscherIn hin. Ebenso wenig wichtig sei es, dass der/die ForscherIn ‚Feministin‘ (-0,62|1,4) oder ‚Mitglied einer Frauenorganisation‘ (-0,77|1,7) sei. Entsprechend findet man das Merkmal der Selbstbezeichnung als ‚keinE FeministIn‘ (-0,75|1,3) oder als ‚FeministIn mit Vorbehalt‘ [224] (-0,72|0,5). Der Einfluss westlicher Feminismen auf die Entwicklung von Frauen- und Geschlechterfor-

---

che vervollkomme und die polnische erlerne und in die Bibliografie nicht nur russische, sondern auch ausländische Literatur zu allen Themen, die einen Bezug zur Vergangenheit und Gegenwart russischer Frauen haben, aufnehme.“, Ebd., aus dem Russischen von TG.

[222] Vgl. Temkina/Zdravomyslova, „Übersetzung“, 2002.

[223] Vgl. Barčunova, „Selfish Gender“, 2003; Dies., „Library“, 2006.

[224] Diese Kategorie enthält folgende Antworten auf die Frage „Würden Sie sich selbst als FeministIn bezeichnen“?: „Eher ja“, „Die humanistische Version, die anderen nicht“ und „Teilweise in akademischen Diskussionen; nicht in konkreten Lebenssituationen, wo diese De-

schung in Russland wird als ,irrelevant' (-0,82|0,9) erachtet. Auch die Verweigerung der Antwort auf die Frage nach dem Einfluss westlicher Feminismen findet sich hier (-1,58|1,6).

Eine Reihe von Informationen zur sozialen Herkunft und aktuellen Lebenssituation verstärkt den Eindruck günstiger Bedingungen für die Berufsausübung. Wenn als ,Beruf der Mutter: Hausfrau' (-1,11|1,6) angegeben wird, so kann diese Information unter Umständen als Hinweis auf eine wohlhabende Ursprungsfamilie interpretiert werden. Wiewohl in der Sowjetunion nicht erwerbstätige Frauen unüblich waren – russische SoziologInnen sprechen vom „Gesellschaftsvertrag der arbeitenden Mutter"[225] – gab es vereinzelt Nur-Hausfrauen. Anna Temkina bemerkte, dass dies zu Zeiten der Sowjetunion beispielsweise die Gattinnen von hohen Militärs[226], Angehörigen der Nomenklatura oder anderen prominenten Persönlichkeiten sein konnten. Nicht erwerbstätige Frauen aus anderen Schichten waren äußerst selten und riefen Missbilligung oder Mitleid hervor. In der postsowjetischen Gesellschaft habe das Modell der Gattin eines reichen Manns, die es nicht nötig hat, erwerbstätig zu sein, an Prestige gewonnen. Neben dieser seltenen, aber medial stark propagierten Variante gebe es noch jene der Frauen in pensionsnahem Alter, die in ihrer Erwerbsarbeit so wenig verdienen würden, dass es für die Familie günstiger sei, wenn diese Frau zuhause bliebe und die Enkelkinder hütete, sodass ihre Tochter sich voll auf ihren (besser bezahlten) Job konzentrieren könne. Beide Interpretationen des Merkmals ,Beruf der Mutter: Hausfrau' – prestigereiche Herkunftsfamilie oder unterstützende Großmutter – können auf unterschiedliche Weise als für die Karriere einer Forscherin oder eines Forschers förderlich betrachtet werden.[227]

Als Startvorteil ist sicherlich zu werten, wenn jemand ,in Moskau geboren' (-0,33|0,6) ist: Wer von Geburt an BewohnerIn der Hauptstadt ist, muss sich nicht um eine melderechtliche Registrierung bemühen. Ein Wohnsitz in Moskau ist Voraussetzung für eine offizielle Berufstätigkeit und oftmals schwer zu erlangen. ,Keine Kinder' (-0,67|0,7) zu haben, ist von Vorteil für eine beruf-

---

finition zu eng ist".

[225] Temkina/Rotkirch, „Gender Contract", 1997.

[226] Vgl. dazu auch die *Obščestvenica*-Bewegung, die in Kapitel IV. 1. erwähnt wird.

[227] Mitteilung von Anna Temkina per E-Mail vom 16. 12. 2005.

liche Karriere, da ohne die Notwendigkeit der Betreuung von Kindern mehr Zeit für die wissenschaftliche Arbeit bleibt.[228]

Die gewissermaßen gespiegelte Anordnung der Merkmale ‚Nichtteilnahme' (-0,26|0,4, dominante Richtung) beziehungsweise ‚Teilnahme an der Genderforschungskonferenz in Moskau 1996' (0,35|0,5, dominierte Richtung) kann folgendermaßen interpretiert werden: Zu diesem Zeitpunkt war *gendernye issledovanija* noch ein ziemlich neuer Forschungsbereich und somit unsicheres Terrain. Das Interesse für diesen Bereich und eine entsprechende Selbstpositionierung war somit karrieretechnisch (noch) eher riskant.

Nachteilige Bedingungen für die Berufsausübung:
Dominiertheit in der dritten Dimension

Die dominierte Seite ist zum einen durch mittelmäßig hohe akademische Errungenschaften charakterisiert, zum anderen durch Nachteile und Hindernisse im Hinblick auf die Ausübung des Berufs GenderforscherIn (siehe Grafik 9). Die am extremsten positionierten Merkmale sind die absolvierten Hochschulen ‚Moskauer Staatliche Pädagogische Universität' (1,23|0,5) und ‚Historisch-Archivarisches Institut' (1,21|0,5) sowie die Studienfächer ‚Psychologie' (1,22|1,0), ‚Geschichte/Anglistik' (1,37|0,6) und ‚Philosophie' (1,16|0,4). Diesen Hochschulen ist gemeinsam, dass sie allesamt weniger prestigereiche Institutionen sind als die Moskauer Staatliche Universität oder die auf der dominanten Seite dieses Faktors an extremer Stelle positionierte ‚Moskauer Finanzakademie bei der Regierung der Russischen Föderation' (-2,37|1,8).

Vielfach finden sich gegensätzliche Merkmale zu jenen der dominanten Variationsrichtung, etwa die Angabe, ‚außerhalb Moskaus geboren' (0,58|1,0) zu sein. Zu Fremdsprachen finden sich entweder ‚keine Angaben'[229] (1,18|0,9) oder das Merkmal der Beherrschung ‚einer Fremdsprache' (0,33|0,4). Auf Feminismus wird durchwegs in affirmativer Weise Bezug genommen: Man

---

[228] Vgl. dazu die bereits erwähnte Bemerkung einer Respondentin zur Frage, ob es für GenderforscherInnen wichtig sei, Kinder zu haben: Es könne einerseits wichtig sein, weil es bestimmte Erfahrungen mit sich bringt, die auch für die wissenschaftliche Tätigkeit eine Rolle spielen, andererseits habe man ohne Kinder mehr Zeit für die Forschung (R 24).

[229] Die explizite Antwort „keine" auf die Frage danach, welche Fremdsprachen die Interviewten beherrschen, kam nicht vor.

bezeichnet sich selbst als ‚FeministIn' (0,41|1,0) und findet das auch generell für eine Person, die Frauen- und Geschlechterforschung betreibt, wichtig (0,41|0,6). Der Einfluss westlicher feministischer Ideen wird als positiv und ‚relevant' (0,29|0,6) eingeschätzt. Personen, die Frauen- und Geschlechterforschung betreiben, sollten ‚auf politische Entscheidungen Einfluss nehmen' (0,65|1,1) und ‚Mitglieder in Frauenorganisationen' (0,31|0,5) sein.

Der Eindruck einer schwierigen, diskontinuierlichen Berufsausübung konkretisiert sich durch die Merkmale ‚nicht immer im eigenen Fach tätig' (0,56|0,7) und ‚nicht akademischer Arbeitsplatz' (0,90|0,8). ‚Nur Forschung' (0,78|1,2), das Merkmal, das am stärksten zur Variation des dritten Faktors beiträgt, weist in diesem Zusammenhang auf fehlende akademische Einbindung (keine Lehre) und prekäre Arbeitsbedingungen hin. Deutlicher als in den ersten beiden Faktoren kommen soziale Differenzierungen – Ererbtes, Erlebtes und Einverleibtes im Sinne von Bourdieus symbolischem Kapital – zur Geltung, die Vor- oder Nachteile für die Berufsausübung der mit Genderforschung befassten Person mit sich bringen. Feministisches Engagement ist hier – ganz anders als in der wichtigsten ersten Dimension (feministische Politik) – eine für eine erfolgreiche Berufsausübung eher hinderliche Praxis.

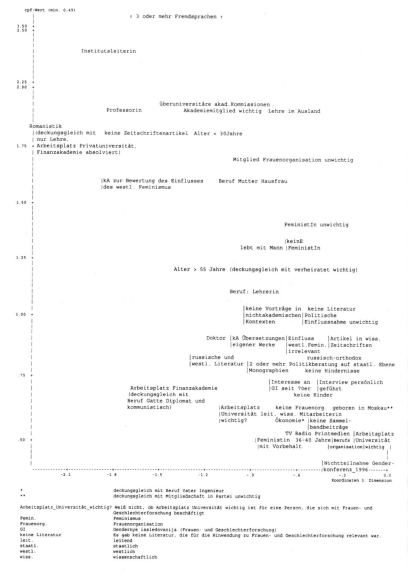

```
cpf-Wert (min. 0,49)
     |                              ↑ 3 oder mehr Fremdsprachen ↑
 3.50 +
 2.50 +
     |
     |
     |         Institutsleiterin
     |
     |
     |
 2.25 +
 2.00 +
     |
     |                         überuniversitäre akad.Kommissionen
     |              Professorin        Akademiemitglied wichtig  Lehre im Ausland
     |
  Romanistik
     |(deckungsgleich mit  keine Zeitschriftenartikel Alter < 30Jahre
     | nur Lehre,
 1.75 + Arbeitsplatz Privatuniversität,
     | Finanzakademie absolviert)
     |                                          Mitglied Frauenorganisation unwichtig
     |
     |            |kA zur Bewertung des Einflusses    Beruf Mutter Hausfrau
     |            |des westl. Feminismus
     |
 1.50 +
     |
     |
     |                                          FeministIn unwichtig
     |
     |                                      |keinE
     |                             lebt mit Mann |FeministIn
 1.25 +
     |
     |                   Alter > 55 Jahre (deckungsgleich mit verheiratet wichtig)
     |
     |
     |                        Beruf: Lehrerin
     |
     |                              |keine Vorträge in  keine Literatur
 1.00 +                             |nichtakademischen|Politische
     |                              |Kontexten        |Einflussnahme unwichtig
     |
     |                   Doktor  |kA Übersetzungen|Einfluss   |Artikel in wiss.
     |                           |eigener Werke   |westl.Femin.|Zeitschriften
     |                                            |irrelevant
     |                   |russische und            russisch-orthodox
     |                   |westl. Literatur |2 oder mehr Politikberatung auf staatl. Ebene
     |                            |Monographien   keine Hindernisse
  .75 +
     |                                   |Interesse an  |Interview persönlich
     |                Arbeitsplatz Finanzakademie |GI seit 70er  |geführt
     |                (deckungsgleich mit          keine Kinder
     |                Beruf Gatte Diplomat und
     |                kommunistisch)      |Arbeitsplatz    keine Frauenorg. geboren in Moskau**
     |                                    |Universität leit. wiss. Mitarbeiterin
     |                                    |wichtig?       Ökonomie* |keine Sammel-
     |                                                              |bandbeiträge
     |                                       TV Radio Printmedien |Arbeitsplatz
  .50 +                                     |FeministIn  36-40 Jahre|Berufs|Universität
     |                                       |mit Vorbehalt     |organisation|wichtig |
     |
     |                                                       |Nichtteilnahme Gender-
     +----------+----------+----------+----------+----------+---------|konferenz_1996-------+
          -2.1       -1.8       -1.5       -1.2       -.9        -.6       -.3      0.0
                                                              Koordinaten 3. Dimension
```

```
*                          deckungsgleich mit Beruf Vater Ingenieur
**                         deckungsgleich mit Mitgliedschaft in Partei unwichtig

Arbeitsplatz_Universität_wichtig? Weiß nicht, ob Arbeitsplatz Universität wichtig ist für eine Person, die sich mit Frauen- und
                           Geschlechterforschung beschäftigt
Femin.                     Feminismus
Frauenorg.                 Frauenorganisation
GI                         Gendernye issledovanija (Frauen- und Geschlechterforschung)
keine Literatur            Es gab keine Literatur, die für die Hinwendung zu Frauen- und Geschlechterforschung relevant war.
leit.                      leitend
staatl.                    staatlich
westl.                     westlich
wiss.                      wissenschaftlich
```

Grafik 8: Günstige Voraussetzungen für die Berufsausübung: 3. Dimension, Dominante Variationsrichtung

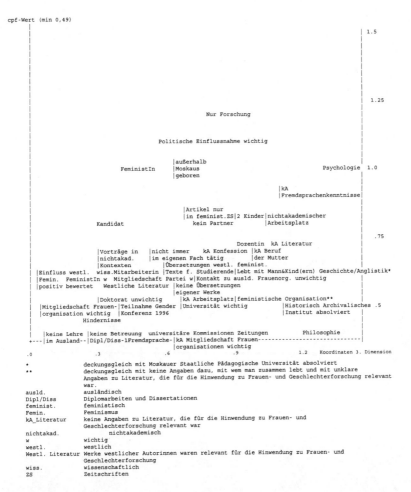

```
cpf-Wert (min 0,49)
    |                                                                              1.5
    |                                                                  |
    |                                                                  |
    |                                                                  |
    |                                                                  |
    |                                                                  |
    |                                                                  |
    |                                                                  |
    |                                                                  |          1.25
    |                                                                  |
    |                          Nur Forschung                           |
    |                                                                  |
    |                                                                  |
    |               Politische Einflussnahme wichtig                   |
    |                                                                  |
    |                          |außerhalb                              |
    |              FeministIn  |Moskaus                    Psychologie  1.0
    |                          |geboren                                |
    |                                                                  |
    |                                          |kA                     |
    |                                          |Fremdsprachenkenntnisse|
    |                              |Artikel nur                        |
    |                              |in feminist.ZS|2 Kinder|nichtakademischer
    |              Kandidat        kein Partner  |Arbeitsplatz         |
    |                                                                  |
    |                                    Dozentin  kA Literatur         .75
    |              |Vorträge in   |nicht immer   kA Konfession |kA Beruf
    |              |nichtakad.    |im eigenen Fach tätig        |der Mutter
    |              |Kontexten     |Übersetzungen westl. feminist.       |
    |   |Einfluss westl.  wiss.Mitarbeiterin |Texte f. Studierende|Lebt mit Mann&Kind(ern) Geschichte/Anglistik*
    |   |Femin. FeministIn w  Mitgliedschaft Partei w|Kontakt zu ausld. Frauenorg. unwichtig
    |   |positiv bewertet   Westliche Literatur |keine Übersetzungen   |
    |                                 |eigener Werke                    |
    |              |Doktorat unwichtig    |kA Arbeitsplatz|feministische Organisation**
    |   |Mitgliedschaft Frauen-|Teilnahme Gender |Universität wichtig  Historisch Archivalisches .5
    |   |organisation wichtig |Konferenz 1996   |                      |Institut absolviert
    |              Hindernisse                                         |
    |                                                                  |
    |      |keine Lehre |keine Betreuung  universitäre Kommissionen Zeitungen    Philosophie
    +----|im Ausland--|Dipl/Diss-1Fremdsprache-|kA Mitgliedschaft Frauen----------------------------|
    |                              |organisationen wichtig            |
    .0              .3            .6              .9            1.2   Koordinaten 3. Dimension
```

*	deckungsgleich mit Moskauer Staatliche Pädagogische Universität absolviert
**	deckungsgleich mit keine Angaben dazu, mit wem man zusammen lebt und mit unklare Angaben zu Literatur, die für die Hinwendung zu Frauen- und Geschlechterforschung relevant war.
ausld.	ausländisch
Dipl/Diss	Diplomarbeiten und Dissertationen
feminist.	feministisch
Femin.	Feminismus
kA_Literatur	keine Angaben zu Literatur, die für die Hinwendung zu Frauen- und Geschlechterforschung relevant war
nichtakad.	nichtakademisch
w	wichtig
westl.	westlich
Westl. Literatur	Werke westlicher Autorinnen waren relevant für die Hinwendung zu Frauen- und Geschlechterforschung
wiss.	wissenschaftlich
ZS	Zeitschriften

Grafik 9: Nachteilige Bedingungen für die Berufsausübung: 3. Dimension, Dominierte Variationsrichtung

V. Gendernye issledovanija als feministisch-politische Wissenschaft: Integration der 1. und 2. Dimension

Mittels Integration der ersten und zweiten Dimension, die zuvor einzeln charakterisiert wurden, wird nun ein zweidimensionaler Raum aufgespannt, der die wichtigsten Variationsprinzipien innerhalb der Moskauer Genderforschung der späten 1990er Jahre zueinander in Beziehung setzt. Jedes Merkmal und jedes Individuum sind nun doppelt definiert: durch seine Positionierung auf der ersten und auf der zweiten Achse. Ein Merkmal (oder Individuum), das etwa in der dominanten (neutralen, dominierten) Variationsrichtung der ersten Dimension liegt, wird nun mit der Zusatzinformation interpretiert, dass es in der zweiten Variationsrichtung dominiert (dominant, neutral) ist. So ist etwa das Merkmal ‚Politikberatung auf staatlicher Ebene' in beiden Dimensionen dominant. Die Ansicht, es sei wichtig für eine Person, die sich mit Geschlechterforschung befasst, ‚Kontakt zu ausländischen Frauenorganisationen' zu haben, ist im Hinblick auf feministische Politik dominant, in Bezug auf die Dimension der akademischen Etabliertheit neutral. Der ‚Arbeitsplatz Moskauer Staatliche Linguistische Universität' ist im Hinblick auf beide Dimensionen dominiert: Zum einen lehnen Moskauer SprachwissenschafterInnen, die sich mit Gender Studies befassen, feministisch-politische Ansprüche im Zusammenhang mit ihrer wissenschaftlichen Arbeit ab (siehe Grafik 10). Zum anderen ist, wie in den Kapiteln II. 3. und IV. 2. gezeigt wurde, sprachwissenschaftliche Geschlechterforschung im Moskau der 1990er Jahre weniger prominent vertreten als etwa sozialwissenschaftliche Geschlechterforschung.

Es soll im Folgenden deutlich werden, dass keine Typologie dessen erstellt werden soll, wie Frauen- und Geschlechterforschung betrieben wird, sondern vielmehr die Vielfalt der Möglichkeiten als Spektrum mit Übergängen konstruiert und veranschaulicht wird. Generell kann zum Ergebnis der Korrespondenzanalyse gesagt werden, dass sie in mancherlei Hinsicht eine Korrektur des ersten Eindrucks brachte, den BeobachterInnen aus westlicher Perspektive zunächst gewinnen könnten. Die Stärke dieser Vorgehensweise liegt daran, dass Stellungnahmen kontextualisiert, zueinander in Beziehung gesetzt werden können. Was von in diesem Zusammenhang relativ prominenten Einzelpersonen oder Gruppen als der *state of the art* [1] dargestellt wird, wird im hier präsentierten Raum als eine – wenn auch dominante, privilegierte – Möglichkeit unter anderen vorgestellt. Es wird ersichtlich, welche Praktiken (Merkmale) einander buchstäblich nahe stehen und welche einander entgegengesetzt sind. Schließlich wird auch gezeigt, dass die vorgestellten Praktiken nicht nur verschieden sind, sondern auch ungleich mächtig.

Grafik 10: Schematische Darstellung:
Gendernye issledovanija als feministisch-politische Wissenschaft

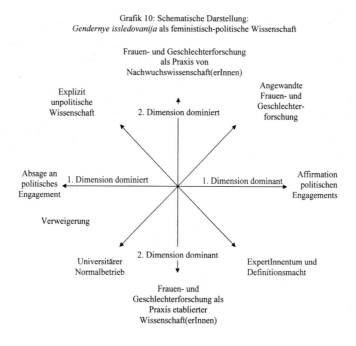

Grafik 10: Schematische Darstellung:Gendernye issledovanija als feministisch-politische Wissenschaft [2]

---

[1]   Grünell, „State", 1998.

[2]   In die grafische Darstellung werden nur solche Modalitäten aufgenommen, die zumin-

V.1. ExpertInnentum und Definitionsmacht

Die Kombination aus den dominierten Variationsrichtungen der beiden ersten Dimensionen bildet den Bereich der ausgeprägtesten Machtpositionen im untersuchten Feld. Nahe an der senkrechten Achse (also neutral im Hinblick auf feministische Politik) an extremer Position (ausgeprägt dominant im Hinblick auf akademische Wissenschaft) befinden sich die Indikatoren für das stärkste Ausmaß akademisch-wissenschaftlicher Errungenschaften innerhalb des konstruierten Forschungsgegenstands (siehe Grafik 11). Das lässt sich aus den hier verorteten Merkmalen ‚absolvierte Universität: Finanzakademie' (0,44|-2,2), ‚Arbeitsplatz: Finanzakademie' (0,37|-1,32), ‚Beruf Institutsvorstand/-ständin' (0,41|-1,76) oder ‚leitende/r wissenschaftliche/r MitarbeiterIn' (0,36|-1,03), dem Titel ‚Doktor der Wissenschaften' (0,35|-1,47) oder der Berufsbezeichnung ‚Professor' (0,42|-1,31) ableiten. In unmittelbarer Nähe der Titel als Merkmale findet sich die Einschätzung, es sei für eine mit Geschlechterforschung beschäftigte Person wichtig, den ‚Titel Doktor' zu haben und ‚Mitglied der Akademie der Wissenschaften' (beide: 0,45|-1,29) zu sein. Generell finden sich Zustimmungen zur Wichtigkeit der in diesem Fragenblock vorgeschlagenen Eigenschaften nur auf dieser Seite der senkrechten Achse (also in der dominanten Variationsrichtung der Dimension, in der es um politisches Engagement für Frauen geht) und dabei fast ausschließlich in der gegenwärtig besprochenen, auch akademisch-wissenschaftlich dominanten Variationsrich-

---

dest zur Variation eines der beiden Faktoren einen mindestens durchschnittlichen Beitrag (cpf-Wert = 0,4) leisten. Merkmale, die nicht in das Diagramm eingehen, sind nicht etwa unwichtig, stellen aber keine für die Variation der ersten Faktoren bedeutsamen Abweichungen dar (wie etwa die Modalitäten ‚Moskauer Staatliche Universität absolviert', ‚verheiratet' oder ‚politische Einstellung: Zentrum/Partei Jabloko'). Modalitäten mit durchschnittlichem und überdurchschnittlichem Beitrag zur ersten Dimension werden in der Grafik unterstrichen, solche mit durchschnittlichem und überdurchschnittlichem Beitrag zur zweiten werden fett gedruckt gesetzt. Manche Modalitäten sind in der Grafik aus Gründen der Leserlichkeit leicht verschoben. Auch ist die exakte Lage des betreffenden Punkts einer Ausprägung nicht ersichtlich. Die genauen Koordinatenwerte der besprochenen Modalitäten werden im Text in Klammer angegeben (Koord. 1|Koord. 2). Die Interpretation beginnt bei jener Variationsrichtung, die Dominanz in der ersten (Politik) und zweiten (akademische Wissenschaft) Dimension kombiniert (rechts unten in der Grafik) und geht dann gegen den Uhrzeigersinn weiter.

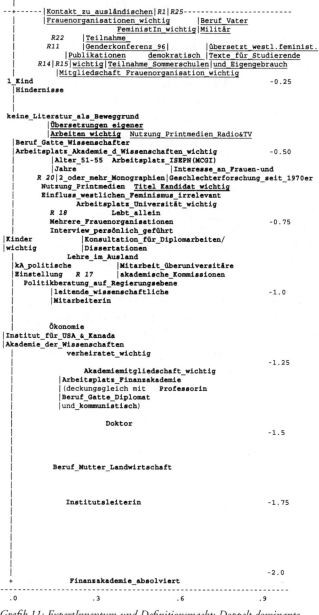

```
             |
   --+------|Kontakt_zu_ausländischen|R1|R25------------------------
             |      |Frauenorganisationen wichtig        |Beruf Vater
             |      |        FeministIn wichtig|Militär
             |     R22    |Teilnahme_
             |     R11         |Genderkonferenz_96|              |übersetzt westl.feminist.
             |            |Publikationen    demokratisch |Texte für Studierende
             |   R14|R15|wichtig|Teilnahme Sommerschulen|und Eigengebrauch
             |            |Mitgliedschaft Frauenorganisation wichtig
   1_Kind                                                      -0.25
    |Hindernisse
    |
    |
    keine_Literatur_als_Beweggrund
    |        |Übersetzungen eigener
    |        |Arbeiten wichtig    Nutzung_Printmedien_Radio&TV
    |Beruf_Gatte_Wissenschafter
    |Arbeitsplatz_Akademie_d_Wissenschaften_wichtig            -0.50
    |          |Alter_51-55   Arbeitsplatz_ISEPN(MCGI)
    |          |Jahre                    |Interesse_an_Frauen-und
    |       R 20|2_oder_mehr_Monographien|Geschlechterforschung_seit_1970er
    |       Nutzung_Printmedien   Titel Kandidat wichtig
    |       Einfluss_westlichen_Feminismus_irrelevant
    |              Arbeitsplatz_Universität_wichtig
    |       R 18       Lebt_allein
    |       Mehrere_Frauenorganisationen                       -0.75
    |       Interview_persönlich_geführt
    |Kinder          |Konsultation_für_Diplomarbeiten/
    |wichtig          |Dissertationen
    |          Lehre_im_Ausland
    |kA_politische      |Mitarbeit_überuniversitäre
    |Einstellung    R 17    |akademische_Kommissionen
    |  Politikberatung_auf_Regierungsebene
    |          |leitende_wissenschaftliche                     -1.0
    |          |Mitarbeiterin
    |
    |
    |          Ökonomie
    |Institut_für_USA_&_Kanada
    |Akademie_der_Wissenschaften
    |              verheiratet_wichtig
    |                                                           -1.25
    |              Akademiemitgliedschaft_wichtig
    |          |Arbeitsplatz_Finanzakademie
    |          |(deckungsgleich mit    Professorin
    |          |Beruf_Gatte_Diplomat
    |          |und_kommunistisch)
    |
    |              Doktor
    |                                                           -1.5
    |
    |
    |       Beruf_Mutter_Landwirtschaft
    |
    |
    |          Institutsleiterin                               -1.75
    |
    |
    |
    |
    |                                                           -2.0
    +          Finanzakademie_absolviert
   --------------------------------------------------------------
     .0              .3              .6              .9
```

Grafik 11: ExpertInnentum und Definitionsmacht: Doppelt dominante Variationsrichtung

tung.[3] Die genannten Eigenschaften betreffen persönlich-familiäre Angaben –
‚verheiratet' (0,37|-1,21) sein, ‚Kinder' (0,01|-0,82) haben – ebenso wie be-
rufliche Aspekte – Titel ‚Doktor' und ‚Kandidat' (0,58|-0,64), ‚Arbeit an einer
Universität' (0,43|-0,69) oder an der ‚Akademie der Wissenschaften' (0,36|-
0,49) und ‚Übersetzungen' eigener Arbeiten (0,41|-0,43). Bemerkenswert sind
weiters die Merkmale ‚Beruf des Gatten: Diplomat', ein Hinweis auf hohes ge-
sellschaftliches Prestige, und die politische Einstellung ‚kommunistisch' (bei-
de: 0,37|-1,32).[4] KommunistIn zu sein, war im Russland der späten 1990er
Jahren nicht unbedingt ein Karrierehindernis für Sozial- und Wirtschaftswis-
senschafterInnen.[5]

Hier ist auch die Disziplin ‚Ökonomie' (0,23|-1,14) zu finden. In die-
sem Fach gibt es, wie in Kapitel IV. 2. gezeigt, seit den späten 1960er Jahren
Auseinandersetzungen mit der Rolle der Frau als Arbeitskraft und als Mutter.
Am Institut für sozioökonomische Bevölkerungsprobleme der Akademie der
Wissenschaften wurde 1991 das erste russische Zentrum für Genderforschung
eingerichtet. Der Anlass dafür war ein Auftrag der Regierung an (überwiegend)
Ökonominnen, ein Programm für den Schutz von Familie, Mutterschaft und
Kindheit zu entwerfen. Diese Praxis von Frauen- und Geschlechterforschung
könnte man als ExpertInnentum bezeichnen. Vergleicht man die Entwicklung und Etablierung von Frauen- und Geschlechterforschung in verschiedenen nationalen Kontexten, so ist ein Impuls von staatlicher Seite eher ungewöhnlich, am ehesten noch vergleichbar mit der Situation in skandinavischen
Ländern, in denen traditionell eine Verknüpfung zwischen staatlicher Frauen-
und Gleichstellungspolitik einerseits und Frauen- und Geschlechterforschung
andererseits besteht.[6] Das angesprochene ExpertInnentum äußert sich auch
in Form des Merkmals ‚Politikberatung auf staatlicher Ebene' (0,30|-0,98).
Konkret wurden von RespondentInnen als von ihnen beratene Institutionen

---

[3] Siehe dazu die Überlegungen zum Umgang mit diesen Einstellungsfragen in den Erläute-
    rungen zur ersten Dimension in Kapitel IV. 1.

[4] Beide Merkmale sind deckungsgleich mit ‚Arbeitsplatz Finanzakademie bei der Regierung
    der Russischen Föderation'.

[5] Vgl. Alexander Bikbovs Beobachtungen zu Kontinuitäten bei wissenschaftlichem Personal
    und LehrbuchautorInnen in der Soziologie seit den 1970er Jahren, Bikbov, „Autonomie",
    2005, S. 320f. Siehe dazu auch Kapitel IV. 2. in diesem Buch.

[6] Vgl. Griffin, „Institutionalization", 2005.

das Sozialministerium, der Föderationsrat sowie verschiedene sozialpolitische Ausschüsse der Staatsduma genannt.[7]

Sehr nahe an der senkrechten Achse (also politisch neutral und akademisch dominant) befindet sich das Merkmal ,Arbeitsplatz Institut für USA- und Kanadastudien der Russischen Akademie der Wissenschaften' (0,03|-1,16). Wiewohl Fremdsprachenkenntnisse als verrechnetes Merkmal zu den ersten beiden Dimensionen keinen überdurchschnittlichen Beitrag leisten, impliziert dieser Arbeitsplatz nicht nur Mehrsprachigkeit, sondern auch Wissen über fremde Staaten (in denen Frauenbewegung und Geschlechterforschung eine stärkere Tradition und Bedeutung haben als in Russland) sowie Zugang zu fremdsprachiger Literatur.

Acht der 28 Interviews wurden anhand des Fragebogens von mir ,persönlich durchgeführt' (0,29|-0,78). Ob eine Person den Bogen selbst ausfüllen wollte oder persönlich befragt wurde, war abhängig von einer Terminfindung oder den Präferenzen der Befragten. Nicht alle persönlich Interviewten sind akademisch höhergestellte Personen, aber alle Personen mit Doktortitel und Professorenamt wurden von mir persönlich interviewt. Für ranghöhere Personen wurde bei der empirischen Erhebung mehr Sorgfalt aufgewendet; ich habe ihnen nicht zugemutet, einfach einen Fragebogen zum Selbstausfüllen vorgelegt zu bekommen.

Im mittleren Bereich der Punktwolke der doppelt dominanten Variationsrichtung findet sich das Merkmal ,Einschätzung des Einflusses des westlichen Feminismus als irrelevant' (0,42|-0,67) für Frauen- und Geschlechterforschung in Russland. Hier geht es weder um eine Selbstbezeichnung als FeministIn oder NichtfeministIn noch darum, ob man es wichtig findet, dass man als GenderforscherIn FeministIn ist, sondern um die Frage, welche Rolle westliche Feminismen für die Entwicklung einer wissenschaftlichen Beschäftigung mit Frauen- und Geschlechterthemen spielten. Zum einen könnte man national ausgerichtete[8] Ansichten als Begründung für diese Einschätzung ins Treffen führen, etwa die Meinung, dass importierte, westliche Theorien nicht

---

[7]   Das Merkmal ,Beratung für politische Parteien' trägt dagegen nur unterdurchschnittlich zur Variation in der zweiten Dimension bei und ist daher nicht in der Grafik zu sehen.

[8]   Siehe dazu auch einen Kommentar zu einer Diskussion zwischen russischen SoziologInnen, in dem eine „Fraktion, die einer nationalen oder slawischen Soziologie das Wort redet", erwähnt wird, siehe Hartmann/Wehkamp, „Buchproduktion", 1996, o. S.

für die Erklärung der spezifischen russischen Verhältnisse taugten.[9] Eine Respondentin meinte explizit, westliche Konzeptionen werden nur im MCGI verwendet, ansonsten gebe es einen eigenen russischen Zugang (R 20). Zum anderen mag die Bedeutung von Theorie(n), die zwischen unterschiedlichen Disziplinen innerhalb der Frauen- und Geschlechterforschung variiert, eine Rolle spielen.[10] Angesichts dessen, dass die von russischen GenderforscherInnen rezipierten westlichen (theoretischen) Texte eher von PhilosophInnen, AnthropologInnen oder LiteraturwissenschafterInnen stammen als von ÖkonomInnen[11], wird verständlich, warum derlei Theorien eher irrelevant sind. Nicht etwa weil Ökonomie ein wenig theorielastiges Fach wäre, sondern weil innerhalb der Genderforschung die als disziplinenübergreifend relevant angesehen Theorien eher aus anderen Fächern kommen. Schließlich kann auch empiristisch angelegte Forschung, die sich nur auf Daten beruft, auf Theorie(n), welcher regionalen und disziplinären Provenienz auch immer, weit gehend verzichten.

Das Merkmal, es habe ‚keine Literatur' (0,15|-0,37) gegeben, die ausschlaggebend war für die Hinwendung zu Frauen- und Geschlechterforschung, kann Unterschiedliches implizieren: Entweder waren es persönliche Erlebnisse – etwa die Erfahrung von Diskriminierung aufgrund des Geschlechts – oder Personen, die einen dazu brachten. Das können beeindruckende WissenschafterInnen oder aber auch Vorgesetzte gewesen sein. Eine Respondentin (R 20, als konstruiertes Individuum im mittleren Abschnitt dieses doppelt dominanten Bereichs) gab an, sie hätte von ihrem Chef in den

---

[9] Siehe dazu auch Galina Zverevas Überlegungen zum Umgang mit dem Fremden als „Fernes" in den postsowjetischen Geistes- und Sozialwissenschaften, siehe Zvereva, „Das Fremde", 2002 und Kapitel IV. 1. in diesem Buch.

[10] In einer Untersuchung zu Interdisziplinarität innerhalb der europäischen Frauen- und Geschlechterforschung schreiben Veronica Vasterling u. a. über die Rolle von Theorie(n): „Where interdisciplinarity was considered to be present, most frequently, theory is privileged over and above other forms of interdisciplinary content, possibly because this offers a relatively straightforward way of moving beyond disciplines.", Vasterling u. a., *Interdisciplinarity*, 2006, S. 40. Zu Diskussionen um Theorie innerhalb der feministischen Forschung siehe Stanley/Wise, „Empress", 2000.

[11] Die Frage nach Leitdisziplinen innerhalb eines als interdisziplinär proklamierten akademischen Feldes wie Frauen- und Geschlechterforschung bedarf wohl noch einer gezielten Untersuchung. Siehe aber insbesondere die Kapitel zu Inter-/Disziplinarität in Hark, *Partizipation*, 2005.

1980er Jahren die Anweisung erhalten, sich mit Frauenthemen zu befassen, weil die KPdSU sich gegenwärtig dafür interessierte. [12]

In Richtung der abnehmenden akademisch-wissenschaftlichen Etabliertheit und im Übergang zur feministischen Politik findet man jene Variante(n) von Frauen- und Geschlechterforschung, die nicht russische BeobachterInnen am wahrscheinlichsten präsentiert bekommen, wenn sie nach diesem Forschungsbereich in Russland fragen. Dafür spricht etwa der ‚Arbeitsplatz Institut für Sozioökonomische Bevölkerungsprobleme der Russischen Akademie der Wissenschaften (ISEPN)‘ (0,48|-0,54) – jenes Institut, welches das MCGI beherbergt. Die maximale Nutzung von Medien zur Äußerung des eigenen Standpunkts ist hier von Bedeutung. Zum Zeitpunkt der Erhebung bedeutete das ‚Printmedien, Radio und Fernsehen‘ (0,62|-0,43), da das Internet noch nicht so verbreitet beziehungsweise für die Moskauer GenderforscherInnen (und ihre potenziellen AdressatInnen) zugänglich war. Auch die Angabe, nur ‚Zeitungen und Zeitschriften‘ (0,45|-0,64) zur Äußerung der eigenen Meinung zu nutzen, befindet sich im doppelt dominierten Bereich.

Eine ganz wesentliche Rolle spielt dabei weiters ‚demokratisch‘ (0,58|-0,14) als politische Einstellung. Wie schon in der Erläuterung der ersten Dimension erwähnt, wird von manchen AutorInnen ein unmittelbarer und notwendiger Zusammenhang zwischen feministischem und demokratiepolitischem Engagement hergestellt. Die ‚Sommerschulen des MCGI‘ (0,49|-0,20), die von 1996 bis 1998 abgehalten wurden, sowie eine ‚Konferenz zu Frauen- und Geschlechterforschung in Russland‘ (0,49|-0,12), die im Jänner 1996 stattfand, bündeln diese Merkmale, wie den folgenden Zitaten aus den Vorwörtern zu den publizierten Materialien dieser Veranstaltungen zu entnehmen ist. In der Einleitung zur Konferenz von 1996 werden – neben einer vertieften Erarbeitung von theoretischen und methodologischen Werkzeugen und einem verstärkten Austausch zwischen den ForscherInnen – als weitere Erfolg versprechende Strategien genannt:

„Unerlässlich ist eine festere und unmittelbarere Verbindung der WissenschafterInnen mit der sozialen Praxis auf allen Ebenen. Das betrifft sowohl die Regierung als auch das Parlament als auch den Apparat des Präsidenten wie auch die regionalen

---

[12]   Siehe dazu auch die Antworten auf die Frage danach, was die RespondentInnen dazu gebracht hat, sich für Frauen- und Geschlechterforschung zu interessieren im Anhang des Buchs.

Verwaltungen. [...] Eine wesentliche Rolle spielen auch gute Kontakte zur Presse, überhaupt zu den Massenmedien, welche die Ergebnisse unserer Forschungen popularisieren und einen wesentlichen Einfluss auf die Formung der öffentlichen Meinung nehmen sollen." [13]

Lobbying auf allen Ebenen soll also ein wesentlicher Bestandteil von Frauen- und Geschlechterforschung sein, verbunden mit der Vorstellung, dass durch Indienstnahme der Massenmedien die öffentliche Meinung beeinflusst werden kann und soll.

Ähnliche Ziele, hier aber mit stärkerem Bezug auf akademische Kontexte, formuliert Zoja Chotkina, die Koordinatorin der Sommerschulen für Frauen- und Geschlechterforschung für diese neue Form der Wissensvermittlung: „[...] die Entwicklung von Frauen- und Geschlechterforschung sowie ihre Einführung in das System der höheren Bildung in Russland zu ermöglichen und auf dieser Basis auch die Aufklärung und demokratische Umgestaltung der russischen Gesellschaft." [14] Außerdem wird betont, dass die Sommerschulen im Gegensatz zum akademischen Normalbetrieb viel weniger hierarchisch strukturiert waren – alle TeilnehmerInnen seien gleichberechtigt, alle seien zugleich Lehrende, Lernende und miteinander Diskutierende. Eine solche Ansage – ob sie nun eher programmatisch war oder in die Tat umgesetzt wurde – hat in dieser Fläche ihren Platz relativ nahe dem neutralen Bereich akademischer Etabliertheit (zweite Dimension) und in der affirmativ feministisch-politischen Variationsrichtung der ersten Dimension.

Nicht unerwartet finden sich hier auch die Zustimmung zur Wichtigkeit dessen, ,dass eine mit Frauen- und Geschlechterforschung beschäftigte Person ,FeministIn' (0.51|-0,09) und ,Mitglied einer Frauenorganisation' (0,46|-0,23) sei sowie ,dass sie Kontakt zu ausländischen feministischen Organisation' (0,36|-0,03) habe. ,Übersetzungen von westlichen feministischen Texten für Studierende' (0,69|-0,12) oder für den Eigengebrauch angefertigt zu haben, steht für Interesse an diesen Werken und Engagement für die Weitergabe solchen Wissens.

Die Angabe, bei der Beschäftigung mit Frauen- und Geschlechterforschung auf ,Hindernisse' (0,08|-0,29) (etwa seitens des konservativen wissenschaftlichen, aber auch des privaten Umfelds) gestoßen zu sein, kann häufig

---

[13] Rimaševskaja, „Issledovanija", S. 12, aus dem Russischen von TG.
[14] Chotkina, „Letnie školy", 2000, S. 252f., aus dem Russischen von TG.

in autobiografischen Erzählungen feministisch motivierter GenderforscherInnen (nicht nur russischer) gefunden werden.[15] Ein wesentliches Charakteristikum des doppelt dominanten Bereichs ist die Konzentration von Indikatoren für Definitionsmacht, also der Macht, explizit zu bestimmen, was Genderforschung in Russland sein solle. Als solche können die Sommerschulen und die Konferenz von 1996 betrachtet werden: Veranstaltungen, die der Versammlung und Sichtbarmachung des russischen Potenzials in der Frauen- und Geschlechterforschung dienten. Das trifft auch für die Mitarbeit in ‚akademischen Kommissionen' (0,46|-0,92) zu, die in ihrem Wirkungsbereich über einzelne Institute oder Universitäten hinausreichen.

V.2.   Angewandte Frauen- und Geschlechterforschung: Politische Dominanz und wissenschaftliche Dominiertheit

Die nun besprochene Variationsrichtung kombiniert Frauen- und Geschlechterforschung als politisches Engagement für Frauen (Dominanz in der ersten Dimension) mit abnehmender akademischer Etabliertheit (Dominiertheit in der zweiten Dimension). Es zeigt sich deutlich (siehe Grafik 12), dass Frauen und Geschlechterforschung hier, wie eine Respondentin (R 1) formuliert, „angewandte Forschung", die „Instrumente in die Hand geben" soll und „nicht bloß reine Theorie" sein sollte. Forschung, die, wie Zoja Chotkina (im Zusammenhang mit den Sommerschulen für Frauen- und Geschlechterforschung) schreibt, „[...] nicht nur auf Analyse hin orientiert ist, sondern auf die Suche nach Wegen zur Lösung realer sozialer Probleme von Frauen und Männern in der russischen Gesellschaft"[16].

Relativ nahe am Achsenschnittpunkt – also vergleichsweise neutral im Hinblick auf beide Dimensionen – finden sich Zustimmungen zur Wichtigkeit der ‚Lektüre von Werken westlicher Feministinnen' (0,33|0,02) sowie von ‚Kontakten zu wissenschaftlichen Institutionen im Ausland' (0,27|0,08) für Personen, die sich mit Genderforschung befassen. Ansonsten gibt es in dieser Variationsrichtung nur mehr Verneinungen zu diesen Einstellungsfragen.

---

[15] Siehe etwa Posadskaya, „Self-Portrait", 1992, Hasenjürgen, *Soziale Macht*, 1996, Lichtenberger-Fenz/ Ingrisch, *Lust*, 2000.

[16] Chotkina, „Letnie školy", 2000, S. 251. Siehe auch ähnlich lautende Antworten auf die Frage nach einer Mission von Frauen- und Geschlechterforschung im Anhang dieses Buchs.

```
|                                                    2.5
|                                                    2.25
|
|                                                    2.00
|
|
|
|
|
|                                                    1.75
|                                                    1.5
|                                                    1.25
|
|
|
|    kein_akademischer_Titel
keine_Sammel-
bandbeiträge                                         1.0
|                          feministische_Organisation
|
|
|                                  ledig
keine_Kinder
|
|  |Lebt_mit |Interesse_an_Frauen-und_Geschlechter-   0.75
|  |Kind(ern)|forschung_seit_2.Hälfte_1990er
|                                    |nichtakademischer
|                                    |Arbeitsplatz
|
Mitgliedschaft
Frauenorganisation
unwichtig       R2
|keine_Artikel_in_ausländischen_Zeitschriften        0.5
|Beruf_Mutter_Wissenschafterin
|
|  keine_Betreuung_Diplomarbeiten/Dissertationen
|    kA_Betreuung_Dipl/Diss_Frauen-&Geschlechterforschung
|    Parteimitgliedschaft_unwichtig
Arbeitsplatz_  R3   R16|Akademiemitgliedschaft
Universität_unwichtig|unwichtig
|Kinder_unwichtig|R4                   |Artikel_nur 0.25
|        Nichtteilnahme_Feminologija-Programm|in_feministischen
|                                            |Zeitschriften
|
|  R10              R12              R21      Journalistik
|  |Kontakte_zu_wissenschaftlichen
|  |Institutionen_im_Ausland_wichtig
|R23|Lektüre_westl._feminist.|R26
+---|Texte_wichtig–keine_Konfession|R8 ------------------+
.0              .3              .6              .9
```

Grafik 12: Angewandte Frauen- und Geschlechterforschung: Dominanz in der ersten Dimension, Dominiertheit in der zweiten

Als *nicht wichtig* für eine Person, die sich mit Frauen- und Geschlechterforschung befasst, werden eingeschätzt: ‚Kinder' (0,19|0,24) zu haben, die ‚Mitgliedschaft in einer politischen Partei' (0,32|0,34), ‚Mitgliedschaft in der Akademie der Wissenschaften' (0,30|0,31) sowie ein ‚Arbeitsplatz an einer Universität' (0,02|0,31).

Bezeichnend für diese Variationsrichtung ist das Fach ‚Journalistik' (0,96|0,11), welches einen ‚nicht akademischen Arbeitsplatz' (0,83|0,73) nahelegt. An Publikationen scheinen hier nur ‚Artikel in feministischen Zeitschriften' (0,81|0,21), nicht aber in anderen wissenschaftlichen Journalen auf. Die ‚Nichtteilnahme an Konferenzen des *Feminologija*-Programms' [17] (0,40|0,21) verweist auf zweierlei: Zum einen fehlt die berufliche Zugehörigkeit zu einer Universität oder sonstigen akademischen Einrichtung – dementsprechend taucht auch das Merkmal ‚keine Betreuung von Qualifikationsarbeiten' (0,30|0,40) auf. Zum anderen repräsentiert das *Feminologija*-Programm wohl eine Verknüpfung zwischen *gendernye issledovanija* und Politik, allerdings eine ganz andere Spielart von Politik als jene, welche die Variationsrichtung der „angewandten Frauen- und Geschlechterforschung" auszeichnet. Hier nämlich geht es gerade nicht um politisches Engagement in Parteien oder um Zusammenarbeit mit Organisationen der lokalen Administration. Vielmehr geht es um als feministisch bezeichnetes Engagement – auf der Ebene nicht staatlicher Frauenorganisationen sowie in Form von Arbeit in Krisen- und Beratungszentren – oder etwa auch als journalistische Tätigkeit, innerhalb derer immer wieder frauenspezifische oder feministische Themen zur Sprache gebracht werden. Das entspricht einer Einschätzung der Sankt Petersburger Soziologinnen Anna Temkina und Elena Zdravomyslova, die über die feministische Praxis von Gender Studies im postsowjetischen Russland (etwa vier Jahre nach der dieser Analyse zu Grunde liegenden Befragung) schreiben, sie sei

"[...] connected to the grass-root feminist groups in post-Soviet Russia. It has been focused on the unequal position of women in society, on the peculiarities of women's experience in terms of inequality, hierarchy, domination, and discrimination. The epistemological basis of the theory is connected to Western feminist theory, with researchers drawing on the variety of liberal, radical, psychoanalytical, post-modernist, and other approaches. The goal has been to problematize and reconstruct the position

---

[17]   Siehe dazu Kapitel II. 2.

of women (and men) and everyday experience in soviet and post-soviet society. As an analytical trend, it has represented itself as feminist ideology." [18]

Unterstrichen wird die Absage an die Politik als parteipolitisches Engagement durch ein Nicht-für-wichtig-Halten der ‚Mitgliedschaft in einer politischen Partei‘ (0,22|0,21) für eine Genderforscherin oder einen Genderforscher. [19]

Die Verteilung dieser Variationsrichtung zeigt, dass es möglich ist, im Rahmen von Frauen- und Geschlechterforschung dominant zu agieren, ohne große akademische Errungenschaften vorweisen zu können. Dieser in offiziell akademischer Logik offensichtliche Mangel kann im Zusammenhang von Frauen- und Geschlechterforschung durch feministische Praxis, durch Engagement für Frauen kompensiert werden. Mehr noch: Dieses Engagement wird als Stärke, als die wichtigste Referenz, und sogar als *conditio sine qua non* für Frauen- und Geschlechterforschung erachtet. Diese Wichtigkeit wie auch die Diskrepanz zwischen (zunehmend erfolgreicher) akademischer Institutionalisierung einerseits und feministischem Engagement andererseits kommen etwa in einem Statement über die Anfänge von Frauen- und Geschlechterforschung in Russland von Anastasija Posadskaja-Vanderbek deutlich zum Ausdruck:

"My main concern at that time [frühe 1990er Jahre, TG] was how to maintain a feminist agenda in women's studies with only a few feminist scholars and an emerging independent women's movement. The answer I gave was that in the current situation, the project to develop women's studies was not and could not be confined to the university, and that to be an effective feminist in academia one also had to be part of a women's movement. At that time I took for granted that everyone agreed about what it meant to be a feminist and to develop feminist research: to be a scholar and an activist at the same time. My concern was, however, about the difficulty – which many feminists in Russia face – of combining research and public activity: to mainstream academics, we are not 'pure scholars'; for the women's movement – sometimes – we are too elitist, too academic." [20]

---

[18]   Temkina/Zdravomyslova, „Gender Studies", 2003, S. 55.

[19]   Vgl. dazu die kritische Anmerkung, die eine Respondentin (R 28, schriftlich, auf dem Fragebogen) zu dieser Frage gemacht hat: „Politische Aktivität ist nicht immer mit Parteien verbunden. Die Frauenbewegung ist politisch, aber nicht parteipolitisch, und der Aktivismus von Feministinnen ist auch politisch, aber nicht parteipolitisch. Diese Frage ist nicht ganz gelungen formuliert und Sie verlieren damit viel an wichtiger Information".

[20]   Posadskaya, „Threshold", 1997, S. 373f.

In der Mitte der Punktwolke dieser feministisch-politisch dominanten und wissenschaftlich dominierten Variationsrichtung befinden sich einige Angaben zur Person – ‚ledig' (0,51|0,87), ‚keine Kinder' (0,10|0,84), ‚lebt zusammen mit den Kindern' (0,22|0,72), ‚Beruf des Vaters: Ingenieur' (0,04|0,74) –, die vor allem insofern interessieren, als sie der konsequenten Verweigerung von Angaben zur Person in der gegenüberliegenden Variationsrichtung „Universitärer Normalbetrieb" (siehe unten) entgegengesetzt sind. Im Kontext der „Angewandten Frauen- und Geschlechterforschung" ist es keine Absonderlichkeit, dass eine Person, die Frauen- und Geschlechterforschung betreibt, nach ihren Lebensumständen gefragt wird – und auf solche Fragen auch antwortet.

Nahe an der senkrechten Achse (also mit neutraler Referenz auf feministische Politik) in extremerer Positionierung befinden sich Merkmale, die auf das Fehlen von akademischen Meriten hinweisen, wie etwa ‚kein akademischer Titel' (0,22|1,07) und ‚keine Sammelbandbeiträge' (0,09|0,99). Sie bezeichnen den Übergang zu einer Variationsrichtung, die für eine andere Praxis des Umgangs mit wenig eigenen akademischen Errungenschaften steht.

V.3.   Explizit unpolitische Wissenschaft: Politische und wissenschaftliche Dominiertheit

Jene Variationsrichtung, die (noch) wenige akademische Errungenschaften mit der Absage an Frauen- und Geschlechterforschung als feministisches Engagement kombiniert, weist nahe an der senkrechten Achse zunächst Ähnliches wie etwas weiter oben beschrieben auf (siehe Grafik 13): ‚keine Monografien' (-0,05|0,56) und ‚keine HerausgeberInnen- und KoautorInnenschaften' (-0,12|0,59), ‚keine universitären Kommissionen' (-0,05|0,35) und die Ablehnung der Wichtigkeit von Kriterien wie ‚Arbeitsplatz an der Akademie der Wissenschaften' (0,01|0,34) oder ‚Übersetzungen eigener Werke' (-0,05|1,12) für Personen, die Frauen- und Geschlechterforschung betreiben.

Doch in dieser Variationsrichtung erhält das Fehlen von akademischen Meriten zunehmend eine andere Bedeutung: Ein offizieller Mangel wird hier nicht durch frauenpolitisches Engagement kompensiert, viel eher geht es um eine Positionierung am Anfang einer akademischen Karriere, in der explizit Interesse an wissenschaftlichen Erkenntnissen in den Vordergrund gestellt wird. Es geht *gerade nicht* um feministisches Engagement ebenso wenig um politikberatendes ExpertInnentum oder mediale Präsenz (die entsprechend gegen-

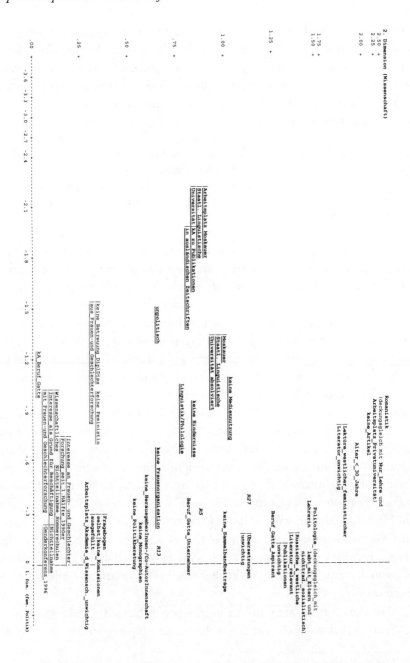

Grafik 13: Explizit unpolitische Wissenschaft: Doppelt dominierte Variationsrichtung

überliegend in der doppelt dominanten Variationsrichtung zu finden sind). Es soll auch nicht die Demokratisierung der russischen Gesellschaft mittels feministischer Politik vorangetrieben werden. Frauen- und Geschlechterforschung wird dagegen als dezidiert *wissenschaftliches* Interesse behauptet und praktiziert. Charakteristisch für diese Praxis von Frauen- und Geschlechterforschung ist ein Kommentar der Linguistinnen Alla Kirilina und Marija Tomskaja:

> „Das Interesse der einheimischen Wissenschafter an der Genderproblematik wird oft mit der eingetretenen Offenheit der russländischen Gesellschaft in der postsowjetischen Periode und mit dem Einfluss der Ideen des Feminismus in Verbindung gebracht. Diese Faktoren sind zweifellos wichtig, aber es gibt unserer Ansicht nach noch wichtigere Gründe". [21]

Eine solche Absage an feministische Interessen ist problematisch, wenn man bedenkt, dass in der dominanten Variationsrichtung der ersten Dimension feministisch-politische Ansprüche als unerlässliche Bedingung von Frauen- und Geschlechterforschung betrachtet werden. Insofern kann das ausdrückliche Hochhalten von wissenschaftlichem Interesse als Beweggrund und Ziel von Gender Studies als eine defensive Praxis in der doppelt dominierten Position interpretiert werden. Damit wird wohl riskiert, dass die eigene Umsetzung von Frauen- und Geschlechterforschung von bestimmten – den in der ersten Dimension dominanten – Positionen aus betrachtet die Legitimität abgesprochen werden könnte: Wenn *gendernye issledovanija* im vollinhaltlichen Sinn notwendigerweise mit feministisch-politischem Engagement verbunden sein muss, dann fehlt einer dezidiert unpolitischen Variante eine wesentliche Qualität. Im Hinblick auf die zweitwichtigste Dimension wäre man nicht angreifbar. Es zeichnet sich ab, dass ein etwaiger Ausweg aus der doppelt dominierten Position vorrangig in der Variation auf der zweiten Dimension, also im Hinblick auf akademische Errungenschaft, vorgesehen ist. Wenn Frauen- und Geschlechterforschung nicht politisches, sondern wissenschaftliches Interesse ist, dann wird man versuchen, eine bessere, erfahrene, erfolgreichere Wissenschafterin zu werden, nicht aber eine bessere, aktivere, einflussreichere Feministin.

Die extremste Position, immer noch relativ nahe an der senkrechten Achse (feministisch-politisch neutral), nehmen drei überlagerte Punkte ein: die

---

[21]   Kirilina/Tomskaja, „Lingvističeskie", 2005, o. S., aus dem Russischen von TG.

Studienrichtung ‚Romanistik‘, ‚nur Lehrtätigkeit‘ und als Arbeitsplatz die ‚Private Hochschule für Wirtschaft und Recht ‚Höhere Stolypin Kurse" (*Vysšie stolypinskie kursy*) (alle: -0,87|2,54). Als Nächstes, senkrecht in Richtung des Zentrums, findet sich die Angabe, ‚keine Artikel‘ (-0,75|2,23), sei es in wissenschaftlichen oder in feministischen Zeitschriften, publiziert zu haben. Die niedrigste Altersklasse dieser Erhebung ‚Alter unter 30 Jahre‘ (-0,57|1,99) weist darauf hin, dass das Fehlen von Publikationen und anderen wissenschaftlichen Errungenschaften hier mit dem niedrigen Lebensalter (und entsprechendem akademischen Alter) zusammenhängt. Die ‚Lektüre von Werken westlicher Feministinnen‘ (-0,63|1,92) ist keine Voraussetzung für die Beschäftigung mit Frauen- und Geschlechterforschung – wiewohl ‚russische und westliche Literatur‘ (-0,12|1,4) gleichermaßen die Entscheidung für diese Beschäftigung beeinflussten. Etwas weniger extrem positioniert sind die Studienrichtung ‚Politologie‘ (-0,22|1,5) [22] und der Beruf ‚Universitätslehrerin‘ (-0,30|1,49). Es verwundert, dass ausgerechnet die Disziplin Politologie in der erklärt unpolitischen Variationsrichtung auftritt. Das mag dadurch erklärbar sein, dass Politologie, ein in Russland sehr junges akademisches Fach [23], innerhalb der Moskauer Frauen- und Geschlechterforschung der 1990er Jahre eine weniger wichtige Rolle spielt.

Die charakteristischen Disziplinen sind Linguistik und philologische Fächer [24], repräsentiert durch die Merkmale Studienfach ‚Linguistik/Philologie‘ (-0,96|0,78), ‚absolvierte Universität‘ (-1,29|0,98) und ‚Arbeitsplatz Moskauer Staatliche Linguistische Universität‘ (-2,21|0,88). Linguistik ist nicht notwendigerweise eine unpolitische Disziplin. [25] Dennoch scheinen im Kontext der Moskauer Geschlechterforschung der 1990er Jahre Feminismus und Linguistik wenig miteinander zu tun zu haben. An relativ extremer Stelle dieser Variationsrichtung ist die politische Einstellung ‚apolitisch‘ (-1,47|0,65) platziert: nicht die Verweigerung von Angaben zur politischen Einstellung, sondern die

---

[22] Deckungsgleich mit den Merkmalen ‚lebt mit den Eltern‘ und ‚politische Einstellung: nicht traditionell sozialistisch‘.

[23] Mills, „Opportunities", 1992.

[24] Zu den philologischen Fächern bemerkte eine Respondentin in ihrer Antwort auf die Frage nach Hindernissen in der Beschäftigung mit Geschlechterforschung, dass Gender Studies bei den PhilologInnen sehr unbeliebt seien (R 1).

[25] Man denke hier nur an die feministische Linguistik und Sprachkritik. Siehe etwa Lakoff, *Language*, 1975; Pusch, *Männersprache*, 1984; Trömel-Plötz, *Gewalt*, 1997.

dezidierte Aussage unpolitisch zu sein. Oder, wie eine Respondentin, es ausdrückt: „Politik stellt für mich kein wissenschaftliches Interesse dar" (R 5). Worum es geht, ist vielmehr Frauen- und Geschlechterforschung als wissenschaftliches Interesse. Es könnte hier der etwas vage Begriff einer nachkommenden Generation [26] verwendet werden, die jünger ist und die noch wenige oder keine akademischen Errungenschaften wie Publikationen oder Titel vorweisen kann. Diese Generation hatte bereits „westliche" *und* russische Literatur zur Verfügung, um auf Geschlechterforschung aufmerksam zu werden. Diesem neueren Zugang entspricht auch, dass ‚keine Hindernisse' (-0,63|0,84) bei der Beschäftigung mit Gender Studies (wie etwa Spott, mangelnde Akzeptanz oder fehlende Betreuung) angegeben werden. Man konnte auf etwas zugreifen, das es schon gab, das nicht mehr erfunden, erkämpft oder importiert werden musste und das man nicht gegen akademische Spielregeln betreibt. Als Beginn des Interesses für Frauen- und Geschlechterforschung wird hier die ‚erste Hälfte der 1990er Jahre' (-0,48|0,16) angegeben. Die ‚Nichtteilnahme an den Sommerschulen des MCGI' (-0,45|0,12) sowie der ‚Gender Studies-Konferenz im Jänner 1996' (-0,45|0,07) weist darauf hin, dass nicht nur inhaltliche Abgrenzungen zu feministisch-politisch motivierten Varianten gemacht werden, sondern dass man sich auch persönlich aus dem Weg geht – oder zumindest nicht die gleichen Tagungen besucht.

Dass hier schließlich das Merkmal ‚Fragebogen selbst ausgefüllt' (-0,21|0,35) verortet ist, mag auf größere Unkompliziertheit der weniger etablierten AkademikerInnen schließen lassen – oder zumindest auf eine solche Unterstellung meinerseits, der zufolge ich besagte AkademikerInnen die Fragebögen selbst ausfüllen ließ.

---

[26] Vgl. dazu die Rede von einer „Angebotsgeneration" in der deutschen Frauenforschung, die sich ohne jegliches „Frauenbewusstsein" mit bereits vorhandenen Frauenforschungsinhalten beschäftigt, die eben gerade in Mode seien bei Stoehr, „Gründerinnen", 1994, S. 101.

V.4. Verweigerung und universitärer Normalbetrieb: Politische Dominiertheit und wissenschaftliche Dominanz

Fortgesetzt wird die Interpretation der Flächengrafik (siehe Grafik 14) in jener Variationsrichtung, die eine Kombination aus der dominierten Richtung der ersten Dimension – also die negative Referenz auf feministisches oder sonstiges politisches Engagement – und des neutralen Referenzbereichs der zweiten Dimension, in dem es um die akademische Etabliertheit geht, darstellt. Die hier platzierten Antwortverweigerungen wurden, wie schon in den Erläuterungen zur ersten Dimension erwähnt, als jenes positive Statement genommen, als das sie gegeben wurden: als Ablehnung des in der Befragung vorgesetzten Modells von Frauen- und Geschlechterforschung und als (auch explizit geäußerte) Kritik am Fragebogen, wenn nicht sogar am Forschungsdesign. Wenn für die Beschäftigung mit Geschlechterforschung in erster Linie wissenschaftliches Interesse wichtig ist (wie eine Respondentin auf den Fragebogen schrieb, anstatt die Antwortmöglichkeiten anzukreuzen), sind alle sonstigen Merkmale zweitrangig, ja irrelevant.

Es fällt auf, dass die verweigerten Antwortmodalitäten mehrheitlich in der dominanten Variationsrichtung der zweiten Dimension (starke akademische Etabliertheit) liegen, sodass sie von einer akademisch selbstbewussten Position aus geäußert wurden. Sie stehen für eine andere Haltung als die in der doppelt dominierten Variationsrichtung beschriebene explizite Absage an Politik, Feminismus und öffentliche Meinungsäußerung, kombiniert mit dem Bekenntnis zum wissenschaftlichen Interesse. Hier geht es eher darum, dass sich „objektivierende Subjekte"[27] weigern, selbst objektiviert zu werden, und konsequenterweise das Instrument der Objektivierung, den Fragebogen, – zumindest teilweise – boykottieren.

Weiter in Richtung der akademischen Dominanz trifft man auf die Disziplin ‚Philosophie' (-2,74|-0,83), ein Fach das – zumindest im gegebenen Kontext des postsowjetischen Russland – viel weniger dazu neigt, konkret angewandte Wissenschaft zu werden als etwa Ökonomie, Journalistik oder Psychologie. An der deckungsgleichen Position befindet sich auch die politische Einstellung ‚humanistisch' – eine Kategorie, die sich konkreteren (partei-)politischen Systematiken entzieht. Die (waagrechte) Bewegung in

---

[27] Bourdieu, *Homo academicus*, 1992, S. 10.

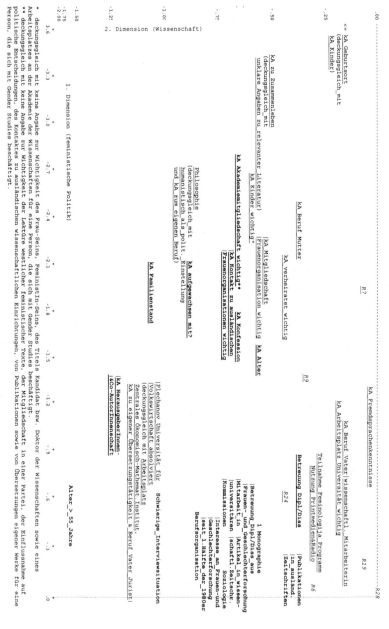

Grafik 14: Verweigerung und Universitärer Normalbetrieb: Dominiertheit in der ersten Dimension, Dominanz in der zweiten

Richtung der senkrechten Achse impliziert eine graduelle Abnahme der Ablehnung von feministischem Engagement im Zusammenhang mit Genderforschung. Wird die Bewegung auch in der zweiten Dimension (senkrecht) variiert, so steigt oder sinkt das Ausmaß der akademischen Etabliertheit. Etwa in der Mitte der Punktwolke, die Dominiertheit in der ersten und Dominanz in der zweiten Dimension kombiniert, findet man die ‚Plechanov-Universität für Volkswirtschaft'[28] (-1,40|-1,02) als von der befragten Person absolvierte Hochschule, die auf die im Kontext der Moskauer Frauen- und Geschlechterforschung dominanten Sozial- und Wirtschaftswissenschaften verweist. Näher in Richtung des Schnittpunkts der Dimensionen ergibt sich eine Kombination von Merkmalen, die universitären Normalbetrieb implizieren, charakterisiert etwa durch die Berufsbezeichnung ‚wissenschaftliche Mitarbeiterin' (-0,53|-0,16) und die ‚Betreuung von Diplomarbeiten und Dissertationen' (-0,54|-0,36). Darunter befinden sich auch ‚Diplomarbeiten und Dissertationen in Frauen- und Geschlechterforschung' (-0,30|-0,58), ein Merkmal, das von seiner Positionierung her politisch neutral und akademisch eher dominant ist. Eine solche Platzierung korrespondiert mit einer fortgeschrittenen Institutionalisierung von Frauen- und Geschlechterforschung, die ja die Voraussetzung dafür darstellt, dass Qualifikationsarbeiten verfasst und verteidigt werden können, die aber auch eine Entpolitisierung von Frauen- und Geschlechterforschung mit sich bringt.[29]

Bemerkenswert ist auch das Merkmal ‚Teilnahme an Konferenzen des Feminologija-Programms' (-0,57|-0,28). Im Hinblick auf Verknüpfungen zwischen Geschlechterforschung und Politik kann bemerkt werden, dass das Programm großen Wert auf die Zusammenarbeit zwischen WissenschafterInnen und Institutionen der politischen Administration legt. *Feminologija* – so der im Rahmen des Programms überwiegend verwendete Terminus – und *gendernye issledovanija* sollten Daten und Erkenntnisse liefern, die als Informationen und Entscheidungshilfen für politische Institutionen dienen. Ziel dieser Zusammenarbeit sei die Erreichung einer „Gender-Symmetrie – ein Zustand der Gesellschaft, in dem das Prinzip der gleichen Rechte, Freiheiten und

---

[28] Deckungsgleich mit den Merkmalen ‚Arbeitsplatz Zentrales Ökonomisch-Mathematisches Institut der Russischen Akademie der Wissenschaften', ‚Beruf des Vaters: Jurist' und ‚keine Angaben zu selbst angefertigten Übersetzungen westlicher feministischer Texte'.

[29] Siehe die Bemerkung von Anastasija Posadkaja, die in der Beschreibung der „Angewandten Wissenschaft" in Kapitel V. 2. zitiert wurde, Posadskaya, „Threshold", 1997, S. 373f.

Möglichkeiten für Frauen und Männer praktisch realisiert ist"[30], zumindest in den programmatischen Ansagen der Programmleiterin Ol'ga Chasbulatova. Es kann sicher nicht behauptet werden, dass etwa jede einzelne Person, die am Programm in irgendeiner Weise teilnimmt, dessen proklamierte Ziele[31] verfolgt. Schon ein Blick in die Materialien von zwei Tagungsbänden des besagten Programms zeigt, dass sich im Rahmen der einen organisatorischen Struktur unterschiedliche Zugänge finden.[32] Eher könnte man interpretieren, dass das *Feminologija*-Programm für Moskauer WissenschafterInnen, die an Universitäten arbeiten, eine Möglichkeit bietet, sich mit Frauen- und Geschlechterforschung zu beschäftigen, ohne notwendigerweise mit dem sehr dominanten Zentrum für Gender Studies kooperieren zu müssen.

Das *Feminologija*-Programm stellt aber eine in mancherlei Hinsicht andere Praxis der Frauen- und Geschlechterforschung dar als etwa jene des MCGI. Die Unterscheidungen verlaufen beispielsweise zwischen Universitäten einerseits und Instituten der Akademie der Wissenschaften andererseits; zwischen der Provinz und der Hauptstadt Moskau; zwischen Politikberatung auf regionaler und nationaler Ebene. Manche AutorInnen haben auch die wissenschaftliche Qualität der Arbeiten, die unter dem Titel *feminologija* verwirklicht wurden, kritisiert.[33] Die bereits im Unterkapitel zur Angewandten Frauen- und Geschlechterforschung zitierten Soziologinnen Temkina und Zdravomyslova schreiben über die Praxis von *feminologija*, die sie klar von einer feministischen Praxis unterscheiden:

---

[30] Chasbulatova, „Feminologija", 1999, S. 2. Entfernt erinnert die Formulierung an die Diskussionen aus den 1960er- und 1970er Jahren um faktische Gleichberechtigung/Gleichheit zwischen Männern und Frauen in der Sowjetunion, siehe Kapitel IV. 2.

[31] In ihrem Beitrag zu einer Tagung des MCGI vom Jänner 1996 stellt Ol'ga Chasbulatova das *Feminologija*-Programm in einer Art und Weise vor, die der Skizzierung von Temkina und Zdravomyslova („Gender Studies"), entspricht – mit Ausnahme des von den beiden Autorinnen angeführten Sich-Einordnens in sowjetische Wissenschaftstraditionen. Vgl, Chasbulatova, „Programma", 1996, S. 23f.

[32] Vgl. Chasbulatova, *Rubež*, 1998; Dies., *Otnoženija*, 1999.

[33] Natalija Puškareva schreibt in einem Aufsatz über Frauengeschichte in Russland: „Im Übrigen ist der Großteil der Anhängerinnen der historischen Frauenforschung [*istoričeskaja feminologija*] in Russland, die versuchen, die Geschichte der Frauen zu rekonstruieren, in der Regel frei von jeglichen methodologischen Reflexionen.", Puškareva, „Ėpistemologija", S. 222, aus dem Russischen von TG.

"The second trend arose in connection with the 'official' branch of the Russian women's movement, which has espoused social 'protectionist' ideas. Its advocates [sic!] avoid the concepts of patriarchy, the terms of gendered inequality and feminist frames. Instead, they focus on women's roles in society. Sex-role theory is at the center of women's study [sic!] (feminology) so conceived. It is a trend which reveals some continuity with the Soviet tradition of sociology, demography, psychology, sociology of the family, and research into the women's social problems and sex-role research." [34]

Näher zur senkrechten Achse hin werden die Anzeichen akademisch-universitärer Einbindung und wissenschaftlicher Meriten häufiger, so etwa ‚Mitarbeit in universitären Kommissionen' (-0,45|-0,67). ‚Mitgliedschaft in Berufsorganisationen' (-0,39|-0,80) kann ebenfalls als ein für die Etablierung im Wissenschaftsbetrieb förderliches Element interpretiert werden. Die Veröffentlichung ‚einer Monografie' (-0,32|-0,59) und ‚Artikeln in ausländischen wissenschaftlichen Zeitschriften' (-0,04|-0,38) sind Attribute und Ergebnisse akademisch-wissenschaftlichen Tuns (und hinsichtlich der ersten politischen Dimension neutral). Das Merkmal ‚Publikationen in Fachzeitschriften' (-0,11|-0,65) impliziert hier, dass nur in solchen Journalen, nicht aber in feministischen Periodika publiziert wurde. [35] Merkmale in extremeren Positionierungen verstärken diese Tendenz, was sich in indirekten Hinweisen äußert wie etwa ‚Alter über 55' (-0,48|-1,61) – die höchste Alterskategorie – in Kombination mit einem Interesse an Frauen- und Geschlechterforschung schon seit der ersten Hälfte der 1980er Jahre. Das impliziert vergleichsweise viel Zeit, die bereits mit Wissenschaft im Allgemeinen und der Beschäftigung mit Genderforschung im Besonderen verbracht wurde. Dazu passt auch das Fach ‚Soziologie' (-0,13|-0,69), in dem Geschlechterforschung in Russland beziehungsweise der Sowjetunion schon relativ früh eine Rolle spielte.

In dieser wissenschaftlich dominanten und politisch eher neutralen Platzierung – im Übergang zur doppelt dominanten Variationsrichtung, in dem die Analyse begonnen hat – ist das Merkmal ‚schwierige Interviewsituation' (-0,50|-1,08) platziert. Die hier gemeinten Schwierigkeiten können leicht in einen Zusammenhang mit maximalen akademischen Meriten gebracht wer-

---

[34] Temkina/Zdravomyslova, „Gender Studies", 2003, S. 55f.
[35] Vgl. das in der Grafik gegenüberliegende, also in der Variationsrichtung „Angewandte Frauen- und Geschlechterforschung" positionierte, Merkmal ‚Publikationen nur in feministischen Zeitschriften'.

den: Akademisch höherrangige Personen waren eher schwerer zu erreichen, es war schwieriger, einen Interviewtermin zu finden, und auch während der Interviews kam es eher zu Störungen und Unterbrechungen.

VI. Geschlechterforschung als Expertise, Aktivismus und akademische Wissenschaft

Meine Studie stellt eine sozialwissenschaftliche Konstruktion des Felds von Frauen- und Geschlechterforschung im Moskau der 1990er Jahre dar. Das Verdienst des Analyseinstruments Korrespondenzanalyse ist es, die relevanten Unterscheidungen innerhalb eines Forschungsgegenstands herauszuarbeiten. Es wurde damit nicht nur erläutert, welche unterschiedlichen Möglichkeiten es gab, *gendernye issledovanija* unter diesen Bedingungen in die Praxis umzusetzen. Mittels einer geometrischen Darstellung der Verteilung der Daten konnte auch gezeigt werden, wie diese Praxismöglichkeiten zueinander in Relation stehen. Diese Relationen bestehen nicht nur zwischen unterschiedlichen, sondern auch zwischen unterschiedlich mächtigen Varianten von Frauen- und Geschlechterforschung. Dabei wird die Aufmerksamkeit der Forscherin gerade auf die Abweichungen vom Typischen und Offensichtlichen gerichtet. Die meisten publizierten Beschreibungen von Moskauer (bzw. russischer) Frauen- und Geschlechterforschung, entsprechen Merkmalskombinationen, die im neutralen Bereich verortet sind. Dieser neutrale Bereich ist ganz und gar nicht unwichtig (würde er sonst als russische Frauen- und Geschlechterforschung *par excellence* präsentiert werden?), aber was seine Neutralität oder Normalität ausmacht, wird erst durch die Abweichungen deutlich. So finden sich implizit oder explizit unpolitische Varianten von *gendernye issledovanija* und GenderforscherInnen, die ihre politische Einstellung mit kommunistisch angeben, auch wenn so etwas nicht erwartet wird. So ergibt es sich, dass Antwortverweigerungen eine ganz wichtige Rolle spielen – ein Ergebnis, das auch meine eigenen, zunächst unreflektierten Vorstellungen über Frauen- und Geschlechterforschung offen legte. Ich hätte nicht damit gerechnet, dass die Frage nach einer Verbindung zwischen Geschlechterforschung und Feminismus als irrelevant und somit keiner Antwort würdig abgetan werden könnte.

Das wichtigste Differenzierungskriterium der Moskauer Frauen- und Geschlechterforschung in der zweiten Hälfte der 1990er Jahre ist feministisch-politisches Engagement. Wenn man sich also zu dieser Zeit wissenschaftlich mit Geschlecht beschäftigte, so kam man nicht umhin, sich in irgendeiner Weise mit feministischen Ansprüchen auseinanderzusetzen. Das Spektrum reicht, wie gezeigt wurde, von einem ausdrücklichen Bekenntnis zu feministischem Engagement, das *gendernye issledovanija* erst zu dem macht, was es sein soll, bis zu ebenso ausdrücklichen Absagen an solches Engagement im Zusammenhang mit wissenschaftlicher Forschung. Auch (oder gerade) wenn man Frauen- und Geschlechterforschung idealiter als unpolitisch betrachtet, muss man diesen Standpunkt in (negativer) Referenz auf die politisch-engagierte Variante vertreten. Solche Statements sind nicht nur ein Effekt meiner Befragung, sondern finden sich auch in Publikationen, wenn etwa geschrieben wird, dass zwar viele fänden, Feminismus und Frauenbewegung hätten Großes zur Entwicklung von Frauen- und Geschlechterforschung beigetragen, tatsächlich würde es aber viele andere wichtige Faktoren geben.[1] Das Spektrum variiert nicht nur über Einstellungen oder Aussagen. Politisches Engagement oder die Abwesenheit davon zeigt sich auch in dem, was ProtagonistInnen der Geschlechterforschung tun oder gerade nicht tun: Mitgliedschaft in Frauenorganisationen Politikberatung, Äußerungen in Massenmedien.

Als zweitwichtigstes Differenzierungskriterium hat sich akademische Etabliertheit ergeben, mit einem Spektrum, das von hohen akademischen Weihen bis zum Fehlen von entsprechenden Titeln, Stellen, Publikationen und Ähnlichem reicht. Dieser Verteilung entspricht auch jener der Lebensalter der Befragten. Zudem kann man beobachten, dass die Einschätzung der Wichtigkeit von Merkmalen akademischer Etabliertheit in etwa mit dem Vorhandensein dieser Merkmale übereinstimmt. Vereinfacht ausgedrückt: DoktorInnen finden es wichtig, dass eine Person, die sich mit Genderforschung beschäftigt, einen Doktortitel hat. Jene, die keine Artikel oder Monografien veröffentlicht haben, finden es unwichtig, dass eine solche Person Publikationen vorlegen kann.[2]

---

[1] Vgl. Kirilina/Tomskaja, „Lingvističeskie", 2005.
[2] Weniger vereinfacht müsste man konstatieren, dass die entsprechenden Merkmalskombinationen in den Zeilen-/Spaltenprofilen der Tabelle überdurchschnittlich oft vorkommen.

In der Flächengrafik ergab sich eine genauere Aufschlüsselung der Dimensionen, es konnte also für jedes Merkmal simultan gezeigt werden, welchen Stellenwert es im Hinblick auf Politik und Akademie hat. Die Merkmalskombinationen ermöglichen es wiederum, die Variationsrichtungen zu benennen und sohin „ExpertInnentum und Definitionsmacht", „Angewandte Frauen- und Geschlechterforschung", „Explizit unpolitische Wissenschaft" sowie „Verweigerung und universitären Normalbetrieb" als Möglichkeiten der Praxis von *gendernye issledovanija* zu identifizieren. Diese Möglichkeiten sind keine fix voneinander abgegrenzten Kategorien. Sie sind einander mehr oder weniger ähnlich (oder nahe, in der geometrischen Repräsentation) und gehen ineinander über.

Man kann sich nun einzelne Thematiken innerhalb dieser Fläche ansehen: Fragt man nach Merkmalen, die explizit mit Feminismus zu tun haben, so findet man zunächst, dass die Selbstbezeichnung als ‚FeministIn' in der Grafik gar nicht vorkommt. Dadurch, dass sie gewissermaßen typisch für Moskauer GeschlechterforscherInnen ist, trägt sie zur Variation der ersten Faktoren nur wenig bei. Die Selbstbezeichnung als ‚kein/e FeministIn' stellt dagegen eine Abweichung dar, und zwar in jene Richtung, die mit „Explizit unpolitische Wissenschaft" bezeichnet wurde. Praxisorientierte Aktivitäten wie ‚Mitgliedschaft in feministischen Organisationen' und ‚Artikel nur in feministischen Zeitschriften' findet man in Richtung der „Angewandten Frauen- und Geschlechterforschung" ebenso wie die Ansicht, ‚Lektüre westlicher feministischer Literatur sei wichtig' für GenderforscherInnen. Im Übergang zur politisch und akademisch dominanten Variationsrichtung ist die Einschätzung platziert, es sei wichtig, dass, wer GenderforscherIn ist, auch FeministIn sein muss, sowie eine Tätigkeit: die Übersetzung westlicher feministischer Texte für Studierende oder für den eigenen Gebrauch. Noch ein Merkmal hat explizit mit Feminismus zu tun: die Einschätzung, der ‚Einfluss des westlichen Feminismus auf die russische Geschlechterforschung sei irrelevant'. Das ist keine Absage an politisches Engagement für Frauen generell – das Merkmal befindet sich in der politisch und akademisch dominanten Variationsrichtung, welche die Bezeichnung „ExpertInnentum und Definitionsmacht" erhalten hat. Vielmehr geht es um eine demonstrative Betonung der Autonomie der russischen Frauen- und Geschlechterforschung von ausländischen Einflüssen. Die Abweichung in Richtung der „Verweigerung" besteht darin, keine Antwort auf die

Frage danach zu geben, ob es für eine Person, die sich mit Genderforschung beschäftigt, wichtig sei, FeministIn zu sein.

Richtet man die Aufmerksamkeit auf die Verteilung von akademischen Disziplinen, so sieht man deutlich die einflussreiche Position der Sozialwissenschaften („Soziologie' und ‚Ökonomie'). In diesen Fächern wird einerseits länger als in anderen Fächern *gendernye issledovanija* unter dieser Bezeichnung betrieben, andererseits stellen sie auch am ehesten Bezüge zu sowjetischen Forschungstraditionen her, sei es durch energisches Sich-Abgrenzen vom zuvor Dagewesenen, sei es durch ein Sich-Eingliedern in solche Traditionen. Das Fach Journalistik zeichnet sich durch seine Nähe zu politischer und medialer Aktivität aus; im Rahmen von Frauen- und Geschlechterforschung als feministisch-politischer Wissenschaft ist es politisch dominant und akademisch eher neutral. Die Platzierung von sprach- und literaturwissenschaftlichen Fächern und von Politologie verdeutlicht deren nachrangige Position innerhalb der Moskauer Frauen- und Geschlechterforschung in den 1990er Jahren.

Es mag zunächst wenig überraschen, dass sich Frauen- und Geschlechterforschung im Moskau der 1990er Jahre in erster Linie als Sache von Politik und in zweiter Linie von akademischer Etabliertheit erweist. Dennoch wären auch andere Kriterien denkbar. Angesichts der Debatten über den Einfluss und die Bedeutung ausländischer Theorien und Fördermittel hätten Praktiken in Bezug auf das (westliche) Ausland im Vordergrund stehen können. Die Verteilung einschlägiger Merkmale wie Fremdsprachenkenntnisse, Auslandsaufenthalte, Einschätzung der Wichtigkeit westlicher feministischer Theorien legte aber keine solche Interpretation nahe. Auch die Reihenfolge von Politik und Akademie hätte anders aussehen können.

Das Feldkonzept diente als Werkzeug der Forschung – als ständige Erinnerung daran, den Gegenstand der Forschung in relationaler Weise zu konstruieren. Diese Verwendung erscheint mir sehr fruchtbar und es wäre wünschenswert, dass sie Anregungen für weitere wissenschaftshistorische oder -soziologische Studien böte. Frauen- und Geschlechterforschung in Moskau als Objekt der Forschung soll nicht bloß ein singuläres Kuriosum darstellen, das durch seine Exotik Interesse weckt. Vielmehr können systematische Vergleiche angestellt werden, etwa mit Frauen- und Geschlechterforschung unter anderen örtlichen, zeitlichen oder kulturellen Voraussetzungen – oder auch mit anderen akademischen Disziplinen. Es könnte gefragt werden, welche Referenzen (Forschung, Lehre, Disziplinen, Interdisziplinarität, Internationalität, Karriere, Wirtschaft, Politik, ...) sich anderswo als wichtig erweisen – und in welcher Reihenfolge der Wichtigkeit. „Klinische Analysen" von Frauen- und Geschlechterforschung sind noch ein Desiderat der Wissenschaftsgeschichte und -soziologie, wie die – bereits im Anfangskapitel zitierte – Soziologin Sabine Hark zu Recht moniert. [3]

Der pragmatische Fokus dieser Studie auf eine Stadt, und sei es auch eine Metropole wie Moskau, setzt willkürliche Beschränkungen, die einer Nationengrenzen überschreitenden Realität wissenschaftlicher Praxis nicht gerecht werden. Im Kontext von Frauen- und Geschlechterforschung, die so stark auf „westliche", vor allem englischsprachige Texte rekurriert, könnte in einem nächsten Schritt etwa danach gefragt werden, wie sich ForscherInnen mit einer Muttersprache, die gerade nicht als Lingua franca der internationalen Community der Geschlechterforschung dient, innerhalb dieser Community positionieren können. Der im Vergleich mit den USA oder Westeuropa spätere Beginn von Frauen- und Geschlechterforschung als eigenes akademisches Fach in Russland stellt einen weiteren Wettbewerbsnachteil dar, und Wissenschaft ist (unter anderem auch) Konkurrenzkampf. Diese Fragestellungen schärfen den Blick auch für die eigene Positionierung (welche sprachlichen und anderen Bedingungen finden beispielsweise österreichische oder deutsche GeschlechterforscherInnen vor?) und tragen im Sinne einer reflexiven Praxis zum besseren Verständnis des eigenen wissenschaftlichen Tuns bei.

---

[3] Hark, „Wissenspraxis", 2006, S. 6

Literatur- und Quellenverzeichnis

Abubikirova, Natalija/Klimenkova, Tat'jana/Kočkina, Elena/Regentova, Marina/Trojnova, Tat'jana (Hg.), *Spravočnik ženskie nepravitelstvennye organizacii v Rossii i SNG* [Handbuch Frauen-Nichtregierungsorganisationen in Russland und der GUS], Moskau 1998.

Ahlberg, René, „Einleitung. Die Entwicklung der sowjetischen Soziologie", in ders. (Hg.), *Soziologie in der Sowjetunion. Ausgewählte sowjetische Abhandlungen zu Problemen der sozialistischen Gesellschaft*, Freiburg im Breisgau 1969, S. 9-49.

Ajvazova, Svetlana, *Ženščiny v labirinte ravnopravija* [Frauen im Labyrinth der Gleichberechtigung], Moskau 1999.

Amnesty International, Jede Stunde stirbt eine Frau durch einen gewalttätigen Mann, (http://www.amnesty.at/frauenrechte/cont/laenderthemen/russland4.html, Zugriff 31. 8. 2007.

Appelt, Erna, „Zur Transformation feministischer Anliegen im institutionellen Kontext", in Angerer, Marie-Luise/Appelt, Erna/Bell, Anni/Rosenberger, Sieglinde/Seid, Hadwig (Hg.), *Auf glattem Parkett. Feministinnen in Institutionen*, Wien 1991, S. 13-34.

Aristarchova, Irina, „Russkij feminizm i ètničeskie men'šinstva" [Russischer Feminismus und ethnische Minderheiten], Cyber-Femin-Klub 1998, http://tac.spb.ru/cfc/womenstudies/culture_difference2.htm, Zugriff 30. 9. 2002.

Asarow, Juri, *Vom Glück unserer Kinder*, Moskau/Berlin 1982.

Attwood, Lynne, *The New Soviet Man and Woman. Sex Role Socialization in the USSR*, Bloomington/Indianapolis 1990.

AUF-Redaktionsfrauen, „Feministische Dissidentinnen", *AUF – Eine Frauenzeitschrift*, H. 26 (1980), S. 4-6.

Ažgichina, Nadežda „Na puti k obreteniju sily" [Auf dem Weg zur Erlangung der Kraft], *We/My* Sondernummer 2000, o. S., http://www.owl.ru/win/info/we_my/2000_sp/05.htm, Zugriff 31. 8. 2007.

Avdeev, Alexandre, „On the way to one-child-family: are we beyond the point of no return? Some considerations concerning the fertility decrease in Russia", in: Kotowska, Irena/Józwiak, Janina (Hg.),*Population of Central and Eastern Europe. Challenges and Opportunities*, Warsaw, 2003, S. 139-163.

Ažgichina, Nadežda, „Interv'ju", in: Alčuk, Anna (Hg.), *Ženščina i vizual'nye znaki* [Frau und visuelle Zeichen], Moskau 2000, S. 160-167.

Baldauf, Annette/Griesebner Andrea, *Entwicklung und Institutionalisierung von Women's Studies im europäischen Vergleich*, Materialien zur Förderung von Frauen in der Wissenschaft Band 1, Wien 1992.

Ballaeva, Elena, *Gendernaja ekspertiza zakonodatel'stva RF: Reproduktivnye prava ženščin Rossii* [Gender-Expertise der Gesetzgebung der Russischen Föderation: Reproduktive Rechte der Frauen Russlands] Moskau 1998.

Baranskaja, Natalija, *Nedelja kak nedelja*, Moskva 1969 [dt. *Woche um Woche*, Darmstadt 1979].

Barchunova, Tatjana, „The Selfish Gender, Or the Reproduction of Gender Assymetry in Gender Studies", *Studies in Eastern European Thought*, Jg. 55, H. 1 (2003), 3-25.

Barchunova, Tatjana, „A Library of Our Own? Feminist Translations from English into Russian, in: Bidwell-Steiner, Marlen/Wozonig, Karin S., (Hg.), *A Canon of Our Own? Kanonkritik und Kanonbildung in den Gender Studies*, Gendered Subjects Band 3, Innsbruck/Wien/Bozen 2006, S. 133-147.

Baskakova, Marina, *Ravnye vozmožnosti i gendernye stereotipy na rynke truda* [Gleiche Chancen und Genderstereotypen am Arbeitsmarkt], Moskau 1998.

Batygin, Gennadij Semjonovič, „Preemstvennost' Rossijskoj Sociologičeskoj tradicii" [Kontinuität in der Russländischen soziologischen Tradition], in: Jadov, Vladimir Aleksandrovič (Hg.), Sociologija v Rossii, Moskau, S. 23-44.

Becker, Ruth/Beate Kortendiek (Hg.), *Handbuch Frauen- und Geschlechterforschung. Theorie, Methoden, Empirie*, Wiesbaden 2004.

Behnke, Cornelia/Michael Meuser, *Geschlechterforschung und qualitative Methoden*, Opladen1999.

Bel'kin, Aron Isaakovič, „Biologičeskie i social'nye faktory, formirujuščie polovuju identifikacija" [Biologische und soziale Faktoren, welche die Geschlechtsidentität formen], in: ders., *Sootnošenie biologičeskogo i social'nogo v čeloveke* [Der Zusammenhang zwischen Biologischem und Sozialem beim Menschen], Moskau 1975.

Benzécri, Jean-Paul, *Analyse des Données. Tome II: Analyse des Correspondances*, Paris 1973

Benzécri, Jean-Paul, *Corespondence analysis handbook*, New York/Basel/Hongkong 1992.

Best, Heinrich/Becker, Ulrike „Die russische Tradition der Soziologie der sechziger Jahre und der Gegenwart", in: dies. (Hg.), *Sozialwissenschaften im neuen Osteuropa*, Band 2. Bonn 1995, S. 15 – 146.

Best, Heinrich, „Platzierungslogiken und Rekrutierungsregime von DDR-Funktionseliten: Ergebnisse einer Korrespondenzanalyse", in: Best, Heinrich/Gebauer, Ronald (Hg.), *(Dys)Funktionale Differenzierung? Rekrutierungsmuster und Karriereverläufe der DDR-Funktionseliten*, SFB 580 Mitteilungen, 3 (2002), S. 21-32.

Bidwell-Steiner, Marlen/Karin S. Wozonig (Hg.), *Die Kategorie Geschlecht im Streit der Disziplinen*, Gendered Subjects Band 1, Innsbruck/Wien/Bozen 2005.

Bikbov, Alexander, „Fragliche Autonomie. Zur Lage der Soziologie im heutigen Russland", *Berliner Zeitschrift für Soziologie* Jg. 15, H. 3 (2005), S. 309-330.

Blagojević, Marina, „Creators, Transmitters and Users: Women's Scientific Excellence at the Semi-periphery of Europe", in: European Commission, *Gender and Excellence in the Making*, Luxemburg 2004, S. 135-146.

Blasius, Jörg, *Gentrification und Lebensstile. Eine empirische Untersuchung*, Wiesbaden 1993.

Blasius, Jörg, *Korrespondenzanalyse*, München/Wien 2001.

Bogdanovic, Tat'jana Aleksandrovna, *Ljubov ljudej sestidesjatych godov* [Die Liebe der Menschen der sechziger Jahre], Leningrad 1929.

Boltanski, Luc/Derré Yann/Schiltz Marie-Ange, „La dénonciation", *Actes de la recherche en sciences sociales*, H. 51 (1984), S. 3-40.

Boronoev, Asalchan O./Ermakovič, Julija M, „M. M. Kovalevskij i institutio-nalizacija Sociologii v Rossii" [M.M. Kovaleskij und die Institutionalisie-rung der Soziologie in Russland], *Sociologičeskie issledovanija*, H. 8 (1996), S. 120-126.

Bourdieu, Pierre, „The Specificity of the Scientific Field and the Social Con-dition of the Progress of Reason", *Social science information* Jg. 14, H. 6 (1975), S. 19-47.

Bourdieu, Pierre, *La distinction*, Paris 1979 [dt.: *Die feinen Unterschiede*, Frankfurt/M. 1987].

Bourdieu, Pierre, „Animadversiones ad Mertonem", in: Clark, Jon/Modgil, Celia/Modgil, Sohan (Hg.), *Robert K. Merton. Consensus and Controversy*, London 1990, S. 297-301.

Bourdieu, Pierre, *Homo academicus*, Frankfurt/M. 1992.

Bourdieu, Pierre, „Das objektivierende Subjekt objektivieren", in: Ders., *Rede und Antwort*, Frankfurt/M. 1992, S. 219-223.

Bourdieu, Pierre, *Sozialer Sinn. Kritik der theoretischen Vernunft*, Frankfurt/M. 1993.

Bourdieu, Pierre, „Über einige Eigenschaften von Feldern", in: ders., Soziolo-gische Fragen, Frankfurt/M. 1993, S. 107-114.

Bourdieu, Pierre, „Narzißtische Reflexivität und wissenschaftliche Reflexivi-tät", in: Berg, Eberhard/Fuchs, Martin (Hg.), *Kultur, soziale Praxis, Text. Die Krise der ethnographischen Präsentation*, Frankfurt/M. 1993, S. 365-374.

Bourdieu, Pierre, „Ökonomisches Kapital – Kulturelles Kapital – Soziales Ka-pital", in: Ders., *Die verborgenen Mechanismen der Macht*, Schriften zu Politik & Kultur 1, Hamburg 1997, S. 49-79

Bourdieu, Pierre, „Zur Genese der Begriffe Habitus und Feld", in: Ders., *Der Tote packt den Lebenden*, Schriften zu Politik & Kultur 2, Hamburg 1997, S. 59-78.

Bourdieu, Pierre, *Vom Gebrauch der Wissenschaft. Für eine klinische Soziologie des wissenschaftlichen Feldes*, Konstanz 1998.

Bourdieu, Pierre, *Die Regeln der Kunst. Genese und Struktur des literarischen Feldes*, Frankfurt/M. 1999.

Bourdieu, Pierre/Chamboredon, Jean-Claude/Passeron, Jean-Claude, Soziologie als Beruf. Wissenschaftstheoretische Voraussetzungen soziologischer Erkenntnis, Berlin/New York 1991.

Boutenko, Irina, „The Russian Sociological Association. Actors and Scenery on a Revolving Stage", *International Sociology,* Jg... 17, H. 2 (2002), S. 233-261.

Braidotti, Rosi/Berteke Waaldijk, *The making of european women's studies: a work in progress report on curriculum development and related issues in gender education and research*, Vol. VII, Utrecht 2006

Von Braun, Christina/Inge Stephan, *Gender-Studien. Eine Einführung,* 2., aktualisierte Ausgabe, Stuttgart 2006.

Browning, Genia, *Women and politics in the USSR. Consciousness raising and Soviet women's groups*, Brighton, Sussex 1987.

Buckley, Mary, *Soviet Social Scientists Talking: an Official Debate about Women*, London 1986.

Buckley, Mary, *Women and Ideology in the Soviet Union*, New York/London 1989.

Buckley, Mary, The Untold Story of Obshchestvennitsa in the 1930s, Europe-Asia Studies, Jg. 48, H. 4 (1996), S. 569-586.

Buckley, Mary, „Adaptation from the Soviet Women's Committee: deputies' voices from ‚Women of Russia‘", in: Dies. (Hg.), Post-Soviet Women: From the Baltic to Central Asia, S. 157-185, Cambridge 1997.

Von Bußmann, Hadumod/Renate Hof (Hg.), *Genus. Geschlechterforschung/Gender Studies in den Kultur- und Sozialwissenschaften. Ein Handbuch*, 2. Aufl., Stuttgart 2005.

Černyševskij, Nikolaj Gavrilovič, *Čto delat'? Iz rasskazov o novych ljudjach. Roman* [Was tun? Aus Erzählungen über neue Menschen. Roman], Moskau [1863] 1960.

Charčev, Anatolij, Georgievič, *Sem'ja i brak v SSSR* [Familie und Ehe in der UdSSR], Moskau 1979.

Chasbulatova, Ol'ga Anatolevna, „O naučno-issledovatel'skoj mežvuzovskoj programme: ‚Ženščiny Rossii‘" [Über das wissenschaftliche interuniversitäre Programm ‚Frauen Russlands‘], in: Moskovskij centr gendernych issledovanij (MCGI) (Hg.), *Materialy konferencii „Gendernye issledovanija v Rossii: Problemy vzaimodejstvija I perspektivy razvitija"* [Materialien der

Konferenz ‚Gender Studies in Russland: Probleme der Zusammenarbeit und Entwicklungsperspektiven'], Moskau 1996, S. 22-25.

Chasbulatova, Ol'ga Anatolevna (Hg.), *Ženščiny Rossii na rubeže XX – XXI vekov* [Frauen Russlands an der Grenze zwischen XX und XXI Jahrhundert], Ivanovo 1998

Chasbulatova, Ol'ga Anatolevna (Hg.), *Gendernye otnoženija v Rossii: istorija, sovremennoje sostojanie, perspektivy* [Genderbeziehungen in Russland: Geschichte, gegenwärtiger Zustand, Perspektiven], Ivanovo 1999.

Chasbulatova, Ol'ga Anatolevna, „Feminologija i gendernye issledovanija v sisteme vysšego obrazovanija Rossii: sostojanie i perspektivy" [Feminologia und Gender Studies im Russischen höheren Bildungssystem: Zustand und Perspektiven], in: dies. (Hg.), *Gendernye otnošenija v Rossii: Istorija, sovremennoe sostojanie, perspektivy*, Ivanovo 1999, S. 2-8.

Cheauré, Elisabeth, „Feminismus à la russe. Gesellschaftskrise und Geschlechterdiskurs", in: Dies. (Hg.), *Kultur und Krise. Rußland 1987-1997*, Berlin 1997, S. 151-178.

Chotkina, Zoja Aleksandrovna (Hg.), *Ženščiny i social'naja politika: Gendernyj aspekt* [Frauen und Sozialpolitik: Gender-Aspekt], Moskau 1992.

Chotkina, Zoja Aleksandrovna (Hg.), *Seksual'nye domogatel'stva. Materialy seminara po pravam ženščin v Rossii* [Sexuelle Belästigung. Materialien eines Seminars über Frauenrechte in Russland], Moskau 1996.

Chotkina, Zoja Aleksandrovna, „Al'ternativnye programmy gendernogo obrazovanija v Rossii" [Alternative Gender-Lehrprogramme in Russland] in: Chasbulatova, Ol'ga Anatolevna (Hg.), *Gendernye otnoženija v Rossii: istorija, sovremennoje sostojanie, perspektivy* [Genderbeziehungen in Russland: Geschichte, gegenwärtiger Zustand, Perspektiven], Ivanovo 1999, S. 201-205.

Chotkina, Zoja Aleksandrovna, „Letnie školy po gendernym issledovanijam v Rossii 1990x godov kak model' obrazovanija" [Sommerschulen für Gender Studies in Russland in den 1990er Jahren als Ausbildungsmodell], in: Cheauré, Elisabeth/Heyder, Carolyn (Hg.), *Pol Gender Kul'tura. Nemeckie i russkie issledovanija* [Geschlecht Gender Kultur. Deutsche und Russische Forschungen], Bd. 2, Moskau 2000, S. 249-257.

Chotkina, Zoja Aleksandrovna, „Gendernym issledovanijam v Rossii – desjat' let" [Genderforschung in Russland ist zehn Jahre alt], *Obščestvennye nauki i sovremennost'*, H. 4 (2000), 21-26.

Chotkina, Zoja/Klimenkova, Tat'jana/Lunjakova, Larisa/Malyševa, Marina (Hg.), *Gendernye issledovanija v Rossii: Problemy vzaimodejstvija i perspektivy razvitija* [Gender Studies in Russland: Probleme der Zusammenarbeit und Entwicklungsperspektiven], Moskau 1996.

Chotkina, Zoja Aleksandrovna/Puškareva, Natal'ja L'vevna/Trofimova, Elena Ivanovna (Hg.), *Ženščina Gender Kul'tura* [Frau Gender Kultur], Moskau 1999.

Chotkina, Zoja Aleksandrovna/Puškareva, Natal'ja L'vevna/Trofimova, Elena Ivanovna, „Vvedenie" [Einleitung], in: Dies. (Hg.), *Ženščina Gender Kul'tura* [Frau Gender Kultur], Moskau 1999, S. 7-12.

Cibois, Philippe, *L'analyse factorielle*, Paris 1983

Costas, Ilse, „Die Öffnung der Universitäten für Frauen – Ein internationaler Vergleich für die Zeit vor 1914", *Leviathan*, Jg. 23, H. 4 (1995), S. 496-516.

Csepeli, György/Antal Örkeny/Kim Lane Scheppele, „Colonisation or Partnership? Eastern Europe and Western Social Sciences", in: Heinrich Best/Ulrike Becker (Hg.)., *Sozialwissenschaften im neuen Osteuropa* Band 3. Bonn/Berlin 1997, S. 21-36.

Dangschat, Jens S./Blasius, Jörg (Hg.), Lebensstile in den Städten. Konzepte und Methoden. Opladen 1994

Dark, Brian, „Transphobia in Russia", Vortrag beim First European Trans-Gender Council in Wien am 4· November 2005. http://eva.transgender.at/acts/life/PrE_text_Mappe.pdf, Zugriff 31. 8. 2007.

David-Fox, Michael, „Science, Political Enlightenment and Agitprop: On the Typology of Social Knowledge in the Early Soviet period", *Minerva*, Jg. 34, H. 4 (1996), S. 347-366.

Davis, Natalie Zemon, „Gesellschaft und Geschlechter. Vorschläge für eine neue Frauengeschichte", in: dies., *Frauen und Gesellschaft am Beginn der Neuzeit*, Frankfurt/M. 1986, S. 117-132.

Dement'eva, Antonina Evgen'evna, „Opyt čtenija speckursa ‚Gender i politika' v techničeskom vuze", in: Chasbulatova, Ol'ga Anatolevna (Hg.), *Gendernye otnoženija v Rossii: istorija, sovremennoje sostojanie, perspektivy* [Genderbeziehungen in Russland: Geschichte, gegenwärtiger Zustand, Perspektiven], Ivanovo 1999, S. 210-213.

Dobrovol'skij, Dmitrij O./Kirilina, Alla V., „Feministskaja ideologija v gendernych issledovanijach i kriterii naučnosti" [Feministische Ideologie in der Genderforschung und Kriterien von Wissenschaftlichkeit], Kirilina, Alla V. (Hg.), Gender kak intriga poznanija [Gender als Erkenntnisintrige] Moskau 2000, S. 19-35.

Draude, Claude, „Introducing Cyberfeminism", *Nylon* H.3 (2001), S. 22-24.

Edmondson, Linda, *Feminism in Russia 1900 – 1917*, Stanford 1984.

Eifler, Stefanie, *Zur Erfassung von Selbstmordgedanken – eine Anwendung der Korrespondenzanalyse*. Bielefelder Arbeiten zur Sozialpsychologie, Nr. 184, Bielefeld 1997.

El'sukov, A. N., Istorija sociologii [Geschichte der Soziologie], Minsk 1997.

Engel Alpern, Barbara, *Mothers and Daughters. Women of the intelligentsia in Nineteenth Century Russia*, Cambridge 1986

Engel Alpern, Barbara, „An Interview with Olga Lipovskaia", Frontiers. Jg. 10, H. 3 (1989), S. 6-10.

Essig, Laurie, *Queer in Russia. A Story of Sex, Self and the Other*, Durham/London 1999.

Finansovaja Akademija pri pravitel'stve Rossijskoj Federacii, Homepage der Finanzakademie bei der Regierung der Russischen Föderation, http://www.fa.ru, Zugriff 31. 8. 2007.

Firsow, Boris Maximovič, „Intelligenz, Intellektuelle und Politik", in: Steiner, Helmut/Jadov, Wladimir Aleksandrovič (Hg.), Rußland – wohin? Rußland aus der Sicht russischer Soziologien, Berlin 2001 (2. Auflage), S. 201-211.

Fitzpatrick, Sheila, *Education and Social Mobility in the Soviet Union 1921-1934*, Cambridge 1979.

Fitzpatrick, Sheila, „Becoming Cultured: Socialist Realism and the Representation of Culture and Taste" in: dies. (Hg.), *The Cultural Front*, Ithaca 1992, S. 216-237.

Fleck, Christian (Hg.), *Soziologische und historische Analysen der Sozialwissenschaften*, Wiesbaden 2000.

Fleck, Christian, „Arisierung der Gebildeten. Vergleich zweier aus Österreich emigrierter Wissenschaftlergruppen im Kontext", in: Friedrich Stadler

(Hg.), *Österreichs Umgang mit dem Nationalsozialismus. Die Folgen für die naturwissenschaftliche und humanistische Lehre*, Wien 2004, S. 229-254

Frey Steffen, Therese (Hg.), *Gender studies: Wissenschaftstheorien und Gesellschaftskritik*, Leipzig 2006

Füllsack, Manfred, „Subventionierter Zwang oder mittellose Freiheit? Zur Geschichte der sowjetischen und postsowjetischen Soziologie in der sibirischen Wissenschafterstadt Akademgorodok", *Geschichte und Gegenwart* Jg. 19, H.2 (2000), S. 109-122.

Gapova, Elena, *On „Writing Women's and Gender History in Countries in Transition", and what we saw there*. Ungedrucktes Manuskript 2003, unter: http://www.indiana.edu/~freeiweb/events/2005/Gapova%20paper.pdf, Zugriff: 31. 8. 2007.

Garstenauer, Therese, „The inevitability of a canon in Women's and Gender Studies, and what to do about it", in: Marlen Bidwell-Steiner/Karin S. Wozonig (Hg.), *A Canon of Our Own? Kanonkritik und Kanonbildung in den Gender Studies*, Gendered Subjects Band 3, Innsbruck/Wien/Bozen 2006, S. 228-239.

Garstenauer, Therese/Katja Mayer, „To Study Soft Sciences", unveröffentlichtes Manuskript eines Vortrages bei der EASST Conference „Reviewing Humanness: Bodies, Technologies and Spaces", Lausanne, 23. – 26. August 2006.

Gavrjušina, Ljudmila. I., „Vtoroj nezavisimyj ženskij forum" (Das zweite unabhängige Frauenforum), in: Chotkina, Zoja Aleksandrovna (Hg.), *Ženščiny i social'naja politika: Gendernyj aspekt* [Frauen und Sozialpolitik: Gender-Aspekt], Moskau 1992, S. 184-188.

Gendernye Issledovanija, H. 1 (1998).

Gessen Masha, „Lica feministskoj nacional'nosti" [Personen feministischer Nationalität], Itogi, H. 8 (1993), 3. 3. 1998, S. 49-51.

Gessen Masha, *Auf den Erfolg unserer hoffnungslosen Mission. Die russische Intelligenzija*, München 1998.

Gieryn, Thomas, „Boundary-work and the demarcation of science from non-science: Strains and interests in professional ideologies of scientists", *American Sociological Review* Jg. 48, H. 6 (1983), S. 781-795.

Gieryn, Thomas, „Boundaries of science", in: Sheila Jasanoff/Gerald E. Markle/James C. Petersen/Trevor Pinch (Hg.), *Handbook of Science and*

Technology Studies, Thousand Oaks/London/New Delhi 1995, S. 393-443.

Goodell, Rae, *The Visible Scientists*, Boston/Toronto 1975.

Gorbatschow, Michail, *Perestroika. Die zweite russische Revolution. Eine neue Politik für Europa und die Welt*, München 1987.

Gorsen, Peter/Knödler-Bunte, Eberhard (Hg.), *Zur Praxis und Theorie einer proletarischen Kulturrevolution in Sowjetrußland 1917 – 25*, Stuttgart/Bad Cannstatt 1975.

Goričeva, Tat'jana, „Ved'my v kosmose" [Hexen im Kosmos], in: Marija, H. 1 (1980), S. 9-12.

Goritschewa, Tatjana, *Die Rettung der Verlorenen*, Wuppertal 1982.

Gorškova, Irina/Beljaeva Galina, „Professional'noje samočuvstvie ženskich naučno-pedagogičeskich kadrov MGU (Resul'taty oprosa 1998 goda)" [Professionelle Befindlichkeit des weiblichen wissenschaftlich-pädagogischen Personals der MGU (Resultate einer Befragung im Jahr 1998)], in: Zoja Chotkina/Natalija Puškareva/Elena Trofimova (Hg.), *Ženščina, Gender, Kul'tura*, Moskau 1999, S. 194-207.

Graham, Loren R., *Science in Russia and the Soviet Union*, Cambridge 1993.

Greenacre, Michael, *Theory and Applications of Correspondence Analysis*, London 1984.

Griffin, Gabriele (Hg.), *Employment, Equal Opportunities, and Women's Studies: Women's Experiences in Seven European Countries*, Koenigstein 2004.

Griffin, Gabriele (Hg.), *Doing Women's Studies: Employment Opportunities, Personal Impacts and Social Consequences*, London 2005.

Griffin, Gabriele, „The Institutionalization of Women's Studies in Europe: Findings from an EU-funded Research Project on Women's Studies and Women's Employment", in: Blimlinger, Eva/Garstenauer, Therese (Hg.), *Women/Gender Studies: Against All Odds*, Innsbruck/Wien/Bozen 2005, S. 43-54.

Grünell, Marianne, „State of the Art. Women's Studies in Russia. An Interview with Anastasia Posadskaya-Vanderbek", The European Journal of Women's Studies, H. 5 (1998), S. 499-512.

Gur'ko, Tat'jana, „Sociologija Pola i gendernych otnošenija" [Soziologie des Geschlechts und der Geschlechterverhältnisse], in: Vladimir A. Jadov (Hg.): *Sociologija v Rossii*, Moskva 1998, S. 173-195.

Gutnov, Dmitrij A., „L'Ecole Russe des Hautes Etudes Sociales Paris (1901 – 1906)", *Cahiers du Monde Russe*, Jg. 43, H. 2-3 (2002), S. 375-410.

de Haan, Francisca/Daskalova, Krassimira/Loutfi, Anna (Hg.), *A Biographical Dictionary of Women's Movements and Feminisms. Central, Eastern, and South Eastern Europe, 19th and 20th Centuries*, Budapest 2006

Hacker, Hanna, *Norden. Süden. Cyberspace. Text und Technik gegen die Ungleichheit*, Wien 2007.

Hahn, Alois, „In memoriam Pierre Bourdieu, 01.08.1930 – 23.01.2002. Nachruf von Prof. Dr. Alois Hahn, Trier", *Kölner Zeitschrift für Soziologie und Sozialpsychologie*, Jg. 54, H. 2 (2002), S. 403-405.

Hapke, Andrea/ Korb, Jana, Discussion with kiberfeminists, 20. 12. 2000, http://userpage.fu-berlin.de/~brat/baba/english/engespr.html, Zugriff 31. 8. 2007.

Hapke, Andrea/ Korb, Jana, „Russische cyberfeministische Strategien zwischen Realität, Virtualität und Fiktion", *Die Philosophin. Forum für feministische Theorie und Philosophie*, Jg. 24, H. 2 (2001), S. 67-81.

Harding, Sandra, *Das Geschlecht des Wissens*, Frankfurt/M./New York 1994.

Hark, Sabine, *Dissidente Partizipation. Eine Diskursgeschichte des Feminismus*, Frankfurt/M. 2005.

Hark, Sabine, „Dissidente Wissenspraxis: Eine Frage der Gerechtigkeit"? Vortrag beim Symposion „Geschlecht – Gerechtigkeit – Wissenschaft", FU Berlin, 4. November 2006, http://www.fu-berlin.de/zefrauen/media/pdf/ Hark_Vortrag_25_Jahre.pdf, Zugriff 31. 8. 2007.

Hartmann, Heinz/Wehkamp, Christoph, „Zur Buchproduktion russischer Soziologen, 1993 – 1995", *Newsletter – Sozialwissenschaften in Osteuropa 1996-2 Russland*, o. S., http://www.gesis.org/publikationen/Zeitschriften/ Newsletter_Osteuropa/nl961/nl2a.htm, Zugriff 31. 8. 2007.

Hartsock, Nancy, „The Feminist Standpoint. Developing the Ground for a Specifically Feminist Historical Materialism", in: Harding, Sandra (Hg.), *Feminism and Methodology*, Bloomington 1987, S. 157-190.

Hasenjürgen, Brigitte, *Soziale Macht im Wissenschaftsspiel. SozialwissenschaftlerInnen und Frauenforscherinnen an der Hochschule*, Münster 1996.

Havelkova, Hana, „Abstract Citizenship? Women and Power in the Czech Republic", in: Hobson, Barbara (Hg.), *Gender and Citizenship in Transition*, London 2000, S. 118-138.

Hecker, Julius Friedrich, *Russian Sociology: A Contribution to the History of Sociological Thought and Theory*, New York 1915.

Henderson, Sarah L., *Building Democracy in Contemporary Russia: Western Support for Grassroots Organizations*, Ithaca, 2003.

Hinterhuber, Eva-Maria, *Die Soldatenmütter Sankt Petersburg. Zwischen Neotraditionalismus und neuer Widerständigkeit*, Hamburg 1999.

Hörning, Karl H./Reuter, Julia, „Praktizierte Kultur: Das stille Wissen der Geschlechter", in: Rao, Ursula (Hg.), *Kulturelle VerWandlungen. Die Gestaltung sozialer Welten in der Performanz*, Frankfurt/M/Berlin/Bern/Bruxelles/New York/Oxford/Wien 2005, S. 51-71.

Holt, Alix, „The First Soviet Feminists", in: Holland, Barbara (Hg.), *Soviet Sisterhood*, Bloomington 1985, S. 237-265.

Informacionnyj centr nezavisimogo ženskogo foruma [Informationszentrum des unabhängigen Frauenforums], *Vestnička* Nr. 7., 24. 2. 2000, http://www.owl.ru/win/infolist/2000/v7_00.htm, Zugriff 31. 8. 2007.

Institut Ėtnografii Akademii Nauk SSSR, Selo Virjatino v prošlom i nastojaščem [Das Dorf Virjatino in Vergangenheit und Gegenwart], Trudy Instituta Ėtnografii AN SSSR, Novaja serija, Vypusk 41, Moskau 1958.

Institut social'no-ekonomičeskich problem narodonaselenija Rossijskoj akademii nauk (ISEPN RAN) (Hg.), *Koncepcija gosudarstvennoj programmy o statuse ženščin, zaščite sem'I, materinstva I detstva* [Konzept eines staatlichen Programmes über den Status der Frauen sowie den Schutz von Familie, Mutterschaft und Kindheit], Moskau 1991.

Israel'jan, Evgenia V./Zabelina, Tatiana Yu., *Krizisnyj centr dlja ženščin: opyt sozdanija i raboty* [Ein Krisenzentrum für Frauen: Gründungs- und Arbeitserfahrung], Moskau 1998.

Jadov, Vladimir, „Interview with Prof. Dr. Vladimir Jadov", *Newsletter – Sozialwissenschaften in Osteuropa* Nr. 2 (1996), http://www.gesis.org/publikationen/Zeitschriften/Newsletter_Osteuropa/nl962/beilage.htm, Zugriff 31. 8. 2007.

Jankova, Zoja Alekseevna, *Sovetskaja Ženščina. Social'nyj portret*, Moskau 1978.

Jukina, Irina, Istorija *Ženščin Rossii: Ženskoe dviženie i feminizm (1850-e – 1920-e gody). Materialy k bibliografii*, Sankt Petersburg 2003.

Kay, Rebecca, *Russian Women and their Organizations. Gender, Discrimination and Grassroots Women's Organizations, 1991-96*, Houndmills/Basingstoke/Hampshire 2000.

Khmelevskaja, Julija/Olga Nikonova, „Gender Studies in der russischen Provinz", *L'Homme Z.F.G.* H. 2 (2003), S. 357-365.

Kirilina, Alla, *Gender: Lingvističeskie Aspekty*, Moskau 1999.

Kirilina, Alla/Tomskaja, Marija, „Linguističeskie gendernye issledovanija", *Otečestvennye zapiski* Jg. 23, H. 2 (2005), o.S., http://www.strana-oz.ru/?numid=23&article=1038, Zugriff 31. 8. 2007.

Klimenkova, Tat'jana, „Perechod ot ‚ženskich issledovanij' k gendernomu podchodu. Vozniknovenie naučnogo soobščestvo" [Übergang von „Frauenforschung" zum Gender-Ansatz. Entstehung einer scientific community], in: Moskovskij centr gendernych issledovanij (MCGI) (Hg.), *Materialy konferencii „Gendernye issledovanija v Rossii: Problemy vzaimodejstvija I perspektivy razvitija"* [Materialien der Konferenz ‚Gender Studies in Russland: Probleme der Zusammenarbeit und Entwicklungsperspektiven'], Moskau 1996, S. 16-22.

Kock, Sabine/Gabriele Moser (Hg.), *Perspektiven von Frauen- und Geschlechterforschung an der Universität Wien*, Materialien zur Förderung von Frauen in der Wissenschaft Band, Wien 2005.

Köbberling, Anna, *Zwischen Liquidation und Wiedergeburt: Frauenbewegung in Russland. Von 1917 bis heute*, Frankfurt/M./New York 1993.

Köbberling, Anna, *Das Klischee der Sowjetfrau*, Frankfurt/M./New York 1997.

Kolesnikova, Marina, „Zu einer kulturwissenschaftlichen Ausrichtung der Germanistik in Russland", *Das Wort. Germanistisches Jahrbuch GUS 2004*, S. 71-80, http://www.daad.ru/wort/wort2005/Kolesnikova7.pdf, Zugriff 31. 8. 2007.

Kollontaj, Aleksandra, *Social'nye osnovy ženskogo voprosa* [Die sozialen Grundlagen der Frauenfrage], Sankt Petersburg 1909.

Kollontaj, Aleksandra, *Sem'ja i kommunističeskoe gosudarstvo* [Die Familie und der kommunistische Staat], Moskva 1918.

Kollontaj, Aleksandra, *Novaja moral' i rabočaja klass* [Die neue Moral und die Arbeiterklasse, Berlin 1920], Moskva 1919.

Konstantinova, Valentina, *Problemy vzaimodejstvija feministskogo dviženija Velikobritanii s drugimi progressivnymi silami strany* [Probleme der Zusammenarbeit der britischen feministischen Bewegung mit anderen progressiven Kräften des Landes], Unveröffentlichte Dissertation, Moskau 1989.

Konstantinova, Valentina, „No Longer Totalitarianism, But Not Yet Democracy: The Emergence of an Independent Women's Movement in Russia", in: Posadskaya, Anastasia (Hg.), *Women in Russia: a New Era in Russian Feminism*, London 1994, S. 57-73.

Kosmarskaja, Natalija, *„Ženskoe izmerenie" vynuždennoj migracii i migracionnoe zakonodatel'stvo Rossii* [Die „weibliche Dimension" unfreiwilliger Migration und die Migrationsgesetzgebung Russlands], Moskau 1998.

Kostikova, Irina, „Garmonija v protivopoložnosti. Gendernye issledovanija v Moskovskom Universitete", *Moskovskij Universitet* 4/3820 (1998), S. 3.

Kouptsov, Oleg/Tatur, Yuri, „Quality Assurance in Higher Education in the Russian Federation", *Papers on Higher Education, UNESCO/CEPES*, Bucharest 2001, http://www.cepes.ro/publications/pdf/quality_russian.pdf, Zugriff 31. 8. 2007.

Kozlova, Natalija „„Ženščina javljaetsja soveršenno nesocial'noj', ili opyt gendernogo analiza rossijskoj učebnoj literatury po sociologii", [Das Weib ist vollkommen unsozial, oder Erfahrungen mit der Analyse russischer Lehrbücher der Soziologie], Tver' 2004, http://tvergenderstudies.ru/co03002r.htm, Zugriff 31. 8. 2007.

Kravčenko, Al'bert Ivanovič, *Sociologija*. Ekaterinburg 1998.

Krementsov, Nikolaj, *Stalinist Science*, Princeton 1997.

Kroll, Renate (Hg.), Metzler Lexikon Gender Studies Geschlechterforschung: Ansätze – Personen – Grundbegriffe, Stuttgart 2002.

Lachova, Elena, *Ženskoe dviženie v gody reform. Problemy i perspektivy* [Die Frauenbewegung in den Jahren der Reform. Probleme und Perspektiven], Moskau 1998.

Lakoff, Robin Tolmach, *Language and woman's place*, New York 1975

Lamnek, Siegfried, *Qualitative Sozialforschung, Band 2: Methoden und Techniken*, 2., überarbeitete Auflage, Weinheim 1993.

Lebart, Ludovic/Morineau, Alain/ Fénelon, Jean-Pierre, *Statistische Datenanalyse. Methoden und Programme*, Berlin 1984.

Lenhard, Monika, *Netzöffentlichkeit in Russland – Die Nutzung des Internets durch die russländische Frauenbewegung*, Arbeitspapiere und Materialien – Forschungsstelle Osteuropa, Bremen 2003.

LeRoux, Brigitte /Rouanet, Henri, „Interpreting Axes in Multiple Correspondence Analysis: Method of the Contributions of Points and Deviations", in: Blasius Jörg/Greenacre, Michael (Hg.), *Visualization of Categorical Data*, San Diego/London/Boston/New York/Sydney/Tokyo/Toronto 1988, S. 197-220.

LeRoux, Brigitte /Rouanet, Henri, *Geometric Data Analysis. From Correspondence Analysis to Structured Data Analysis*, Dordrecht/Boston/London 2004.

Levi, Robin/Peratis, Kathleen, „Too Little, Too Late: State Response to Violence Against Women", *Human Rights Watch*, Jg. 9, H. 13 (1997), o. S., http://www.unhcr.org/home/RSDCOI/3ae6a84b0.html#_ftn42, Zugriff 31. 8. 2007.

Lichtenberger-Fenz, Brigitte/Doris Ingrisch, *Lust am Denken – Lust am Leben. Wissenschaft(erinnen) im Selbstportrait*, Strasshof 2000

Lipovskaja, Ol'ga, „Feminizm – slovo ne brannoe" [Feminismus ist kein Schimpfwort] Interview, *Pravda,* 18. 1. 1991, S. 4.

Lipovskaja, Olga, „The Mythology of Womanhood in Contemporary ‚Soviet' Culture", in: Posadskaya, Anastasia (Hg.), *Women in Russia: a New Era in Russian Feminism*, London 1994, S. 123-134.

Lipovskaja, Ol'ga, „O točnosti definicij, ili šipy i rozy teleperedači ‚ja sama'" [Über die Genauigkeit von Definitionen, oder Dornen und Rosen der Fernsehsendung „Ja sama"], *Vy i My. Almanach* Jg. 15, H. 3 (1997), S. 30-31.

Lipovskaja, Olga, „Trends and Prospects in Gender and Women's Studies: Russian Context", *Trends and prospects in women's and gender studies : assessment reports by international experts, Forschungspolitische Früherkennung FER* Jg. 186 (1998), S. 32-38.

Lissyutkina, Larissa, „Soviet Women at the Crossroads of Perestrojka", in: Funk, Nanette/Mueller, Magda (Hg.), *Gender Politics and Post-Communism,* New York 1993, S. 274-286.

Mally, Lynn, *Culture of the Future. The Proletkult Movement in Revolutionary Russia,* Berkeley/Los Angeles/Oxford 1990.

Malyševa, Marina Michajlovna (Hg.), *Gendernye aspekty social'noj transformacii* [Gender-Aspekte der sozialen Transformation], Moskau 1996.

Malyševa, Marina Michajlovna (Hg.), *Vozmožnosti ispol'zovanija kačestvennoj metodologii v gendernych issledovanijach.* *Materialy seminarov* [Möglichkeiten der Anwendung qualitiver Methodologien in der Geschlechterforschung. Materialien von Seminaren], Moskau 1997. Auch digital verfügbar, http://www.gender.ru/russian/public/articles.shtml, Zugriff 31. 8. 2007.

Mamonova, Tat'jana/ Goričeva, Tat'jana/Voznesenskaja, Julija/Malachovskaja, Natal'ja (Hg.), *Ženščina i Rossija* [Die Frau und Russland], Leningrad 1979.

Maslova, Ol'ga Michajlovna, „Vosprijatie problem feminizma v akademičeskich krugach" [Die Rezeption der Probleme des Feminismus in akademischen Kreisen], in: Moskovskij centr gendernych issledovanij (MC-GI) (Hg.), *Materialy konferencii „Gendernye issledovanija v Rossii: Problemy vzaimodejstvija I perspektivy razvitija"* [Materialien der Konferenz 'Gender Studies in Russland: Probleme der Zusammenarbeit und Entwicklungsperspektiven'], Moskau 1996, S. 36-38.

Mejstrik, Alexander, *Zwischen totaler Ertüchtigung und spezialiertem Vergnügen. Die Tätigkeiten Wiener Arbeiterjugendlicher als Erziehungseinsätze, 1941-1944*, Unveröffentlichte Dissertation, Wien 1993.

Mejstrik, Alexander, „Welchen Raum braucht Geschichte? Vorstellungen von Räumlichkeit in den Geschichts-, Sozial- und Kulturwissenschaften", *Österreichische Zeitschrift für Geschichtswissenschaften*, Jg. 17, H. 1 (2006), S. 9-64.

Mejstrik, Alexander, „Kunstmarkt: Feld als Raum. Die österreichischen Galerien zeitgenössischer Kunst 1991 – 1993", *Österreichische Zeitschrift für Geschichtswissenschaften*, Jg. 17, H. 2+3 (2006), S. 127-188.

Mejstrik, Alexander/Garstenauer, Therese/Melichar, Peter/Prenninger, Alexander/Putz, Christa/Wadauer, Sigrid, *Berufsschädigungen in der nationalsozialistischen Neuordnung der Arbeit. Vom österreichischen Berufsleben 1934 zum völkischen Schaffen 1938-1940*, Wien/München 2004.

Merton, Robert, „The Matthew effect in Science", *Science*, Jg. 159, H. 3810 (1968), S. 56-63.

Meschtscherkina, Elena/Irina Novikova, Frauen im politischen Leben Rußlands, in: Christiane Lemke/Virginia Penrose/Uta Ruppert (Hg.), Frauenbewegung und Frauenpolitik in Osteuropa, Frankfurt/M./New York 1996, S. 69-85.

Meshcherkina, Elena, „Die russische Familie am Scheideweg: neue Trends und alte Muster", in: Martina Ritter (Hg.), *Zivilgesellschaft und Gender-Politik in Russland*, Frankfurt/New York 2001, S. 41-66.

Mills, Richard M., „Opportunities and Constraints in Developing Post-Soviet Political Science", *International Political Science*, Jg. 25, H. 2 (1992), S. 305-308.

Mindeli, Levan Èlizbarovič/Gochberg Leonid Markovič, *Nauka Rossii v Cifrach* [Russlands Wissenschaft in Ziffern], Moskau 1999.

Mirskaja, Elena Zinov'evna/ Martynova, Elena Aleksandrovna, „Ženščiny v Nauke" [Frauen in der Wissenschaft], *Vestnik Rossijskoj Akademii Nauk*, Jg. 63, H. 8 (1993), S. 693-699.

Moskovskij centr gendernych issledovanij (MCGI) (Hg.),*Moskovskij centr gendernych issledovanij 1990 – 1995*, (Schrift zum 5jährigen Bestehen des Moskauer Zentrums für Gender Studies), Moskau 1995.

Moskovskij centr gendernych issledovanij (MCGI) (Hg.), *Materialy konferencii „Gendernye issledovanija v Rossii: Problemy vzaimodejstvija I perspektivy razvitija"* [Materialien der Konferenz „Gender Studies in Russland: Probleme der Zusammenarbeit und Entwicklungsperspektiven"], Moskau 1996

Moskovskij centr gendernych issledovanij (MCGI), *Materialy pervoj rossijskoj letnjej školy po ženskim i gendernym issledovanijam* [Materialien der ersten russischen Sommerschule über Frauen- und Genderforschung], Moskau 1997.

Moskovskij centr gendernych issledovanij (MCGI) (Hg.), *Prava ženščin v Rossii: issledovanie real'noj praktiki ich sobljudenija i massovogo soznanija* [Rechte der Frauen in Russland: Untersuchung der realen Praxis ihrer Einhaltung und des Massenbewusstseins], 2 Bände, Moskau 1998.

Moskvičev, Lev Nikolaevič (Hg.), *Sociologija i vlast, 1953 – 1968* [Soziologie und Macht 1953 – 1968], Moskau 1997.

Müller, Johannes/Zimmermann, Andreas (Hg.*), Archäologie und Korrespondenzanalyse. Beispiele, Fragen, Perspektiven.* Espelkamp 1997.

Muzyrja, Aleksandra A./Kopejko, Vera V., *Žensovet – opyt, problemy, perspektivy* [Frauenrat – Erfahrung, Probleme, Perspektiven], Moskau 1989.

Nartova, Nadežda, „Lesbians in Modern Russia: Subjectivity or the Soviet Practices of ‚hypocrisy‘“, in: Mudure, Mihaela/Vacarescu, Theodora-Eliza (Hg.), *Gender and the Post ‚East'/‚West‘ Divide*, Cluj/Napoca 2004, o. S. elektronische Resource, http://www.feminism.ro/book_gender_post/part3/Nadezda_Nartova.pdf, Zugriff 31. 8. 2007.

Neary, Rebecca Balmas, „Mothering socialist society: The Wife-Activists' Movement and the Soviet Culture of Daily Life“, 1934 – 41, *The Russian Review* Jg. 58, H. 3 (1999), S. 396-412.

Nechemias, Carol, Women and Politics in Post-Soviet Russia, in: Rueschemeyer, Marilyn (Hg.), *Women in the Politics of Postcommunist Eastern Europe*, New York/London 1998, S. 8-23.

Nechemias, Carol, „Moscow Center for Gender Studies (MCGS) (Moskovskij Tsentr Gendernykh Issledovanii) (1990-)“, in: Noonan, Norma Corigliano/Nechemias, Carol (Hg.), *Encyclopedia of Russian Women's Movements*, Westport, Conn./London 2001, S. 294-297.

Nechemias, Carol, „The Women of Russia Political Movement (Politicheskoe dvizhenie Zhenshtshiny Rossii), or WOR (1993-)“, in: Noonan, Norma Corigliano/Nechemias, Carol (Hg.), *Encyclopedia of Russian Women's Movements*, Westport, Conn./London 2001, S. 356-359.

Nienhaus, Doris/Pannatier, Gaël/Töngi, Claudia (Hg.), *Akademische Seilschaften. Mentoring für Frauen im Spannungsfeld von individueller Förderung und Strukturveränderung*, Bern 2005.

Nöbauer, Herta/Genetti, Evi/Schlögl, Waltraud, *Mentoring für Wissenschafterinnen. Im Spannungsfeld universitärer Kultur- und Strukturveränderung*, Materialien zur Förderung von Frauen in der Wissenschaft des bm:bwk Band 20, Wien 2005.

Noonan, Norma Corigliano/Nechemias, Carol (Hg.), *Encyclopedia of Russian Women's Movements*, Westport, Conn./London 2001.

Noonan, Norma C., „Zhenotdel (Women's Department of the Communist Party) (1919 – 1930)“, in: Noonan, Norma Corigliano/Nechemias, Carol (Hg.), *Encyclopedia of Russian Women's Movements*, Westport, Conn./London 2001, S. 188-190.

Nowikow, Nikolaj, *Die Soziologie in Russland. Ihre institutionelle Entwicklung von den Anfängen bis zur Oktoberrevolution 1917*, Wiesbaden 1988.

Offen, Karen, „Defining Feminism: A Comparative Historical Approach" *Signs* Jg. 14, H. 1 (1988), S. 119-157.

Orland, Barbara/Rössler, Mechthild, „Women in Science – Gender and Science. Ansätze feministischer Naturwissenschaftskritik im Überblick", in: Orland, Barbara/Scheich, Elvira (Hg.), *Das Geschlecht der Natur. Feministische Beiträge zur Geschichte und Theorie der Naturwissenschaften*, Frankfurt/M. 1995, S. 13-63.

Osipovič, Tat'jana, „Kommunizm, Feminizm, Osvoboždenie ženščin i Aleksandra Kollontaj" [Kommunismus, Feminismus, Befreiung der Frauen und Alexandra Kollontaj], *Obščestvennye nauki i sovremennost'*, H. 3 (1993), S. 174-186.

Pansegrau, Petra/ Weingart, Peter, „Reputation in science and prominence in the media: The Goldhagen Debate", *Public Understanding of Science*, Jg. 1, H. 1 (1999), S. 1-16.

Pavljučenko, Ėleonora A., *Ženščiny v russkom osvoboditel'nom dviženii. ot Marii Volkonskoj do Very Figner* [Frauen in der russischen Befreiungsbewegung. Von Maria Volkonskaja bis Vera Figner], Moskau 1988.

Petriašvili, Galina, Interv'ju. Asja Posadskaja: Na barrikadach i doma [Interview: Asja Posadskaja: Auf den Barrikaden und zu Hause], We/My 2005, S, 36-43.

Platonov, I, „Braki i mnogoženstvo v Drevnej Rusi" [Ehen und Vielweiberei im Alten Russland], Syn Otečestva, Jg. 19, H. 15 (1831), S. 20-24.

Popova, Ljudmila V., „Problemy samorealizacii odarennych ženščin „[Probleme der Selbstverwirklichung begabter Frauen], *Voprosy psichologii*, H. 2 (1996), S. 31-42.

Posadskaya, Anastasia, „Self-Portrait of a Russian Feminist", New Left Review, Jg. 195, September-October (1992), S. 3-19.

Posadskaya, Anastasia, „Women's Studies in Russia: Prospects for a Feminist Agenda", Women's Studies Quarterly, Jg. 22, H. 3/4 Fall/Winter (1994), S. 157-170.

Posadskaya-Vanderbeck, Anastasia, „On the Threshold of the Classroom. Dilemmas for Post-Soviet Russian feminism", in: Scott, Joan W. /Kaplan, Cora/Keates, Debra (Hg.), *Transitions, Environments, Translations. Feminisms in International Politics*, New York/London 1997, S. 373-382

Posadskaja, Anastasija/Waters, Elizabeth, „Democracy without women is not democracy. Women's struggle in Post-communist Russia", in: Basu, Amrita (Hg.): *The challenge of local feminisms. Women's movement in global perspective*, San Francisco/Oxford 1995, S. 351-373.

Pusch, Luise F., *Das Deutsche als Männersprache*, Frankfurt/M. 1984.

Puškareva, Natalija, „Gendernye issledovanija: roždenie, stanovlenie, metody i perspektivy v sisteme istoričeskich nauk" [Gender Studies: Geburt, Entstehung, Methoden und Perspektiven im System der Geschichtswissenschaften], in: Chotkina, Zoja Aleksandrovna/Puškareva, Natal'ja L'vevna/Trofimova, Elena Ivanovna (Hg.), *Ženščina Gender Kul'tura* [Frau Gender Kultur], Moskau 1999, S. 15-34.

Puškareva, Natalija, „Meždu tjurmoj i chaosom. Feministskaja ėpistemologija, postmodernism i istoričeskoe znanie" [Zwischen Gefängnis und Chaos. Feministische Epistemologie, Postmodernismus und historisches Wissen], in: Cheauré, Elisabeth/Heyder, Carolyn (Hg.), *Pol Gender Kul'tura. Nemeckie i russkie issledovanija* [Geschlecht Gender Kultur. Deutsche und Russische Forschungen], Bd. 2, Moskau 2000, S. 221-229.

Puškareva, Natalija, *Russkaja Ženščina. Istoriaj i sovremennost'*, [Die russische Frau. Geschichte und Gegenwart], Moskau 2002.

Racioppi, Linda/O'Sullivan See, Katherine, „Organizing Women before and after the Fall: Women's Politics in the Soviet Union and Post-Soviet Russia", *Signs*, Jg. 20, H. 4 (1995), S. 818-850.

Racioppi, Linda/O'Sullivan See, Katherine, *Women's Activism in Contemporary Russia*, Philadelphia 1997.

Richardson, Diane/Robinson, Victoria (Hg.), Introducing Gender and Women's Studies: Feminist Theory and Practice, 3. Auflage, Basingstoke 2007.

Richter, James, „Rossijskoje ženskoje dviženie i zapadnye den'gi" [Russische Frauenbewegung und Gelder aus dem Westen], in: Chasbulatova, Ol'ga Anatolevna (Hg.), *Gendernye otnoženija v Rossii: istorija, sovremennoje sostojanie, perspektivy* [Genderbeziehungen in Russland: Geschichte, gegenwärtiger Zustand, Perspektiven], Ivanovo 1999, S. 23-25

Richter, James, „All-Russian Sociopolitical Movement of Women of Russia (Obshtsherossiiskoe obshtshestvenno-politicheskoe dvizhenie zhenshtshin Rossii, or MWR)" (1996-), in: Noonan, Norma Corigliano/Nechemias,

Carol (Hg.), Encyclopedia of Russian Women's Movements, Westport, Conn./London 2001, S. 201-202.

Rimaševskaja, Natalija Michailovna (Hg.), *Ženščiny v obščestve: problemy, realii, prognosy* [Frauen in der Gesellschaft: Probleme, Realien, Prognosen], Moskau 1991.

Rimaševskaja, Natalija Michailovna (Hg.), *Ženščina v menjajuščemsja mire* [Die Frau in einer sich verändernden Welt], Moskau 1992.

Rimaševskaja, Natalija Michailovna, „Gender i ekonomičeskij perechod v Rossii" [Gender und wirtschaftlicher Übergang in Russland], in: Malyševa, Marina (Hg.), *Gendernye aspekty social'noj transformacii* [Gender-Aspekte der sozialen Transformation], Moskau 1996, S. 25-40.

Rimaševskaja, Natalija Michailovna, „Gendernye i ženskie issledovanija v akademičeskoj nauke", in: Moskovskij centr gendernych issledovanij (MC-GI) (Hg.), *Materialy konferencii „Gendernye issledovanija v Rossii: Problemy vzaimodejstvija I perspektivy razvitija"* [Materialien der Konferenz „Gender Studies in Russland: Probleme der Zusammenarbeit und Entwicklungsperspektiven"], Moskau 1996, S. 11-12.

Ritter, Martina (Hg.), *Zivilgesellschaft und Gender-Politik in Russland*, Frankfurt/M./New York, 2001.

Romanov, Boris Aleksandrovič, Ljudi i nravy Drevnej Rusi (Istoriko-bytovye očerki XI – XIII vv) [Menschen und Sitten im Alten Russland (Historische Skizzen des Alltagslebens)], Moskau/Leningrad 1947.

Rotkirch, Anna/Temkina, Anna, „Soviet Gender Contracts and Their Shifts in Contemporary Russia.", Idäntutkimus Jg. 4, H. 2 (1997), S. 6-24.

Rule, Wilma / Noonan, Norma, *Russian Women in Politics and Society*, Westport, Conn. 1996.

Rupp, Leila J., *Worlds of Women: the making of an international women's movement*, Princeton 1998.

Ruth [kein Nachname angegeben], „Kommentar: Das unangenehme Gefühl hat sich verdichtet", *AUF – Eine Frauenzeitschrift*, H. 26 (1980), S. 7.

Saslawskaja, Tatjana, Die *Gorbatschow-Strategie. Wirtschafts- und Sozialpolitik in der UdSSR*, Wien 1989.

Ščerbič, Ljudmila, „Gendernye aspekty professional'noj podgotovki dizajnerov i konstruktorov izdelij legkoj promyšlennosti v processe prepodavanija kursa sociologii" [Gender-Aspekte der Berufsvorbereitung von Designern und Konstrukteuren von Erzeugnissen der Leichtindustrie im Prozess der Abhaltung einer Lehrveranstaltung aus Soziologie], in: Chasbulatova, Ol'ga Anatolevna (Hg.), *Gendernye otnoženija v Rossii: istorija, sovremennoje sostojanie, perspektivy* [Genderbeziehungen in Russland: Geschichte, gegenwärtiger Zustand, Perspektiven], Ivanovo 1999, S. 213-214.

Scherrer, Jutta, *Kulturologie. Rußland auf der Suche nach einer zivilisatorischen Identität*, Göttingen 2003.

Schliesselberger, Eva/Strasser, Sabine, *In den Fußstapfen der Pallas Athene? Möglichkeiten und Grenzen des Mentoring von unterrepräsentierten Gruppen im universitären Feld*, Materialien zur Förderung von Frauen in der Wissenschaft, Band 7, Wien 1998.

Schiltz, Marie-Ange, „A French Reanalysis of a British Survey. Comparative Study of Statistical Methods applied to Social Data. A report work carried out as part of a joint anglo-french project", *CAMS (Centre d'Analyse et deMathématique Sociales)*, report P.055, Paris 1990.

Schimank Uwe/Lange Stefan, „Wissenschaft in Mittel- und Osteuropa", *Leviathan*, H. 26 (1998), 109 – 132

Schmitt, Britta, „Europa an seinem östlichen Rand. Grundzüge der Frauenpolitik sowjetisch-russischen Typs", in: Elke Biester/Barbara Holland-Cunz, Mechthild M. Jansen/ Eva Maleck-Lewy/Anja Ruf/Birgit Sauer (Hg.), *Das unsichtbare Geschlecht der Europa. Der europäische Einigungsprozeß aus feministischer Sicht*, Frankfurt/M./New York 1994, S. 112-127.

Schmitt, Britta, *Zivilgesellschaft, Frauenpolitik und Frauenpolitik in Rußland von 1917 bis zur Gegenwart*, Königstein/Taunus 1997.

Seiser, Gertraud/Eva Knollmayer (Hg.), *Von den Bemühungen der Frauen in der Wissenschaft Fuß zu fassen*, Materialien zur Förderung von Frauen in der Wissenschaft Band 3, Wien 1993.

Shlapentokh, Vladimir, *The politics of sociology in the Soviet Union*, Boulder/London 1987.

Sillaste, Galina, „Gendernye issledovanija: razmyšlenija učastnika meždunarodnogo seminara" [Gender Studies: Überlegungen eines Teilnehmers an einer internationalen Konferenz], *Sociologičeskie issledovanija* H. 6 (1992), S. 29-35.

Šineleva, Ljudmila, „Feminologija na poroge XXI veka" [Feminologija an der Schwelle des XXI Jahrhunderts], in: Chasbulatova, Ol'ga Anatolevna (Hg.), *Ženščiny Rossii na rubeže XX – XXI vekov* [Frauen Russlands an der Grenze zwischen XX und XXI Jahrhundert], Ivanovo 1998, S. 13-16

Smirnov, Georgi, *Soviet Man: The making of a Socialist Type of Personality*, Moskau 1973

Šnyrova, Ol'ga Vadimovna (Hg.), *Gendernaja pedagogika i gendernoe obrazovanie v stranach postsovetskogo prostranstva* [Gender-Pädagogik und Gender-Ausbildung in den Staaten des postsowjetischen Raumes], Materialien einer internationalen Sommerschule 2001, Ivanovo 2002.

Sojuz Žurnalistov Rossii, Zajavlenie Sojuza Žurnalistov Rossii [Erklärung der Russischen Journalistenunion], 11. 1. 2002, http://www.tv6.h1.ru/docs/20020128.php, Zugriff 31. 8. 2007.

Sokolova, Sof'ja, „Slabyj pol? Da, mužčiny" [Das schwache Geschlecht? Ja, die Männer], in: Marija H. 1 (1980), S. 43-44.

Sorokin, Pitirim, „Die russische Soziologie im zwanzigsten Jahrhundert", *Jahrbuch für Soziologie*, Bd. 2 (1926), S. 463-483.

Sperling,Valerie, *Organizing Women in Contemporary Russia: Engendering Transition*, Cambridge 1999.

Stacey, Judith, „Is Academic Feminism an Oxymoron"?, *Signs*, Jg. 25, H. 4 (2000), S. 1189-1194.

Stalin, *Über dialektischen und historischen Materialismus*, Vollständiger Text und Kritischer Kommentar von Iring Fetscher, Frankfurt/M./Berlin/Bonn 1957.

Stanley, Liz/Wise, Sue, „But the empress has no clothes! Some awkward questions about The ‚Missing Revolution' in Feminist Theory", *Feminist Theory*, Jg. 1, H. 3 (2000), S. 261-288.

Stites, Richard, The Women's Liberation Movement in Russia. Feminism, Nihilism and Bolshevism, 1860 – 1930, 2. Aufl., Princeton 1990.

Stoehr, Irene, „Gründerinnen–Macherinnen–Konsumentinnen? Generationenprobleme in der Frauenbewegung der 1990er Jahre", in: Modelmog, Ilse /Gräßel, Ulrike (Hg.), *Konkurrenz & Kooperation. Frauen im Zwiespalt? Beiträge zur Jahrestagung der Sektion Frauenforschung in der Deutschen Gesellschaft für Soziologie DGS, Juni 1993 in Sonnenberg*, Münster/Hamburg 1994, S. 91-115.

Suchomlinskij, Vasilij Aleksandrovič, *Kniga o ljubvi* [Ein Buch über die Liebe], Moskau 1983.

Sukovataja, Viktorija, „Internet v social'nych politikach i v massovom sozna-nii: gendernyj analiz" [Das Internet in sozialen Politiken und im Massen-bewusstsein: Gender Analyse], *Sociologija: Teorija, metody, marketing*, H. 1 (2004), S. 89-102.

Sundstrom, Lisa McIntosh, Women's NGOs in Russia: Struggling from the Margins, Demokratizatsiya, Jg. 9, H. 2 (2002), S. 207-229.

Temkina, Anna/Zdravomyslova Elena, „Issledovanija ženščin i gendernye iss-ledovanija na Zapade i v Rossii" [Frauenforschung und Gender Studies im Western und in Russland], *Obščestvennye nauki i sovremennost'* H. 6 (1999), S. 177-185.

Temkina, Anna/Zdravomyslova Elena, „Feministische Übersetzung in Ruß-land. Anmerkung von Koautoren", in: Cheauré, Elisabeth und Carolyn Heyder (Hg.): *Russische Kultur und Gender Studies*. Berlin 2002, S. 15-33.

Temkina, Anna/Zdravomyslova Elena, „Gender Studies in Post-Soviet Society: Western Frames and Cultural Differences", *Studies in Eastern European Thought*, Jg. 55, H. 1 (2003), 51-61.

Tiškin, Grigorij A., *Ženskij vopros v Rossii v 50 – 60 godach XIX veka* [Die Frauenfrage im Russland der fünfziger bis sechziger Jahre des 19. Jahrhun-derts], Leningrad 1984.

Trömel-Plötz, Senta (Hg.), *Gewalt durch Sprache: Die Vergewaltigung von Frau-en in Gesprächen,* Neuauflage, Frankfurt/M. 1997.

Tschernych, Alla, „Eine andere Macht – ein anderes Wissen. Das Schick-sal der Soziologie in Sowjetrussland in den 20er Jahren", in: Balla, Bal-int/Sterbling, Anton (Hg.), *Soziologie und Geschichte der Soziologie: Beiträ-ge zur Osteuropaforschung*, Hamburg 1995, S. 151-167.

Ušakin, Sergej, „Politika Gendera, ili o nekotorych napravlenijach v rossijskom feminizme" [Gender-Politik, oder über einige Richtungen im russischen Feminismus], *We/My. Dialog Ženščin*, H. 6 (1998), S. 32-35.

Vajnštajn, Olga/Kigaj, Natalija, „Vysšie ženskie kursy pri Rossijskom Go-sudarstvennom Gumanitarnom Universitete: Opyt pervogo goda raboty" [Höhere Frauenkurse an der Russischen Staatlichen Geisteswissenschaftli-chen Universität: Erfahrung des ersten Arbeitsjahres], in: *Materialien zur Konferenz „Ženščiny Rossii: včera, segodnja, zavtra"* [Frauen Russlands: Ges-tern, heute, morgen], Moskau 1994, S. 77-79.

Vasterling, Veronica/Enikő Demeny/Clare Hemmings/Ulla Holm/Päivi Korvajärvi/Theodossia-Soula Pavlidou, *Practising Interdisciplinarity in Gender Studies*, York 2006.

Verband feministischer Wissenschafterinnen, „„Frau-Sein und Wissenschafterin-Sein ist in Österreich noch immer gewissermaßen ein Paradox!"" Ein on-line Interview von Monika Windisch mit Mitfrauen des Verbands feministischer Wissenschafterinnen", März 2001, http://www.vfw.or.at/text/interview.html, Zugriff 31. 8. 2007.

Vogel, Ulrike, *Wege in die Soziologie und die Frauen- und Geschlechterforschung Autobiographische Notizen der ersten Generation von Professorinnen an der Universität*, Wiesbaden 2006.

Voronina, Ol'ga Aleksandrovna, *Položenie ženščiny v sem'e i v obščestve v SŠA* [Situation der Frau in Familie und Gesellschaft in den USA], Unveröffentlichte Dissertation, Moskau 1981.

Voronina, Ol'ga Aleksandrovna, „Ženščina v mužskom obščestve" [Die Frau in einer Männergesellschaft], *Sociologičeskie issledovanija* H. 2 (1988), S. 104-110.

Voronina, Ol'ga Aleksandrovna (Hg.), *Feminizm: perspektivy social'nogo znanija* [Feminismus: Perspektiven sozialen Wissens], Moskau 1992.

Voronina, Ol'ga Aleksandrovna, The Mythology of Women's Emancipation in the USSR as the Foundation for a Policy of discrimination, in: Posadskaya, Anastasia (Hg.), *Women in Russia: a New Era in Russian Feminism*, London 1994, S. 37-56.

Voronina, Ol'ga Aleksandrovna, „Sociokul'turnye determinanty razvitija ženskich i gendernych issledovanij v Rossii" [Soziokulturelle Determinanten der Entwicklung von Frauen- und Geschlechterforschung in Russland], in: Moskovskij centr gendernych issledovanij (MCGI) (Hg.), *Materialy konferencii „Gendernye issledovanija v Rossii: Problemy vzaimodejstvija I perspektivy razvitija"* [Materialien der Konferenz „Gender Studies in Russland: Probleme der Zusammenarbeit und Entwicklungsperspektiven"], Moskau 1996, S. 26-32.

Voronina, Ol'ga Aleksandrovna, *Gendernaja ekspertiza zakonodatel'stva RF o sredstvach massovoj informacii* [Gender-Expertise der Gesetzgebung der Russischen Föderation über Massenmedien], Moskau 1998.

Vucinich, Alexander, *Social Thought in Tsarist Russia. The Quest for a General Science of Society 1861-1917*, Chicago/London 1976.

Wadauer, Sigrid, *Die Tour der Gesellen, Mobilität und Biographie im Handwerk vom 18. bis zum 20. Jahrhundert*, Frankfurt/M./New York 2005.

Wagner, Peter/Wittrock, Björn, „States, Institutions and Discourses: A comparative perspective on the structuration of the Social Sciences", in: Wagner, Peter/Wittrock, Björn/Whitley, Richard (Hg.), *Discourses on society: The Shaping of the Social Science Disciplines*, Dordrecht; Boston; London 1990, S. 331-357.

Weber, Jutta, „Ironie, Erotik und Techno-Politik: Cyberfeminismus als Virus in der neuen Weltunordnung?" *Die Philosophin. Forum für feministische Theorie und Philosophie*, Jg. 12, H. 24 (2001), S. 81-97.

Werlhof, Claudia von, „Erfassen statt Erkennen: Frauenforschung als Mittäterschaft? Normierung, Denkverbote und Spaltung unter Frauen", in: Schwab, Renate/Enzinger, Hildegard/Schmid-Bortenschlager, Sigrid (Hg.), *Zwischen Autonomie und Vereinnahmung. Frauenforschung und Feministische Wissenschaften an Österreichs Universitäten*, Klagenfurt/Wien 1990, S. 39-51.

Williamson, Sarah/Frederick Klemmer, „Ethnographic fetishism or cyborg anthropology? Human Scientists, Rebellious Rats and their Mazes at El Delirio and in the Land of the Long White Cloud", in: Gary Lee Downey/Joseph Dumit (Hg.), *Cyborgs & Citadels. Anthropological Interventions in Emerging Sciences and Technologies*, Santa Fe, New Mexico 1997, S. 165-191.

Wöhrer, Veronika, „Feministische Theorien und ‚rodové stúdiá' (Gender Studies) in der Slowakei", Österreichische Osthefte, Jg. 43, H. 4 (2001), S. 543-554.

Wöhrer, Veronika, „GrenzgängerInnen. Diskurse von GenderforscherInnen in ‚West' und ‚Ost'", in: Markus Arnold/Gert Dressel, *Wissenschaftskulturen – Experimentalkulturen – Gelehrtenkulturen*, Wien 2004, S. 86-101.

Zacharova, Natalija K./Posadskaja, Anastasija Ivanovna/Rimaševskaja, Natalija Michajlovna, „Kak my rešaem ženskij vopros", *Kommunist*, H. 4 (1989), S. 56-65.

Zdravomyslov, Andrej Grigorevič, „Sociologija v Rossii: prošloe i nastojaščee" [Soziologie in Russland: Vergangenes und Gegenwärtiges] in: Boronoev,

Asalchan Ol'sonovič/Kozlovskij, Vladimir Vjačeslavovič (Hg.), *Rossijskaja sociologija* [Russländische Soziologie] Moskau 1997, S. 31-52.

Ženščina pljus, Website der Zeitschrift, http://www.owl.ru/win/womplus/ index.htm, Zugriff 31. 8. 2007.

Žuk, Ol'ga, „The Lesbian Subculture: The Historical Roots of Lesbianism in the Former USSR", in: Posadskaya, Anastasia (Hg.), *Women in Russia: a New Era in Russian Feminism*, London 1994, S. 146-153.

Zvereva, Galina, „„Das Fremde, das Eigene, das Andere...'. Feministische Kritik und Genderforschung im postsowjetischen intellektuellen Diskurs", in: Elisabeth Cheauré/Carolyn Heyder (Hg.), *Russische Kultur und Gender Studies*, Berlin 2002, S. 71-98.

Anhang

Anhang: Fragebogen mit deutscher Übersetzung

Анкета   Fragebogen

Опишите, пожалуйста, ваше образование!
Bitte beschreiben Sie Ihre Ausbildung!

– В какой школе?
  In welcher Schule?
– В каком университете?
  An welcher Universität?
– Дипломная работа?
  Diplomarbeit?
– Диссертация?
  Dissertation?

Вы работаете по вашей специальности?
Arbeiten Sie in Ihrem Fach?

– Всегда? Если нет: по какому?
  Immer? Wenn nicht, in welchem?

У Вас есть научная степень?
Haben Sie einen akademischen Titel?

У Вас есть планы касающиеся дополнительных научных
степеней? (Когда?)
Haben Sie Pläne, weitere akademische Titel betreffend?

В каком научном учреждении Вы работаете?
In welcher wissenschaftlichen Institution arbeiten Sie?

Вы проводите исследования или преподаете в университете (или заняты обоим)?
Führen Sie Forschungen durch oder unterrichten Sie an einer Universität (oder sind Sie mit beidem beschäftigt)?

О чем Вы читаете лекции?
Worüber halten Sie Vorlesungen?

В каких университетах (ВУЗах, колледжах, …)?
In welchen Universitäten (Hochschulen, Colleges)?

Вы руководите дипломными работами/диссертациями? Сколько?
Betreuen Sie Diplomarbeiten/Dissertationen? Wieviele?

– В том числе и по гендерным исследованиям?
   Darunter auch solche über Frauen- und Geschlechterforschung?

Какие методы Вы преимущественно используете?
Welche Methoden wenden Sie bevorzugt an?

В каких журналах опубликованы ваши статьи и. т. д.?
In welchen Zeitschriften werden Ihre Aufsätze veröffentlicht?

Вы публиковали книги? В каких издательствах?
Haben Sie Bücher herausgegeben? In welchen Verlagen?

Имеются ли переводы ваших книг/статей?
Wurden Ihre Bücher/Artikel übersetzt?

Какими иностранными языками Вы владеете?
Welche Fremdsprachen beherrschen Sie?

Переводили ли Вы книги или статьи „западных" феминисток?
Haben Sie Bücher oder Aufsätze „westlicher" Feministinnen übersetzt?

Организовывали ли Вы или организовывала ли ваша организация (научное учреждение) конференции по гендерным исследованиям? (Где, Когда, Тема …)
Haben Sie oder hat ihre Organisation (wissenschaftliche Organisation)

Konferenzen zum Frauen- und Geschlechterforschung veranstaltet? (Wo, wann, Thema…)

Вы имеете контакт с другими научными учреждениями занимающимися гендерными исследованиями в Москве или в других российских городах?
Haben Sie Kontakt zu anderen wissenschaftlichen Einrichtungen in Moskau und anderen russischen Städten, die Frauen- und Geschlechterforschung betreiben?

Вы имеете контакт с такими научными учреждениями за границей? Какие контакты?
Haben Sie Kontakt zu solchen wissenschaftlichen Einrichtungen im Ausland? Welche Kontakte?

Вы работаете в каких-либо академических или университецких коммиссиях?
Arbeiten Sie in irgendwelchen akademischen oder universitären Kommissionen?

Что означает для Вас феминизм?
Was bedeutet für Sie Feminismus?

Вы бы назвали себя феминисткой? (Почему? Почему нет?)
Würden Sie sich selbst als Feministin bezeichnen? (Warum? Warum nicht?)

Что Вас побудило (Кто Вас побудил) заниматься гендерными исследованиями?
Was (oder wer) brachte Sie dazu, sich mit Frauen- und Geschlechterforschung zu befassen?

Имеется ли какая-либо литература, которая сыграла важную роль?
Gibt es Literatur, die in diesem Zusammenhang eine wichtige Rolle spielte?

С каких пор Вы интересуетесь гендерными исследованиями?
Seit wann interessieren Sie sich für Frauen- und Geschlechterforschung?

Как Вы оцениваете влияние американского (или французского или... ?) Феминизма на развитие гендерных исследований?
Wie schätzen Sie den Einfluss des amerikanischen (oder französischen oder... ?) Feminismus auf die Entwicklung von Frauen- und Geschlechterforschung ein?

Встречали ли Вы какие-то препяцтвия в ходе ваших занятий гендерными исследованиями?
Stießen Sie im Lauf der Beschäftigung mit Frauen- und Geschlechterforschung auf Hindernisse?

Каким Вы видите будущее гендерных исследований в Москве?
Wie sehen Sie die Zukunft von Frauen- und Geschlechterforschung in Moskau?

Как бы Вы описывали свою политическую ориентацию?
Wie würden Sie ihre politische Orientierung beschreiben?

Вы выражаете свое мнение в СМИ? В каких?
Äußern Sie ihre Meinung in Massenmedien?

Консультируете/консультировали ли Вы на основании своей специальности политические учреждения?
Beraten (berieten) Sie aufgrund ihres Faches politische Einrichtungen?

Вы читаете лекции и вне ВУЗов?
Halten Sie Vorträge außerhalb der Hochschulen?

Вы член какой-либо женской организации (каких-либо женских организаций)?
Sind Sie Mitglied irgendeiner (irgendwelcher) Frauenorganisation(en)?

– Ваша организация имеет контакт с другими женскими организациями в России и за границей?
Hat ihre Organisation Kontakt mit anderen Frauenorganisationen in Russland oder im Ausland?

Существует, по-вашему, какая-либо „миссия" гендерных исследований?

Gibt es Ihrer Meinung nach irgendeine „Mission" von Frauen- und
Geschlechterforschung?

Имеет ли научный предмет/подход гендерные исследования
какие-либо возможности политического влияния?
Hat das wissenschaftliche Fach/der wissenschaftliche Ansatz Frauen- und
Geschlechterforschung irgendwelche Möglichkeiten politischen Einflusses?

Для личности, занимающейся гендерными исследованиями
очень важно, что она...
Für eine Person, die sich mit Frauen- und Geschlechterforschung beschäftigt,
ist sehr wichtig, dass sie...

	Stimme voll zu	Stimme zu	Stimme nicht ganz zu	Stimme nicht zu	Weiß nicht
	Совсем согласна	согласна	не совсем согласна	Не согласна	не знаю
Женщина Eine Frau ist					
Феминистка Feministin ist					
Замужняя Verheiratet ist					
Имеет детей Kinder hat					
Работает в РАН In der Akademie der Wissenschaften arbeitet					

	Stimme voll zu	Stimme zu	Stimme nicht ganz zu	Stimme nicht zu	Weiß nicht
	Совсем согласна	согласна	не совсем согласна	Не согласна	не знаю
Работает в университете In einer Universität arbeitet					
Кандидат наук Kandidat der Wissenschaften ist					
Доктор наук Doktor der Wissenschaften ist					
Академик Akademiemitglied ist					
Статьи ее опубликованы в научных журналах Ihre Artikel in wissenschaftlichen Zeitschriften veröffentlicht werden					

	Stimme voll zu	Stimme zu	Stimme nicht ganz zu	Stimme nicht zu	Weiß nicht
	Совсем согласна	согласна	не совсем согласна	Не согласна	не знаю
Книги/статьи ее переведены на иностранные языки Ihre Bücher/Aufsätze in andere Sprachen übersetzt werden					
Член женской организации Mitglied einer Frauenorganisation ist					
Читала книги западных феминисток Bücher westlicher Feministinnen gelesen hat					
Активна в политической партии In einer politischen Partei aktiv ist					

	Stimme voll zu	Stimme zu	Stimme nicht ganz zu	Stimme nicht zu	Weiß nicht
	Совсем согласна	согласна	не совсем согласна	Не согласна	не знаю
Влияет на политические Решения Einfluss auf politische Entscheidungen nimmt.					
Имеет контакт с женскими организациями за границей Kontakt zu Frauenorganisationen im Ausland hat					
Имеет контакт с научными учреждениями за границей Kontakt zu wissenschaftlichen Einrichtungen im Ausland hat					

Где Вы родились/выросли?
Wo sind Sie geboren/aufgewachsen?

Когда Вы родились?
Wann sind Sie geboren?

Ваше семейное положение? (Подчеркните, пожалуйста)
Ihr Familienstand (Bitte unterstreichen Sie)

– Незамужняя – Замужняя – разведена – овдовевший
Ledig – verheiratet – geschieden – verwitwet

С кем Вы живете?
Mit wem leben Sie zusammen?

У Вас есть дети? Сколько им лет?
Haben Sie Kinder? Wie alt sind sie?

С кем Вы выросли?
Bei wem sind sie aufgewachsen?

– с родителями – с матерью – с отцом – с бабушкой – с другими
людьми?
Bei den Eltern – bei der Mutter – beim Vater – bei der Großmutter – bei
anderen Personen?

Кем работает/работала ваша мать/ваш отец?
Was ist/war Ihre Mutter/Ihr Vater von Beruf?

Кем работает ваш супруг?
Was ist ihr Ehepartner (Ihre Ehepartnerin) von Beruf?

Кем Вы работаете?
Was sind Sie von Beruf?

Какого Вы вероисповедания?
Welche ist ihre Konfession?

Anhang: Ausführlichere Antworten

	Was bedeutet für Sie Feminismus?	Würden Sie sich selbst als Feministin bezeichnen (Warum/Warum nicht?)	Was (oder wer) brachte Sie dazu, sich mit Frauen- und Geschlechterforschung zu befassen?	Gibt es Literatur, die in diesem Zusammenhang eine wichtige Rolle spielte?	Wie schätzen Sie den Einfluss des amerikanischen (oder französischen oder …?) Feminismus auf die Entwicklung der russischen Frauen- und Geschlechterforschung ein?	Stießen Sie im Lauf der Beschäftigung mit Frauen- und Geschlechterforschung auf Hindernisse?	Wie sehen Sie die Zukunft von Frauen- und Geschlechterforschung in Moskau?	Wie würden Sie Ihre Orientierung beschreiben?	Gibt es Ihrer Meinung nach irgendeine „Mission" von Frauen- und Geschlechterforschung?	Hat das wissenschaftliche Fach/der wissenschaftliche Ansatz Frauen- und Geschlechterforschung irgendwelche politischen Möglichkeiten politischen Einflusses?
R1	Vieles! Wahrheit, Lebensstil, Menschenrecht … Wie Marina Liborakina meint: Der Weg der Frauen in die Politik, und der Weg der Männer in die Familie.	Selbstverständlich	In der Theorie: Abwesenheit von Frauen in der Literatur/Kultur; In der Praxis: Reformen	–	Nicht stark genug, es gibt zu wenige Übersetzungen, eine breitere Bekanntschaft steht noch bevor. Französische Werke sind kaum bekannt. Günstig wäre ein Lehrbuch für Feminologia.	Unter Philologen ist Frauen- und Geschlechterforschung höchst unbeliebt. In der Journalistik, beginnt das Interesse infolge des Vorhandenseins von Geldern. Das hat auch negative Effekte.	Es wird mehr geben, Arbeiten müssen umfangreicher werden, ich hoffe auf Verständnis der Politik für Frauen- und Geschlechterforschung	Professionell. Ich bin für die bürgerliche Gesellschaft, sympathisiere mit Jabloko.	Angewandte Forschung, sollte Instrumente in die Hand geben; nicht bloß reine Theorie!	Natürlich, siehe Nordeuropa, Kanada, USA; das ist eine „Waffe"!
R2	Recht auf freie Wahl	Ja	Der Frauenklub *Preobraženie*	Vom MCGI herausgegebene Bücher	Positiv	Nein	Perspektivenreich	Demokratisch	Demokratisierung der Verhältnisse zwischen den Geschlechtern	Ja, z. B. die Gender-Expertise von Gesetzesprojekten.
R3	Intellektuelle und gesellschaftliche Bewegung, die die Befreiung der Frauen ermöglicht.	Eher ja	Persönliches und wissenschaftliches Interesse	Friedan (Feminine mystique), Beauvoir (Deuxième sexe)	Wesentlicher Einfluss	Ich habe Nicht-Unterstützung erfahren, herablassende Einschätzung.	Schwierig, diese Frage zu beantworten.	Liberal	Ja	Ja

R4	Gleichheit der Möglichkeiten für Männer und Frauen	Ja, weil ich viel über die kulturellen Unterschiede zwischen Männern und Frauen nachdenke	Mein Leben: Ich war vier Jahre lang alleinerziehende Mutter.	Psychoanalyse	Wir haben sehr unterschiedliche Geschichten, daher ist es manchmal schwer für uns, einander zu verstehen.	Unverständnis vieler Bekannter, sowohl Männer als auch Frauen.	Es wird sie in vielen Moskauer Hochschulen geben.	Zentrum, Partei Jabloko	Die Möglichkeit zu geben, das Gewohnte von einer anderen Seite zu sehen, sein Leben zu verändern.	Es verändert das Selbstbewusstsein der Frauen, folglich auch ihr politisches Verhalten.
R5	Politik, sozial orientierte Politik	Nein, weil ich finde, der Terminus reflektiert nicht adäquat den Inhalt, der dahinter steht. Er ist weitreichender als Feminismus	A. V. Kirilina	Nein	Eher gegenseitige Beeinflussung amerikanischer, deutscher, französischer und russischer Forschungen.	Nein	Weitere Entwicklung	Politik stellt für mich kein wissenschaftliches Interesse dar. Ich bin für Frieden und Stabilität	Die Frage ist nicht ganz verständlich	Ja
R6	Ideologie der Befreiung der Persönlichkeit von der Macht des Geschlechts (roda), Philosophie der weiblichen Gleichberechtigung	Ja, da ich in meiner wissenschaftlichen Tätigkeit die Idee der Liquidierung und Vermeidung von Gewalt gegenüber Frauen verwirkliche, die eine Verletzung der Rechte und Freiheit, eine historisch gewachsene Ungleichberechtigung darstellt.	Diskriminierung von Frauen in Russland, Entwicklung von Gender Studies in Kanada	Betty Friedan, kanadische Feministinnen (Nancy Mandell, Sheila Wilkinson etc.)	Sehr bedeutend	Unverständnis von seiten männlicher Wissenschaftler	Ich hoffe auf weitere Entwicklung.	–	Verbreiten des Verständnisses der Rolle der Frau in der Gesellschaft, Brechen festgefahrener Stereotypen, Hilfe für Frauenbewegung	–

R7	Eine der zeitgenössischen Strömungen	Nein, ich nehme eine weiter reichende Position ein. Feminismus ist zu ideologisiert, er vereinfacht vieles.	Wissenschaftliches Interesse an Fragen der Verifikation, daran was Wissen ist	Selbstverständlich	Zweifellos besteht ein Einfluss. Vor allem wurde der Feminismus ein wichtiger Bestandteil der postmodernen Philosophie d. h. eines gesteigerten Interesses an Phänomenen der Sprache.	nein	Zehn Jahre wird das modern sein, dann wird das Interesse wieder sinken, wie das in westlichen Ländern vor sich ging.	Völlige Autonomie von Politik	Für mich bedeutet Frauen- und Geschlechterforschung wissenschaftliches Interesse	Offensichtlich ja. Aber auch hier ist die Frage der Verifizierung wissenschaftlicher Daten wichtig.
R8	Würde der Frau, ihre Rechte, ihr Recht auf freie Wahl im Leben, Freiheit. Ende der 1980er Jahre: Antikommunismus, Dissidententum, Vielfalt	Ja. Im Leben und in der Ideologie. Ich bemühe mich, mich und andere zu schützen, um Würde etc. zu realisieren	Interesse an Politik, Gefühl für Gerechtigkeit, meine Gleichgesinnten, weil es neu war, Interesse an westlichem Feminismus.	Artikel britischer Kommunistinnen (Marxism today), Treffen mit britischen Feministinnen im Jahre 1980	Am unmittelbarsten der amerikanische: der russische Feminismus ist „amerikanisiert" außerdem sind in den USA Forschung und Feminismus sehr aktiv, sie laden ein, sie kommen her. Französische Feministinnen sind hierzulande kaum bekannt, außer Simone de Beauvoir. In meinem Fall: britischer Feminismus	Gegnerschaft der wissenschaftlichen Gemeinschaft im ISEPN RAN	Wird sich hauptsächlich in zwei Richtungen entwickeln: feministisch und akademisch (femenologisch [sic! femenologiceskoe])	Demokratin mit liberaler (rechter) Orientierung, Anti-kommunistin, in gewissem Sinne Radikale	Ja. Sichtbar machen der Probleme von Frauen, ihrer Sicht auf die Welt.	Ja, z. B. die „Frauen Russlands" in der Staatsduma konnten etwas machen, bis jetzt wenig.
R9	Gleichheit (ravenstvo)	Ja	Interesse an neuen wissenschaftlichen Themen	Umfangreich, es hat keinen Sinn, hier alle aufzuzählen.	Es gibt einen Einfluss.	Ja	Optimistisch.	Als humanistisch	Eine humanitäre und humanistische Mission.	Im allgemeinen weltanschaulichen Bereich

R10	Lebensideologie	Ja, weil ich mit den Prinzipien des Feminismus übereinstimme	Wissenschaftliches Interesse	Ja, in Russland gibt es viele interessante Forschungen zu diesem Thema.	Ich finde, dass besonders die ausländischen Feministinnen die Entwicklung dieser Bewegung in Russland beeinflusst haben.	Praktisch nicht	Ziemlich rosig; es werden „Kader" wirklicher Forscher, die sich mit diesem Problem befassen, heranwachsen	Zentrismus	Ja, die Beziehungen zwischen Männern und Frauen verändern, humanisieren	Ohne Zweifel. Man muss nur aktiv mit politischen Parteien und den gesetzgebenden Institutionen arbeiten.
R11	Lebensform/-stil	Nein, aber ich strebe Harmonie an.	Bekanntschaft mit A. Posadskaja, Seminar „Politik für Frauen und Frauen in der Politik" im Jahr 1990	Nein	Anregung, positiv (Verweis auf MCGI-Broschüre)	Ja	Unklar, aber hoffnungsvoll (Verweis auf MCGI-Festschrift)	k. A.	Einführung eines neuen Ansatzes, Behandlung von Frauenproblemen mit wissenschaftlichen Methoden.	Ja
R12	Eine Richtung der Analyse des aktuellen Zustandes der Gesellschaft, Politik der Reorganisation der Gesellschaft	Ja. Ich untersuche beruflich die Probleme des Sexismus, und vertrete die Ideologie gleicher Rechte und Möglichkeiten.	Berufliches Interesse	Carol Gilligan: In a different voice, Simone de Beauvoir, Das Andere Geschlecht, Russische Journale des ausgehenden 19. Jahrhunderts.	Ich sehe Unterschiede der verschiedenen nationalen Eigenheiten verschiedener Länder. Am amerikanischen schätze ich die rechtlichen Aspekte, am französischen die psychoanalytischen und linguistischen.	–	Wird sich weiterentwickeln und alle Bereiche der Forschung durchdringen	Wissenschaftlich-forscherisch und aufklärerisch	Kritische Haltung zur Identitätskonstruktion; Aufzeigen von Sexismus in der Gesellschaft, Demonstration alternativer Verhältnisse zwischen den Geschlechtern	Wenn die Rede von Mikropolitik ist, dann ja. Hat Einfluss auf die Organisation des alltäglichen Lebens und auf soziale Prioritäten der Zivilisation allgemein.
R13	Feminismus ist, wenn Geschlecht als soziale Gemeinsamkeit begriffen wird. (Geschlecht = Klasse)	Nein. Viele Meinungen von Feministinnen widersprechen meinen religiösen Überzeugungen	Spontanes Interesse, entstand in frühester Jugend	Nein	Sehr groß	Nein	Ich glaube es wird einen revolutionären Umsturz geben und keiner wird sich mit Gender befassen.	Nicht-traditioneller Sozialismus	Möglicherweise: Menschen zu helfen, sich außerhalb der gesellschaftlichen Stereotypen zu erkennen, sich selbst in seinem Wesen.	Ich denke, nein.

R14	Es ist unbedingt erforderlich, den Problemen von Frauen besondere Aufmerksamkeit zuzuwenden, um echte Gleichberechtigung zu erreichen.	Ja	Abwesenheit von Frauen in Spitzenpositionen bzw. begabten Frauen angesichts vieler begabter Mädchen (Forschungsinteresse, aber nicht nur!)	Friedan (The feminine mystique), amerikanische Artikel über begabte Frauen und Mädchen.	Sehr großer Einfluss der Zweiten Welle des Feminismus	1985 hatte ich Schwierigkeiten, das Diplomarbeitsthema durchzukriegen, Spott, Ironie	In Moskau werden sie sich ziemlich gut entwickeln, kriegen aber keine volle Aufnahme. In der Provinz wird es mehr Gegenbewegung geben.	Keine Partei, niemals	Ja, Aufklärung, damit die Menschen sich selbst besser verstehen können	Ja, sie bietet Grundlagen für Gesetzgebung.
R15	Politik der gleichen Rechte und Möglichkeiten; wissenschaftliche Richtung, orientiert auf die Erforschung des Status der Frau	Unbedingt	Ein Bekannter der Familie, Doktorvater	Am Anfang nicht	Wichtig. Russische Mediävistinnen wussten bis Mitte der 90er Jahre nichts von Frauengeschichte (Fehlende Interdisziplinarität).	Sport, Nicht-Annahme des Abschlußarbeitsthemas, weil nicht kompatibel mit marxistischer Konzeption (Z.B. die Rolle der Frau in der mittelalterlichen Gesellschaft in Russland!)	Unbedingt als interdisziplinäre Zusammenarbeit von Geschichtswissenschaft, Sozialwissenschaften, Journalistik etc. ansonsten: Sackgasse	–	Ja, Sicherstellung gleicher Chancen für Frauen in unserer Gesellschaft, dazu ist historisches Wissen vonnöten.	Ja, die Interessen sollen z.B. in der Duma vertreten werden. Allerdings sind die Frauen in den verschiedenen Parteien wie Cechovs „Dušečka", passen sich der jeweiligen Umgebung an, finden das wichtig, was die Partei wichtig findet.
R16	Tätigkeit, Lebensform/-stil	Ja. Im Jahr 1990 gründete ich die feministische Organisation SAFO.	Die Zusammenarbeit mit den Forscherinnen des MCGI im Jahr 1991.	–	Einfluss des amerikanischen Feminismus ist grundlegend!	–	Ich sehe sie als Zusammenarbeit mit Frauenorganisationen und als Einflussnahme auf Machtstrukturen	Eher demokratische Richtung.	Ja, Veränderung der Gesellschaft	Mit der Zeit denke ich, schon.

R17	Nichts	Nein	Das Nicht-Zusammenfallen von Ideal und Realität (Erkenntnis aus einem Forschungsprojekt von 1960)	Nein	Unwichtig, kein Kommentar	Keine Publikationsmöglichkeit für die Ergebnisse eines Forschungsprojekts.	Sie wird sich ausbreiten.	Demokrat	Einige. Bildung. Soziales	Ja
R18	Würde in den Beziehungen der Geschlechter; 1. Sei stolz auf dein Geschlecht, 2. Verteidige deine Würde, 3. Ehre auch das männliche.	Ja	Selbstwertgefühl, Sorge um Situation der Frauen	Nein	Positiv	–	Problem der Finanzierung; nur durch ausländische Fonds; Auswahl der unterstützten Projekte oft nebelhaft	–	–	–
R19	–	Ja	Interesse an einer neuen sozialen Bewegung, besonders die Arbeit der (deutschen) Partei der „Grünen" in den 80er Jahren, Besuch von Frauenseminare in der BRD.	–	Positiv, aber es gibt zu wenige Übersetzungen aus dem Deutschen.	Ja, an der MGU.	Entwicklung nur dank der Fonds, einzelne Themen als Auftragsforschungen für politische Parteien und Bewegungen, Systematische Forschung wenig entwickelt	Ökosozialistin	–	Ja, vor allem in der Formierung neuer Wertorientierungen in der jungen Generation, auch auf der Ebene der Entscheidungsfindung (Männer und Frauen)
R20	Ideologie der Gleichberechtigung von Männern und Frauen, zugleich organisierte Frauenbewegung	Die humanistische Version, die anderen nicht	Der Rektor der *Akademija Obščestvennych nauk* sagte 1989: Die Partei interessiert sich für Frauenprobleme, arbeitet Sie zu diesem Thema.	Nein	Bescheiden! Westliche Konzeptionen werden nur im MCGI verwendet, ansonsten gibt es einen eigenen russischen Zugang	Nein, nur Unterstützung	Wird sich stark entwickeln	Kommunistin, war es immer, will mich auch jetzt nicht distanzieren	Formung der öffentlichen Meinung, Gleichberechtigung für Männer und Frauen, Beeinflussung des gesellschaftl. Verhaltens.	Frauenorganisationen haben eine Chance, wenn sie sich mit politischen Bewegungen zusammentun

R21	Möglichkeit der Realisierung aller Rechte, Fähigkeiten und Talente, Verwirklichung der eigenen Persönlichkeit unabhängig von der Geschlechtszugehörigkeit	Ja	1. Bekanntschaft mit Frauenbewegung in Russland, 2. Wissenschaftliches Interesse, 3. Persönliche Erfahrungen	Nein, damals gab es ja noch nichts. Zuerst Bekanntschaft mit Organisationen und Forscherinnen, dann Literatur	Sehr stark und positiv, der amerikanische Feminismus v. a. die soziologische Forschung, französischer Feminismus kaum bekannt, bloß Simone de Beauvoir, MCGI ist hauptsächlich amerikanisch beeinflusst, das Charkover Zentrum für Genderforschung rezipiert auch französische Werke.	Ja natürlich, vor allem wenn man publizieren möchte – das Thema wird als unseriös betrachtet, Verbindung mit Feminismus wirkt auch abwertend	Hoffnung auf gute Programme und Kurse an Unis, Nachwuchs! Feminologija geht eher in Richtung „Vulgär-soziologismus"	Demokratisch	Natürlich: Aufdecken von Diskriminierungsmechanismen, Aufzeigen von Möglichkeiten zu deren Überwindung	Ja, Beispiel USA, in Russland wird das auch möglich sein (oder sollte zumindest)
R22	Zwei Ebenen: 1. Bewegung der Frauen zur Befreiung von Diskriminierung; 2. Komplex sozialwissenschaftlicher, linguistischer, kulturwissenschaftlicher u. a. Theorien. Es gibt den radikalen, liberalen und den intellektuellen Feminismus. Letzteren bevorzuge ich, weil er Männer nicht ausschließt. „Eine Theorie, die aus der Praxis kommt." (Ol'ga Lipovskaja)	Ja, unbedingt, jeder denkende Mensch sollte das sein, das ist notwendig.	Anruf von Diane Medman, Beschäftigung mit dem Literaturwettbewerb „Čego chočet Ženščina" (Was will die Frau?)	Nein	Die Bewegung weniger, eher die Theorie. Weil es früher als bei uns existierte. Jedes Land hat sein eigenes Kolorit	Ironie, Sarkasmus, von Schriftstellern (Z. B. D. Prigov)	Nicht so besonders gut, Graduiertenschulen [aspirantskie školy] (wie etwa die MCGI Sommerschulen) sind hoffnungsvoller	Demokratisch mit nationaler russischer Ausrichtung	–	–

R23	Wissenschaftliches Paradigma und Ideologie. In gewisser Weise auch: Lebensstil.	Teilweise in akademischen Diskussionen; nicht in konkreten Lebenssituationen, wo diese Definition zu eng ist	Allgemeines Interesse an westlicher Kultur, Gespräche mit englischen Kolleginnen.	Hélène Cixous; Simone de Beauvoir, Das Andere Geschlecht; V. Woolf, A room of one's own.	Franzosen – mehr theoretische Arbeiten; Amerikaner – Social history, konkrete Forschungen.	Fehlende finanzielle Unterstützung, keine Möglichkeit, in der RGGU ein Gender-Zentrum zu gründen.	Normale wissenschaftliche Entwicklung, falls westliche Förderungen (granty) vorhanden werden sein	Anhänger von Javlinskijs „Jabloko"	Erkenntnis, wie bei jeder anderen Wissenschaft + Erhöhung des Selbstwertgefühls bei Frauen
									Wahrscheinlich, vgl. die Erfahrung Frankreichs, wo sich akademische Feministinnen erfolgreich den Wahlen stellten.
R24	Ich bin keine Theoretikerin, jede Art von Diskriminierung stört beim Leben.	Nein, schließlich ist Feministin ein schlechtes Wort (rugatel'noe slovo)	Wollte Hindernisse für Frauen aufzeigen	Nein	Sehr stark, hierzulande gab es nichts, ideelle Beeinflussung	Ex-Direktor äußerte: „Ich als Mann, Georgier und Direktor werfe jeden raus, der das Wort Feminismus in den Mund nimmt, kein Thema an meinem Institut	Das Interesse wird sich erhalten, das verschwindet nicht, auf jeden Fall in der Soziologie	Nicht kommunistisch, nicht zum demokratischen Lager gehörend.	Aufzeigen von Hindernissen
R25	Feminismus ist eine politisch-kulturelle Theorie, die neue Wege der Entwicklung von Kultur ermöglicht.	Ich nenne mich Feministin, weil ich Feministin bin!	Der Gender-Ansatz bietet die Möglichkeit neuer, origineller kultureller Interpretationen der Gesellschaft.	Es gibt viel davon, aber vor allem waren es Arbeiten der feministischen Philosophinnen Susan Bordo, Genevieve Lloyd, Simone de Beauvoir u. a.	Mir scheint, dass gerade der theoretische amerikanische (und dann auch französische) Feminismus den Gender Ansatz (Theorie und Methodologie) geschaffen haben.	Ja, natürlich. Sowohl die russische Gesellschaft als auch die akademische Wissenschaft stellen sich ziemlich aktiv gegen Geschlechterforschung.	Ich hoffe, sie werden in Ausbildung und Forschung integriert sein, wenigstens im 21. Jahrhundert.	Ich zähle mich zu keiner der traditionellen polit. Orientierungen	Ja. 1. Aufklärung und 2. die Überwindung der Gender-Asymmetrie in der Kultur, die der traditionellen Erkenntnistheorie und dem Erkenntnissystem selbst zugrundeliegt
									Ja, aber nur wenn Politik nicht im traditionell politologischen Sinn, sondern im feministischen verstanden wird

	Kampf für gleiche Rechte und Möglichkeiten der Frauen	Ja, weil ich mich aktiv an der Verwirklichung von gleichen Rechten und Möglichkeiten für Frauen beteilige	Der Wunsch, praktischen Frauenorganisationen Nutzen zu bringen, auf die einzige Art, die mir möglich ist: durch Versorgung mit Wissen. Meine Losung: Wissen ist Macht	Zeitschrift Marija	Schätze den Einfluss des Feminismus in den USA, Kanada und Grossbritannien hoch ein, ihre Forschungen zeigten einen Weg der Stärkung von Frauen und Frauenorganisationen, deren Tätigkeit sich auf Resultate der Gender Studies stützt.	In meinem Institut wird diese Beschäftigung als nicht wichtig für die Studierenden betrachtet, es gibt keine Möglichkeit große Lehrveranstaltungsreihen für Studierende zum Thema zu halten. Jedoch, obwohl man nicht unterstützt wird, wird man auch nicht an individuellen Studien gehindert.	Ich sehe einen Boom der Frauen- und Geschlechterforschung voraus, weil seitens der Jungen (Studentinnen, Lehrer und Journalistinnen) Interesse entstanden ist. Sie sehen die Erfolge der älteren Generation und können bereits bestehende Bücher russischer Autorinnen lesen	Am nächsten erscheint mir eine starke demokratische Position, ich lehne Extremismus (linken wie rechten) und Monarchismus ab.	Ja, Hilfe bei der praktischen Umsetzung der Bemühungen von Frauen, ihr Selbstbewusstsein erhöhen; die Stärkung ihrer Organisationen, ihre Sichtbarmachung für Vertreter der Macht, was dies zum Lösen der Probleme von Frauen bringen sollte.	Theoretisch große potenzielle Möglichkeiten, praktisch wird zur Zeit sehr wenig auf sie gehört, aber ich glaube, dass sie Zukunft haben.
R26										
R27	–	Nein	Wissenschaftliches Interesse	Susan Sontag, Ausgaben von „Iskusstvo Kino" mit Gender-Schwerpunkt	–	Nein	Nebelhaft	Apolitisch	Nein	In Russland nicht

R28	Würde	Ja, warum sollte ich das nicht tun?	Wissenschaftliches Interesse am Thema der Rechte von Frauen im Bereich Beschäftigung, genauer gesagt ihre Verletzung, d. h. Verletzung der Rechte	Nein, die wichtigere Rolle spielten wohl persönliche Kontakte mit russischen und westlichen Feministinnen.	Positiv. Das war ein „Star" für die russische Frauen- und Geschlechterforschung. Nun versuchen wir unseren eigenen feministischen Diskurs zu erarbeiten. Mit vollem Erfolg.	Ja, Hindernisse gab es in den frühen 90er Jahren, als man uns nicht veröffentlichen wollte und uns nicht an den Universitäten lehren ließ. Jetzt ist alles umgekehrt, es besteht große Nachfrage nach der Gender-Thematik	Optimistisch. Frauen- und Geschlechterforschung wird sich als wissenschaftliche Forschung und als akademische Disziplin an den Universitäten entwickeln. Die Nachfrage ist sehr groß!	Als demokratisch, von welchem Feminismus sollte sonst die Rede sein?	Ja, die Beziehungen zwischen Männern und Frauen würdiger und demokratischer zu machen.	Ja, selbstverständlich, mithilfe von Lobbying und Gesetzesänderung, auf der Grundlage der Ergebnisse der wissenschaftlicher Forschung, sowie Publikationen in Massenmedien.

Emigration – Exil – Kontinuität
Schriften zur zeitgeschichtlichen Kultur- und Wissenschaftsforschung
hrsg. von Prof. Dr. Friedrich Stadler (Institut für Zeitgeschichte der Universität Wien und Institut Wiener Kreis)

Günther Sandner
Engagierte Wissenschaft
Austromarxistische Kulturstudien und die Anfänge der britischen Cultural Studies
Die britischen Ursprünge der Cultural Studies wurden im Kontext ihres globalen popkulturellen Booms oft übersehen: Im Nachkriegsengland engagierten sich Intellektuelle (Williams, Thompson, Hoggart, Hall) in gegenkulturellen Netzwerken. Sie ließen Grenzziehungen wissenschaftlicher Disziplinen hinter sich, um „Kultur" gesellschaftlich neu zu begreifen. Im austromarxistischen Milieu, also bereits im ersten Drittel des 20. Jahrhunderts, demokratisierten und politisierten Intellektuelle (Neurath, Zilsel, Jahoda, Lazarsfeld) in außeruniversitärer Wissenschaft den Kulturdiskurs. Der Vergleich beleuchtet einen vergessenen Beitrag in der Geschichte der Kulturwissenschaften.
Bd. 5, 2006, 360 S., 29,90 €, br., ISBN 3-8258-8523-2

LIT Verlag Berlin – Münster – Wien – Zürich – London
Auslieferung Deutschland / Österreich / Schweiz: siehe Impressumseite

Herbert Posch, Doris Ingrisch,
Gert Dressel

**»Anschluß« und
Ausschluss 1938**

Vertriebene und verbliebene
Studierende der Universität Wien

LIT

Herbert Posch; Doris Ingrisch; Gert Dressel
„Anschluß" und Ausschluss 1938
Vertriebene und verbliebene Studierende der Universität Wien
März 1938: Mit dem *Anschluß* ans Deutsche Reich wird auch die Universität Wien, die größte Hochschule
Österreichs, radikal und in kürzester Zeit zu einer nationalsozialistischen Institution umgestaltet. Betroffen
davon waren vor allem die vielen Studierenden, die nach den *Nürnberger Rassengesetzen* als Jüdinnen
und Juden galten. Innerhalb nur weniger Wochen wurden sie vom weiteren Studium ausgeschlossen. In
der hier vorliegenden Studie wird auf Basis umfangreichen Archivmaterials die Universitätspolitik des
Ausschlusses rekonstruiert. Anhand statistischer Auswertungen werden die Studierenden der Universität
Wien von 1938 als soziale Gruppe beschrieben. Darüber hinaus werden auf Grundlage lebensgeschicht-
licher Interviews und anderer Selbstzeugnisse die Bildungs- und Berufsbiografien von vertriebenen wie
verbliebenen Studierenden des Jahres 1938 exemplarisch nachgezeichnet.
Bd. 8, 2008, 552 S., 39,90 €, br., ISBN 978-3-8258-0497-8

LIT Verlag Berlin – Münster – Wien – Zürich – London
Auslieferung Deutschland / Österreich / Schweiz: siehe Impressumsseite

Gerald Holton; Gerhard Sonnert
Was geschah mit den Kindern?
Erfolg und Trauma junger Flüchtlinge, die von den Nationalsozialisten vertrieben wurden
Annähernd 30.000 Kinder und Jugendliche waren unter den Flüchtlingen, die sich vor der nationalsozialistischen Verfolgung in Zentraleuropa während der 30er und 40er Jahre des vergangenen Jahrhunderts in die Vereinigten Staaten in Sicherheit bringen konnten. Obwohl diese jungen Flüchtlinge unter ungünstigen und bedrückenden Umständen ankamen –ohne Geld, Sprachkenntnisse, oft ohne Eltern und von schlimmsten Erinnerungen geplagt –gelang es ihnen, im Durchschnitt betrachtet, ausserordentlich erfolgreich zu werden und bedeutende positive Beiträge in ihrem neuen Heimatland zu leisten. Sonnert und Holton dokumentieren die Erfolge der Flüchtlinge und bieten Erklärungen für sie an. Gleichzeitig gehen sie aber auch auf die psychischen Traumata ein, die bei vielen der ehemaligen Flüchtlinge noch als Nachwirkung ihrer Verfolgung während ihrer jungen Jahre vorhanden sind. Gerhard Sonnert arbeitete von 1988 bis 2007 als Wissenschaftssoziologe am Institut für Physik der Harvard Universität. Seither ist er am Harvard-Smithsonian Zentrum für Astrophysik tätig. Ausserdem lehrt er Soziologie an der Lesley Universität in Cambridge, Massachusetts. Ein Schwerpunkt seiner Forschungen sind die Karrieren von Frauen in den Naturwissenschaften. Gerald Holton ist Mallinckrodt Forschungsprofessor der Physik und Forschungsprofessor der Wissenschaftsgeschichte an der Harvard Universität. Seine hauptsächlichen Forschungsinteressen sind Hochdruckphysik, die Geschichte und Philosophie der Naturwissenschaften und die Karriere junger Wissenschaftler.
Bd. 9, 2008, 320 S., 29,90 €, br., ISBN 978-3-8258-1440-3

LIT Verlag Berlin – Münster – Wien – Zürich – London
Auslieferung Deutschland / Österreich / Schweiz: siehe Impressumsseite